Eliane von Falkenhausen
Die Schlösser unserer Mutter

Für meine
Geschwister

WOLF
ERNST
HANS
ANGELA
FRITZ

von
ELIANE

Eliane von Falkenhausen

Die Schlösser unserer Mutter

Roman

Erinnerungen an eine Kindheit

1928 - 1948

SCHLESWIGER DRUCK & VERLAGSHAUS
2007

Die Deutsche Bibliothek - CIP-Einheitsaufnahme

Die Schlösser unserer Mutter: Eliane Frfr. von Falkenhausen, München
2007 erschienen im Schleswiger Druck & Verlagshaus, Schleswig
ISBN 978-3-88242-182-7

IMPRESSUM

© 2007 by SCHLESWIGER DRUCK & VERLAGSHAUS

Bearbeitung und Schutzumschlaggestaltung: *Wolf von Hobe*

Gesamtherstellung:
Schleswiger Druck & Verlagshaus, 24837 Schleswig, Postfach 1209
www.sdv-buchverlag.de

Alle Rechte der Verbreitung, auch durch Film, Funk und Fernsehen sind
vorbehalten. Nachdruck, Vervielfältigungen sowie auszugsweise
Veröffentlichungen nur mit Zustimmung des Verlages.
Printed in Germany
ISBN 978-3-88242-182-7

Inhaltsverzeichnis

- 7 Vorwort
- 9 Börnchen
- 12 Taufen
- 13 Hohenfriedeberg
- 16 Nährschütz
- 30 Ein alter Hut
- 32 Die Rezession
- 34 Niederglauche
- 39 Eine Reise an die Ostsee
- 43 Schuleintritt
- 44 Eine kleine Schwester
- 47 Angela Felicitas
- 49 Das Jahr 1936
- 52 Ein ausgehöhlter Kürbis
- 54 Die Bedrohung
- 59 Pfingsten
- 62 Umzug nach Neu-Wilkau
- 66 Die Stuckdecke
- 71 Neu-Wilkau
- 73 Manöver in Nährschütz
- 75 Großvater's Tod
- 77 Fritzel's Geburt
- 80 Tante Lena Schulz
- 83 Umzug nach Nährschütz
- 86 Krieg
- 90 Die Chiaries
- 91 Falk's Bruder
- 92 Ernst Walter Strach
- 94 Bombenkinder
- 96 Ein Gewitter am Nachmittag
- 100 Das Hotel Monopol
- 101 Der Krieg gegen westl. Europa
- 104 Die Oder
- 114 Tschenstochau
- 115 Ein Loch in der Decke
- 118 Besucher in Nährschütz
- 120 Der Schulrat kommt
- 121 Warum weinst Du kleine Baroness?
- 124 Im Kloster
- 131 Gespräche auf der Futterkiste
- 138 Letzter Sommer
- 146 Die Brüder
- 148 Das letzte Fest
- 150 Unternehmen Barthold
- 150 Die Strafe
- 153 In Breslau
- 154 Panik
- 156 Die Flucht
- 171 Am Grünberg
- 172 Omama's Tagebuch
- 182 Es war ein grauenhaftes Warten
- 197 Die Tschechen
- 210 Der Zwillingshof
- 214 Treck - Gedicht
- 215 Nachwort
- 217 Zustand im Jahre 2003
- 218 Lebenslauf der Autorin
- 221 Treckroute - Zeitplan

Eliane von Falkenhausen

Vorwort

Die Erinnerung gleicht dem Betrachten von Fotographien. Man schlägt ein Album auf und findet Bilder von Häusern, Räumen, Gärten und Menschen. Die Figuren sind erstarrt und erst in unserer Erinnerung beginnen sie sich zu bewegen, sie werden lebendig und zaubern für einen Moment, wie im Film, Geschehnisse vor unser inneres Auge, selbst wenn diese Menschen längst tot sind.

Jetzt, wo wir dieses Album aufschlagen, oft nach Jahren, sind sie gar nicht tot, denn sie haben uns einen großen Teil unseres Lebens begleitet, haben uns geführt, haben uns geformt, haben uns ihren Lebensstil vorgegeben, haben uns geliebt, mit uns Freuden geteilt und mit uns gelitten.

Wenn wir das Album der Erinnerungen durchblättern, dann beginnen wir wieder mit ihnen Erlebtes auszutauschen. Wir beginnen neu mit ihnen zu lachen, zu streiten und Gefahren in Schreckenszeiten zu teilen. Wir wissen noch genau wie ihre Stimmen klangen und ihr Lächeln aufleuchtete, wie sie sich bewegten und welche Kleidung sie bevorzugten. Und je älter wir sind, um so deutlicher werden wieder ihre Gesichter.

Sie sind nicht tot; weil schön, so unendlich schön und so schrecklich gefahrvoll unser Leben war und auch weil sie so wundervoll tapfer waren und so einmalig in ihrer Einmaligkeit, jeder für sich und alle gemeinsam, in einer furchtbaren Zeit.

Die Erinnerung ist das Album unserer Seele, in der wir durch die Räume alter Häuser schlendern, Möbel, Teppiche, Bilder und die darin ganz besonderen Gerüche noch einmal wahrnehmen, durch Gärten und Landschaften wandern und sogar die Sprache der Natur wieder erleben, dem Rauschen hoher Bäume, dem Gesang der Vögel, einem Froschkonzert am Abend, aber auch dem Grollen eines Gewitters, dem Einschlagen der Blitze und dem steten beruhigenden Klopfen des Regens lauschen.

Die Erinnerung ist ein Film. Ihr Regisseur, ein Meister der Regiekunst greift nur die wesentlichsten Ereignisse heraus, fügt sie aneinander zu einem großen Ganzen, einem Schauspiel, auch einem Drama. Wenn die Figuren noch jung sind werden sie zum Lustspiel oder gar zum Abenteuer.

Sie ist eine wunderbare Sache die Erinnerung, und je älter wir werden, je trüber unser Augenlicht die Umgebung widerspiegelt, um so deutlicher werden die entschwundenen Akteure, um so klarer die Bilder in deren Handlungsablauf wir die Hauptrolle spielen.

München, den 26. August 2006

Schloss Börnchen

Das Schloß steht in einem alten Park. Es gleicht einem riesigen Kasten mit vielen geraden Fenstern. Rechts hat es einen barocken Anbau, so als habe die Größe des Kastens späteren Besitzern nicht ausgereicht. Die Eingangstür wird von kleinen Säulen geziert, die von Sims zu Sims nach oben sich wiederholen. Über all dem thront ein spitzer Giebel.

Schloß Börnchen bei Hohenfriedeberg *Foto: v. Golitscheck*

Ende des zwanzigsten Jahrhunderts erzählte man, Börnchen gäbe es nicht mehr, aber das stimmt nicht. Wir waren dort, es hat die schlösserfeindliche Zeit des Kommunismus überstanden; nun aber verfällt es, ist eine Ruine!
Es tut weh! Die Lebensgeschichte alter Häuser hat schon manchen Historiker beunruhigt. Börnchen kommt von Born, von Brunnen. Sicherlich fand man in Urzeiten hier eine Quelle. Nicht weit von dem Dorf Börnchen, das sehr versteckt liegt, ragt die Bolkoburg mit ihrem runden Turm und den kantigen Zinnen ins Land. Börnchen im Landkreis Bolkenhain liegt in Niederschlesien und ist nun ganz polnisch. Zu Zeiten, da die ersten polnischen Herzöge, die Piasten, Schlesien regierten, noch vor dem Jahr eintausend unserer Zeitrechnung, saß hier einer der mächtigsten Gauherren, Herzog Bolkov. Er war noch Heide und herrschte über dieses Grenzland wie ein Fürst, obwohl er Lehnsmann war, unter den christlichen Herzögen der Piasten.Das Schloß in Börnchen wurde viel später im Stil der Renaissance erbaut, hatte wiederholt

den Besitzer gewechselt, war mehrmals erweitert und umgebaut worden, was seiner Attraktivität nur schadete. Seine Räume glichen Sälen mit hohen Balkendecken, der Treppenaufgang war breit und düster, die Souterrainräume nur für das Personal bestimmt.

In den Jahren zwischen 1928 und 1933 trippelten die winzigen Füße sehr kleiner Kinder durch die langen dunklen Gänge des Hauses. Die Kinder, deren Lebensgeschichte hier erzählt werden soll, erinnerten sich später nur an die breite Holztreppe mit ausgetretenen hohen Stufen unter den Gewölben, an einen Raum mit Kassettendecke, die ein Spruchband zierte, an Dielen die knarrten und an ein helles Zimmer mit barocker Stuckdecke, in dem ein grünes Himmelbett stand, in welchem sie alle vier geboren worden waren.

An der Hand eines jungen Kinderfräuleins gingen sie in dem schattigen Park spazieren, den eine Steinmauer umgab. Auf dem Rasenplatz standen zwei Kanonen, daneben lagen eiserne Kugeln im Gras aus einem längst vergangenen Krieg, geschützt durch ein Zäunchen von geschmiedeten Ketten, die an eisernen Pfosten hingen.

Als die Kinder in das Alter kamen, wo das Denken beginnt, stellten sie den Erwachsenen unbequeme Fragen über diese ihre seltsame Umgebung und erhielten ebenso unbefriedigende Antworten, sowohl was die Kanonen betraf, wie auch über andere für sie wichtige Dinge.

Das Kindermädchen war jung und hübsch. Sie wurde Fräulein Paula genannt. Im Haus trug sie eine Schürze, aber kein weißes Häubchen im Haar, wie die Dienstmädchen. Nach Mama, die von den Kindern Mutti gerufen wurde, war Fräulein Paula die wichtigste Bezugsperson in dieser Zeit in Börnchen. Das Kinderzimmer befand sich, wie alle Wohnräume, im ersten Stock des großen Gebäudes. Es standen vier Gitterbettchen nur durch kleine Nachtkästchen getrennt im Raum, außerdem ein Tisch mit sechs Stühlen für Erwachsene, eine Wickelkommode mit Schubladen und ein Kleiderschrank.

An der Wand hing in barockem Rahmen das Gemälde der Sixtinischen Madonna mit dem Jesuskind im Arm. Es war eine keineswegs kindgemäße Möblierung, aber damals war man der Ansicht, für Kinder genüge dies. Fräulein Paula nannte Mutti „Frau Baronin" und den Papa „Herr Baron" wie alle Leute im Haus und im Dorf es taten. Papa rief Mutti „Illerle", was eine zärtliche Umschreibung von Ilse war.

Ilse nannte ihn „Falk". Sie hatten sich in Breslau auf einem Ressourcenball kennen gelernt. Diese Feste wurden vom Offizierchor für einen guten Zweck abgehalten.

Als der nicht mehr ganz junge Major von Falkenhausen den Eltern des so auffallend schönen Mädchens, mit dem Namen Ilse Strach vorgestellt wurde, gefiel er besonders dem Vater Strach und dieser lud ihn zu einer Jagd nach Nährschütz, dem Besitz der Strachs, ein. Ilse Strach's Mutter Ellynor, erkundigte sich nach dem Offizier und es wurde ihr berichtet:

Der Baron war nicht nur ein sehr beliebter Kommandeur, ein ausgezeichneter Soldat, der vorzüglich ritt, ein passionierter Jäger, er war auch und das war für sie von besonderer Bedeutung, hochmusikalisch und künstlerisch begabt. Unter einer ebenmäßig geformten Nase trug er einen blonden Schnurrbart, sein Haar bereits gelichtet, gab eine hohe Stirn frei. Er hatte grüne Augen, die aber auch im Zorn oder innerer Erregung wie Blitze aufleuchten konnten, was aber sehr selten geschah. In der Erinnerung der Kinder war er der gütigste, liebevollste und vor allem zärtlichste Vater.
Papa warb sieben Jahre um die Liebe von Mama, denn sie liebte bereits einen anderen.
Wenn man im Fotoalbum der Erinnerungen blättert, so entdeckt man auch Bilder, die vor dem Erwachen des bewußten Denkens sich ereignet haben müssen.
Für ein neugeborenes Kind ist es sicherlich prägend, welches Gesicht es nach Eintritt ins Leben als erstes erblickt. Unsere Mutter hatte ein schmales Gesicht, das von großen hellblauen Augen beherrscht wurde. Ein Greta-Garbo-Profil, einen strengen kleinen Mund und die klassische Nase der Griechin. Sie trug ihr goldblondes üppiges Haar der damaligen Mode gemäß hochgesteckt.
In dem sonnendurchfluteten Raum unter der barocken Stuckdecke, in ihrem französischen Himmelbett aus grünem Schleiflack, kamen vier Kinder zur Welt. Liebevoll gestillt und von einer Pflegerin versorgt, verbrachte jedes zu seiner Zeit die ersten Monate seines Lebens in einem spitzen- und rüschenverzierten Körbchen. Als sie älter waren, durften sie manchmal am Morgen hier hereinschleichen und in dem herrlichen Bett unterschlüpfen. Die Ältesten drei, später auch vier Kinder, hatten darin nebeneinander platz und es machte ihnen großen Spaß, ihrer Mutter beim Frisieren zuzuschauen. Sie saß vor einem Toilettentisch mit bis zur Erde reichendem Spiegel und flocht aus einer Strähne ihres blonden Haares einen dicken Zopf. Den legte sie über die Stirn um den Kopf und steckte den Rest ihrer langen Haare rechts und links der Schläfen und im Nacken über dem Zopf fest. So entstand der damaligen Mode gemäß eine Hochfrisur. Über der Stirn blieb der dicke Zopf sichtbar. Sie kämmte einige Ponys ins Gesicht und nun kam für die Kinder der interessante Teil der Prozedur. Die Ponys wurden mit einer Brennschere gelockt. Dazu entzündete sie einen winzigen Spiritusbrenner über dessen Flamme sie die Schere erwärmte. An einem Stück Papier probierte sie den Wärmegrad des Brenneisens und dann lockte sie ihr Haar. Von runden kleinen Gesichtern beobachtet, tat sie manchmal noch ein Übriges: Sie legte einen silbernen Reifen zwischen die Ponys und den Zopf. Von diesen hatte sie mehrere, denn Papa fertigte sie eigenhändig.
Papa schlief nebenan. Sein Bett war nicht so breit aber aus goldglänzendem Messing. Besuchten die Kinder ihn am Morgen vor dem Aufstehen, so konn-

ten sie gewiß sein, daß bald nach der von nassen Küßchen bekräftigten Begrüßung, ein wundervolles Spiel begann. Sie nannten es Berg- und Talfahrt.- Unter der Decke hob er seine Knie, eines der Kinder setzte sich darauf und rutschte dann lachend auf seinen Bauch. Manchmal aber, kaum saß ein kleiner Wicht dort oben, fiel der Berg in sich zusammen und unvermittelt purzelte der Bergsteiger in die weichen Pfühle. Doch dies waren seltene Höhepunkte.

Taufen

Ilse liebte ein geselliges Leben. Oft kam Besuch. Anlaß zu den schönsten Festen waren immer wiederkehrend die Taufen der Kinder gewesen.
Ihr erstes Kind nannten sie Elisabeth-Anna = Eliane.
Den erstgeborenen Sohn Wolfhard Friedrich, den zweiten Sohn Ernst Heinrich und ihm folgte Hans Alexander.
Taufpaten waren die Prinzessin Anni von Sachsen, Gräfin Saurma von Köben, Prinz Ernst Heinrich von Sachsen und noch andere einflußreiche Leute mit klingenden Namen.
Vor solchen Festen, aber besonders auch wenn die Großeltern aus Nährschütz anreisten, wurde in den düsteren Souterrainräumen gekocht, gebacken und gebraten, viele Gastzimmer gelüftet, Betten weiß bezogen, Sträuße, Konfekt und Obst bereit gestellt. Im goldenen Salon deckten die Mädchen auf bestickten Tischtüchern Kaffeetafeln mit kostbarem Porzellan, das Silber wurde geputzt und Kerzen in barocke Leuchter gesteckt. Im Eßzimmer legte Mama auf einen lang ausgezogenen Tisch schneeweißes Leinen in welches das Wappen der Falkenhausens eingewebt worden war, und stellte neben jedes Gedeck eine ebenso gewebte, gestärkte, weiße Serviette. Das Wappen der Falkenhausens war ein Schild, in dem auf einem Balken ein Falke saß, der Jagdvogel ihres Urahnen, des Markgrafen von Ansbach und Bayreuth.
In den Farben des Wappens, weiß-blau, war das Eßgeschirr für achtundvierzig Personen gehalten, mit dem altvertrauten Zwiebelmuster aus Meißner Porzellan. Fand eine Taufe im Sommer statt, was bei Eliane, Wolf, und Hans

der Fall war, so schickte Mama die Mädchen aus um Kornblumen zu pflücken und arrangierte in der Mitte der Tafel niedrige Buketts so, daß die Gäste den Vornamen des Täuflings lesen konnten. Wenn Ilse die Tafel vor Beginn des Festes begutachtete, so zierte sie, hochragende silberne Kerzenhalter, Kristallgläser, für jeden Gang eines und Silberbesteck mit dem F. und der siebenzackigen Krone darüber.

Hohenfriedeberg

In den ersten Jahren ihrer Ehe, in denen Großvater Strach an diesen Festen noch teilnehmen konnte, und die Großeltern über Nacht blieben, bat Opapa am nächsten Morgen meist den Papa ihn nach Hohenfriedeberg zu chauffieren. Einmal durften Eliane und Wolf mitfahren.

Das Städtchen Hohenfriedeberg liegt auf einer Anhöhe. Es gibt eine alte aus Feldsteinen gemauerte katholische Kirche, enge Gässchen mit Kopfsteinpflaster, einladende Gasthäuser und auf der Kuppe eines Hügels eine kleine evangelische Kirche. Rund um den Friedhof dieses weit sichtbaren Kirchleins zieht sich eine steinerne Mauer. Schaut man über die Mauer hinweg, so blickt man auf das Schlachtfeld auf dem Friedrich der Große in seinem sieben Jahre dauernden Krieg um die Provinz Schlesien, die Österreicher in einer entscheidenden Schlacht geschlagen hat.
Opapa nahm die Kinder an der Hand und führte sie über diesen Friedhof zu einer Grabstätte nahe der Umfriedung. Auf einem großen Stein, der auf den Gräbern lag, erkannten sie ein altes Wappen.
In einem schräg liegenden Schild war ein Anker eingemeißelt, darüber ein Ritterhelm mit Federbusch zu sehen, wie die Kreuzritter sie einst trugen.
Darunter standen Namen:

Henriette Louise *Gustav Friedrich Alexander*
Freifrau von Lüderitz   Freiherr von Lüderitz
1806 - 1890   1810 - 1893

Rittergutsbesitzer und Kirchenpatron
auf Möhnersdorf bei Hohenfriedeberg

Großvater bat Eliane, die mitgebrachten Blumen auf die steinerne Platte zu legen, und den kleinen Buben, die welken Blätter zu entfernen, was beide Kinder mit ernsten Gesichtchen taten. Danach standen sie wieder schweigend neben dem alten Herrn. Nach einer Weile deutete Opapa auf die Steinplatte und sagte sanft, um die zarten Seelen nicht zu erschrecken: „Hier schlafen meine Großeltern!"

Eliane schaute ihn traurig an: „Sind sie tot?" Opa nickte:
„Ja, schon lange, ich hatte sie sehr lieb." „So wie wir Dich?" Er drückte ihre kleinen Hände.
„Was steht da geschrieben?" wollte Wolf wissen und Opa las es ihnen vor. Dann erklärte er, was ein Wappen ist und die Zeichen in diesem Wappen:
„Meine Vorfahren, die auch Eure Vorfahren sind, kamen von der Nordseeküste. Die ersten waren Kreuzritter, andere tüchtige Seefahrer. Der Anker im Schild erzählt uns von den Seefahrern, der Helm mit dem Federbusch und das Schild waren das Zeichen der Ritter, die ins Heilige Land zogen, um das Grab Jesu Christi von den Ungläubigen zu befreien.

Wolf war fasziniert: „Die Seefahrer, fuhren sie mit Segelschiffen?" Großvater nickte: „Ja, bis nach Indien und Afrika, um Gewürze, Seide und Gold zu holen. In Afrika gibt es noch eine Bucht, sie heißt Lüderitzbucht."
„Onkel Männe war doch auch in Afrika." Großvater nickte, doch sein Gesicht hatte sich verfinstert, das Gespräch war beendet. Sie sahen noch andere Steinplatten auf diesem Friedhof. Gleich neben dem Eingang lagen die Grabstätten derer „von Mutius".
Am Ende des Parks in Börnchen, in dem hohe Kastanienbäume gepflegte Kieswege beschatteten und eine Rotbuche ihre Äste zur Erde neigte, stand eine Villa. Hier wohnten die von Mutius. Ihnen gehörte Börnchen, der Gutshof, die Villa, die weiten Kornfelder hinter dem Dorf. Die Falkenhausens hatten das Schloß gemietet.
Einer der häufigsten Gäste in Börnchen war Onkel Männe: „Ernst Walter Strach", Ilses Bruder. Zum Entzücken der Kinder herrschte während seiner Anwesenheit stets überschäumende Fröhlichkeit. Er liebte Kinder, erdachte

sich lustige Späße, beschenkte sie mit Spielzeug und erzählte gruselige Geschichten von Geistern und Kobolden. In seinem offenen Sportwagen, mit Jagdhund, erschien er oft überraschend, rauchte zahllose Zigaretten, trank gerne guten Wein und verschwand wieder. Männe's Leidenschaft war die Jagd, doch in Börnchen hatte Falk kein Jagdrecht.

Wolf war Mutters Lieblingskind. Nicht nur weil seine Geburt ihr kaum Beschwerden bereitet hatte, nein, er war anders als die anderen Kinder, er war dunkel und schmal, überaus feingliedrig und hatte das schönste Gesicht. Oft weigerte er sich zu essen. Weil die Geschwister den Namen des jüngeren Bruders Ernst nicht aussprechen konnten, riefen sie ihn BIBI, abgeleitet von Bubi. Bibi litt als kleines Kind unter Ekzemen. Seine Haut, sein Haar, alles an ihm war sehr hell. Endlich fand ein Arzt die Lösung. Bibi durfte keinerlei Milchprodukte zu sich nehmen. Er war ein sehr temperamentvolles Kind. Schon im Mutterleib hatte er Akrobatik getrieben, ein wildes Kind, sehr laut und sehr wißbegierig. So lange die Kinder klein waren, verfolgte Ilse der Gedanke, eines könne eine Nadel verschlucken, an einem Gegenstand ersticken oder giftige Beeren essen. Aber nichts dergleichen geschah.

Papa besaß ein Auto, was um die dreißiger Jahre des zwanzigsten Jahrhunderts noch als Privileg galt. Auch wenn er seine Frau sehr liebte und alles tat, was sie wünschte, gab es Dinge, die er aus seiner Junggesellenzeit mit in die Ehe gebracht hatte und sich nicht nehmen ließ. Dazu gehörte das Auto, eine Dackelhündin mit dem seltsamen Namen Zipfel, seine Geige und sein Werktisch. Im Herrenzimmer stand letzteres, von einem Dorfschreiner aus rohem Holz gefertigtes, einfaches Möbel immer an einem Fenster. Kam eines der Kinder Papa besuchen, so fand es ihn meist mit einer Zigarre im Mund bei der Arbeit. Auf dem Tisch lagen viele kleine und große Hämmerchen. Einige waren spitz, einige hatten kugelförmige Enden, andere sahen flach oder wie gespaltene Ausgaben ihrer Spezies aus. Vor ihm befand sich eine schwarze Platte mit verschiedenen Vertiefungen, auf der ein kleiner Amboß stand. Außerdem gab es eine Menge Stahlstifte mit denen er die verschiedensten Muster in Metall schlagen konnte. Und wie in einer richtigen Schmiede hantierte er auch mit Feuer, Lötlampe und einem Blasrohr.

Als die Kinder einmal zufällig eine Schmiede sahen, damals gab es sie noch in jedem Dorf, assoziierten sie diese sogleich mit ihres Vaters Werkstatt. Hier schmiedete er die schönsten Gegenstände aus Gold, Silber, Kupfer und Messing.

Ilses Alltag, der erfüllt war von der Sorge um die Kinder, deren Malzeiten, deren Kleidung, dem täglichen Spaziergang und der Gesundheit der Kleinen, gab es andere Passionen. Sie handarbeitete sehr gern. Unter ihren Händen entstanden wunderschöne Weißstickereien, Gobelinkissen und viele bunte Kaffeetischdecken.

In Börnchen gab es auch eine umfangreiche Bibliothek und beide Eltern lasen täglich und unterhielten sich interessiert über neueste Literatur. Sehr früh machte Ilse ihre Kinder mit dem katholischen Glauben vertraut. Noch vor dem ersten Märchen, oder gar einem Bilderbuch erfuhren sie die Lebensgeschichte Jesu Christi. Vor Tisch, und am Abend nach dem Zubettgehen sprachen die Kinder ein Gebet.

Nährschütz

Kurz vor der Geburt des vierten Kindes brachte Papa Eliane zu den Großeltern nach Nährschütz. Sie liebte es, vorn im Auto zu sitzen, durch Dörfer und Städtchen zu fahren und sich über alles Gesehene mit ihm zu unterhalten. Papa war ein geduldiger Zuhörer und ein noch besserer Erklärer. Er wußte über Eisenbahnen ebenso gut Bescheid wie über Autos, kannte die Namen aller Orte und ahnte, wie sehr das Kind sich auf Omama freute.

Im Schloß Nährschütz bei Steinau an der Oder empfing Ellynor Vater und Tochter so herzlich wie immer. Sie war sehr schlank und zierlich, wirkte immer gepflegt und elegant und duftete nach Mouson-Lavendel. Ihr liebes Gesicht strahlte, wenn sie Elianchen in die Arme nahm. Auch schien es dem Kind als hätten alle nur darauf gewartet, daß ein kleines Mädchen mit blonden Zöpfen zu Besuch käme.

Schloß Nährschütz

An der Decke in der weiten Eingangshalle drehte sich der ausgestopfte Seeadler Lody, der schwarze Neufundländer, erhob sich schwanzwedelnd und leckte ihr die dicken Backen zur Begrüßung. In der Küche saß Peusel,

Omama's Mamsell und Köchin. Sie nahm das Kind auf den Schoß und es gab Weißbrot mit Butter und Zucker.

Lisbeth, das Mädchen, hatte im kleinen Zimmer, in dem Eliane neben Omama schlafen würde ein Schälchen mit bunten Bonbons deponiert und da stand auch wieder, vertraut noch vom letzten Besuch das alte Spielzeug: Tisch und Stühlchen für die Puppe und ein strohgedeckter Schafstall mit vielen Schafen. Am Abend nahm Großvater das Kind an der Hand und führte es in den Gutshof. In den Ställen molken Frauen die Kühe, es gab Kälbchen, im Pferdestall fütterten die Kutscher gerade die Ackergäule und Eliane durfte aus der großen Futterkiste Hafer schöpfen und ihn Nicotin, dem schwarzen Hengst in die Krippe schütten. Die Männer sprachen mit Opa über wichtige Dinge. Sie hießen Luzerne und Schlag, Fuder und Gespann, sie erwähnten Ortsbezeichnungen wie Galgenberg, den Gruftberg, den Pferdehimmel. Es roch so wunderbar nach Vieh und Heu, Milcheimer klapperten und vor dem Kuhstall standen Dorfkinder mit Kannen aus Blech, um frisch gemolkene Milch zu holen. Mit neugierigen Augen betrachteten sie das kleine Mädchen.

Schloß Köben *Aquarell von Elfriede Springer, 1943*

Am nächsten Tag, es war kalt, es regnete, durfte Eliane mit Opapa nach dem Städtchen Köben fahren. Er hatte die halb gedeckte Kutsche befohlen. Die Puppe mußte natürlich mit. Wenn es regnete war Opa immer guter Laune, denn es regnete selten in Schlesien. Vor Abfahrt wurde die Decke eng um das Kind geschlungen, dann erst sagte Opa dem Kutscher: „Kaiser, es kann los gehen!"

Der Kutscher saß hoch auf dem Bock vor ihnen, dem Regen frei ausgesetzt, in einen Lodenumhang gewickelt. Eliane aber schniefte: „Was ist denn? Was hast du denn?" fragte der alte Herr besorgt. Sie hielt ihm die Puppe hin: „Sie friert!" Opa nahm die Puppe, öffnete seinen Mantel und steckte sie dort hinein. Das Schniefen hörte aber nicht auf: „Was ist denn nun?" „Kuck doch, die Puppe sieht ja nichts." Er hatte den Kopf der Puppe zuerst in den Mantel gesteckt. Nun nahm er sie heraus und legte sie anders herum an seine Brust. Das Geschniefe hörte auf. Die Pferde trabten den Gruftberg hinauf, die Kirschenallee hinab, vorbei am Schettlerhof und geradewegs in das kleine Städtchen durch einen großen Gutshof.

Ein vier-türmiges Schloß noch aus Ritterzeiten, mit einem Wallgraben und einer Brücke erinnerten an Bilder in Märchenbüchern. Der Wagen aber fuhr lärmend über Kopfsteinpflaster auf den Ring, so genannt, weil in der Mitte ein mittelalterliches Rathaus und die evangelische Kirche unter sehr hohen Bäumen träumten. Spitzgieblige Bürgerhäuser mit Treppchen zu den Türen, die in kleinere und größere Läden führten umgaben den Ring. Aus allen Richtungen mündeten Straßen in das Zentrum des Ortes. Rechts etwas zurückversetzt, am höchsten Punkt, ragte der Turm der katholischen Kirche weit ins Land. Wie eine dicke Glucke bewachte ihr breites Dach nicht nur die vielen gedrängten Häuser und schmalen Gässchen sondern blickte über den breiten Fluß, der behäbig seine grünen Fluten tief unten vorbei wälzte. Wollte man die Oder sehen, ging man am besten die Straße nach Norden hinunter, wo eine Landzunge in den Fluß ragte und Fährmann Pohl die Fähre bediente. In Köben besuchte Großvater als erstes den Kolonialwarenladen von Herrn Willy Schild. Omama Ellynor kaufte fast alles bei Willy Schild, die Kohlen aber kauften die Strachs bei Karl Schild. Beide hatten ihre Läden am Köbener Ring und machten sich Konkurrenz. Karl konnte sehen wer bei Willy die Treppchen hoch stieg um dort einzukaufen und Willy kannte Karls Kunden genau. Die Herrschaft in Nährschütz glaubte jedem der Gebrüder Schild gerecht zu werden, indem sie bei dem einen die Lebensmittel und bei dem anderen das Heizmaterial bezog.

Willy war der geborene Kaufmann. Er trug einen weißen Kittel, war groß und stattlich und bewegte sich mit temperamentvollen Schwüngen, devot und gleichzeitig selbstbewußt. Er redete Großvater genau wie der Kutscher Kaiser mit: „Herr Oberamtmann" an, was immer das heißen mochte. Opa kaufte Zigarren, einige Flaschen mit besonders bunten Flüssigkeiten und solche, die auf einer Liste standen, Konfekt, Schokoladentafeln und Bonbons. Dann sagte er:

„Die Bestellungen meiner Frau, (diese waren längst telefonisch eingegangen) bitte ich in meinen Wagen zu bringen, und die Rechnung des Monats, möchte ich heute begleichen. Es ist ja der Erste, Herr Schild!" Der Kaufmann winkte einem Lehrjungen einen Karton mit Lebensmitteln in die wartende Kutsche zu befördern. In diesem Moment klingelte die Ladentür und herein trat ein anderer alter Herr, beide schienen hocherfreut einander zu begegnen:

Stadt Köben an der Oder   *Aquarell von Elfriede Springer, 1943*

„Ach mein lieber Weber, habe fast gehofft Sie hier zu treffen!" Sie schüttelten sich die Hand. Herr Weber, vom Nachbargut Gurkau, ihm gehörte auch Nistitz, betrachtete seinen Freund, bemerkte nicht das Kind im Laden und meinte, wie immer zu Späßen aufgelegt: „Also Strach, allmählich mache ich mir ernsthaft Sorgen Ihretwegen, ich glaube nun werden Sie kindisch!"
Der so angesprochene schaute verdutzt in das Schelmengesicht seines Freundes, bis dieser auf die Puppe in seinem Mantel deutete. Opa hatte sie längst vergessen und jetzt erinnerte er sich auch seines Enkelkindes.
Im Hinterstübchen von Herrn Schild gab es eine süße Limonade und für die Herren einen kräftigeren Trunk. Rechnungen wurden beglichen und nachbarliche Späße ausgetauscht. Danach setzte Opa das Kind zum Kutscher in den Wagen, denn er hatte noch anderes zu tun. Kaiser bewegte die Pferde im Schritt um das Rathaus und die evangelische Kirche auf dem Ring in Köben. Aus den Läden schauten die Kaufleute um festzustellen, ob etwa die Gnädige aus Nährschütz im Städtchen sei. Sie war sehr beliebt bei den Leuten, denn wenn sie Geld ausgab, was sie sehr vorsichtig tat, dann gab sie es in Köben aus nicht ohne mit jedem der Geschäftsinhaber einen langen liebenswürdigen Schwatz zu führen. Nachdem Opa die Apotheke besucht hatte, sah man ihn beim Viehhändler Handtke, viel später kam er dann aus dem Schuhhaus Gans. Er hatte Elianchen eine Tüte mit Rumkugeln geschenkt, damit sie die Zeit des Wartens besser überstehe und diese teilte sie nun mit Kaiser, während die Kutsche von Herrn Strach aus Nährschütz über das Kopfsteinpflaster ratterte.

Als Opa endlich wieder einstieg klagte er murrend: „Dieser Handtke, Kaiser, ist wahrlich ein Halsabschneider!" „Was ich immer gesagt habe, Herr

Oberamtmann, das dicke Geschäft macht immer der Viehhändler!" Verschämt hielt das kleine Mädchen nun die Puppe in ihrem Mäntelchen warm und überlegte: „was doch ein Halsabschneider für ein fürchterlicher Mensch sein mußte?"

Beim Mittagessen dieses Tages erzählte Fritz Strach seiner Frau die Geschichte mit der Puppe. Er schmückte sie ein wenig aus, besonders betonte er die Bemerkung seines Freundes Webers.

Am nächsten morgen rief Tante Erna aus Töschwitz an. Sie tat das täglich, wohl aus Sorge um den Vater, aber auch aus der Lust heraus etwas Neues zu erfahren. Ausgeschmückt in allen Details erfuhr sie die Geschichte mit der Puppe. Tante Erna war die älteste Tochter der Strachs. Sie war eine wundervolle Geschichtenerzählerin. Leider hat sie ihre bemerkenswerten Erlebnisse selten aufgeschrieben, sie verstand es aber, sie ausgeschmückt weiter zu geben.

Hainbuchenallee im alten Park

An jenem Morgen begegnete Eliane, als sie die Treppe hinunter in den Park hüpfte, Frau Jeschken. Die Jeschken trug über einem weiten aus schlesischem Leinen blaugedruckten Rock, eine blaue Schürze und darüber eine schneeweißgestärkte Schürze. Sie hielt noch sehr viel auf Tradition. Sie hatte die kleine Ilse von ihrem vierten Lebensjahr an gekannt und zu der elf Jahre später geborenen Tochter Inge der Strachs ein besonders inniges Verhältnis gehabt. Ihr Mann war einer der Ackerkutscher mit eigenem Gespann, der für vierzigjährige Verdienste auf dem Gut Nährschütz eine Medaille erhielt. Nun waren die beiden in Rente, lebten aber in einer der Arbeiterwohnungen, die Opapa einst gebaut hatte. Die Jeschken verdiente sich etwas dazu, wenn sie im Schloß ein wenig half. Entzückt betrachtete sie das Kind und rief: „Ach, ich glaube gar da kommt die kleine Baroness?"

Eliane konnte gar nicht verstehen was sie hörte und rief: „Aber Jeschken, kennst de mich nicht mehr? Ich bin doch die Lane!" Noch ehe die Jeschken ihre Rührung verbergen konnte fragte das Kind: „Warum haste heute eine weiße Schürze um? Gibt`s ein Fest?" „Oh nein", verkündete sie geheimnisvoll, „Ich habe gehört, daß wir ganz hohen Besuch haben und da mußte ich mich doch fein machen. Das Kindergesicht verdüsterte sich bei dem Wort Besuch: „Wer kommt denn?" „Na, ich glaube der ist schon da!" Eliane überlegte: „Vielleicht ein Papa und seine Tochter?" Frau Jeschke nickte. „Dann haste die Schürze für mich um gemacht?"

Die alte Frau nickte erneut und ihr Gesicht strahlte alle Liebe aus, die sie immer den Kindern dieses Hauses entgegengebracht hatte. Sie drückte den kleinen Körper an sich und liebkoste das runde Gesicht, als sei es eines ihrer Enkelkinder.

Eliane war in Nährschütz vielen lieben Gesichtern begegnet, aber das von Mutter Jeschken war das schönste.

In Börnchen war zu jener Zeit „Hans, Alexander", der dritte Sohn geboren worden. Falk schien ein wenig verstört, denn sein Schwiegervater hatte ihn ins Gebet genommen und gemeint: „Eigentlich müßte ich Dir ja nun, lieber Schwiegersohn, zu Deinem neugeborenen Sprößling gratulieren, aber ich tue das mit Vorbehalt! Weder Dein Einkommen noch die wirtschaftliche Lage unserer Zeit rechtfertigen einen solchen Leichtsinn. Ich hoffe Du verstehst mich nicht falsch. Von mir werdet Ihr keinerlei Unterstützung in Zukunft erwarten können. Die Krise in der Landwirtschaft spitzt sich zu. Die Güter in meiner Nachbarschaft stehen fast alle auf der Kippe, und ich kämpfe einen besonderen Kampf um Nährschütz zu erhalten."

Dann redeten sie über die so unglücklich verlaufende Politik der Regierung nach Bismarcks Abdankung, die das Absinken der Getreide- und Viehpreise verschuldet hatte und außer dem über die Bedrohung, die, wie Strach hellsichtig erkannte, von einer Diktatur ausgehen würde.

Falk erwähnte nur, daß der verlorene Krieg an allem Schuld sei, und ein Mann wie Adolf Hitler zu einiger Hoffnung berechtigte. Schließlich sei Deutschland durch die Last der Reparationskosten in diese mißliche wirtschaftliche Lage geraten. Aber da kam er bei seinem Schwiegervater wieder in Schwierigkeiten: „Du glaubst doch nicht, daß ein so primitiver Emporkömmling, ein seit tausend Jahren funktionierendes System wie unser Kaiserreich, retten wird. Dem Sozialismus gehen wir entgegen!" Ärgerlich warf er seinem Schwiegersohn ein Packen Zeitungen hin: „Lies es, und Du wirst allmählich erkennen, wohin dieser Mann unser Volk führen wird."

Dreißig Jahre an Gehorsam gegenüber Vorgesetzten gewöhnt, legte Falk seine Hand auf den Stapel Zeitungen und antwortete: „Es mag richtig sein, was Du vermutest, aber in einem neu erstarkten Deutschland würde man Leute wie mich wieder brauchen.

Obwohl Falk wußte, daß seinem Schwiegervater bekannt sein mußte, wie getreu nach katholischer Doktrin seine Tochter Ilse lebte, so wagte er es nicht das Thema Kinderzahl noch einmal anzusprechen. Weshalb die Verantwortung für künftigen Kindersegen voll auf seinen Schultern lastete. Über die Tatsache, daß in Börnchen ein neuer kleiner Erdenbürger das Licht der Welt erblickt hatte, schien sein Großvater keineswegs beeindruckt, sondern nur besorgt. Drei Jahre später jedoch erklärte er dieses Enkelkind zu seinem besonderen Liebling. Hans war drollig und sehr originell, machte witzige treffende Bemerkungen und eroberte Opapas Herz im Sturm.

Auf der Heimfahrt von Nährschütz nach Börnchen, nun ohne sein Lieblingskind, Eliane, plagte Falk die Frage, ob er die heikle Unterredung vor Ilse zur Sprache bringen sollte. In Börnchen angekommen, verwarf es sofort den Gedanken an einen wahrheitsgemäßen Bericht.

Am Bett seiner Frau, die zwei Tage zuvor von einem Sohn entbunden worden war, saßen ihr Bruder Männe und ihre Schwester Erna. Sie spielten Skat. Ein goldener Teewagen mit Glasplatte diente als Tisch. Ilse lag im grünen Himmelbett inmitten von Spitzen und Rüschen. Sie hatte ihr blondes Haar zu einem dicken Zopf geflochten und freute sich über seine Rückkehr. Falk küßte ihre Stirn, führte Ernas kleine weiche Hand an seine Lippen und nahm Glückwünsche seines Schwagers mit gemessener Freude entgegen.

Das Kind in seinem Körbchen glich allen Neugeborenen. Noch hatte Falk die Worte seines Schwiegervaters im Ohr, wollte aber die Freude seiner geliebten Frau teilen und sich nicht von anderen Sorgen beeinflussen lassen. Er betrachtete sie entzückt:

„Anscheinend geht es Dir recht gut? Wenn ich sehe was ihr hier so treibt!" sagte er fröhlich und holte eine Flasche Wein, um die Gäste gebührend zu bewirten.

Als die Wöchnerin müde wurde und der Ruhe bedurfte, zogen sich die Familienmitglieder zurück. Die korpulente Erna fuhr mit Paul ihrem

Chauffeur wieder nach Töschwitz in der Gewißheit, daß es Ilse gut ging. Sie selbst hatte mühelos fünf Kindern das Leben geschenkt, wußte aber, daß dies nicht ohne Entbehrungen und Schmerzen abging und sonnte sich nun in einem Stolz, der in dem Gedanken Befriedigung fand, daß die Töchter des Fritz Strach, solche Dinge ohne großes Gejammer hinter sich brachten.
Ernst Walter Strach ging in Börnchen den langen Gang entlang, der zum Kinderzimmer führte.
Leise öffnete er die Tür, doch die kleine Buben Wolf und Ernst schliefen schon. Er beugte sich über Bibis Bettchen und betrachtete den blonden Schopf. Als er sich wieder aufrichtete, bemerkte er eine Gestalt, die im Türrahmen zum angrenzenden Zimmer lehnte: „Ach, Fräulein Paula", flüsterte der große dünne Mann, „Leider schlafen die Kinder schon." Sie nickte nur. Sie schien verlegen. Das machte ihn fast ärgerlich. Hoffentlich dachte sie nicht, er sei ihretwegen hier. Ein wenig zu hastig trat er in den Lichtschein der offenen Tür zurück, durch die er gekommen war. Dort wandte er sich noch einmal um: „Wir sehen uns sicherlich noch!" In ihrem Gesicht waren Enttäuschung und Schmerz deutlich zu erkennen. Leise schloß er die Tür: „Oh du meine Güte", dachte er verzweifelt, „so war das immer mit den Mädchen" und Fräulein Paula tat ihm sehr leid.
Onkel Männe war kein schöner Mann, aber ein ganz großer Herr mit ungeheurer Ausstrahlung. Sein großflächiges Gesicht wurde beherrscht von zwei braunen Augen, einer schmalen geraden Nase und einem immer spöttisch wirkenden Mund. Er lachte gern und viel, mit tiefer melodischer Stimme erzählte er spannende Begebenheiten, schmückte sie aus, flocht pikante Episoden ein und wußte so die Aufmerksamkeit auf sich zu ziehen, um alle zum Lachen zu bewegen. Er wirkte besonders durch seine schöne Figur und die Art wie er sich bewegte und auf Menschen zuging, um sie von sich zu überzeugen. Hinter den Allüren des vornehmen Junkers, einer wahnsinnigen Passion fürs Jagen und seiner geheimnisvollen Vergangenheit, verbarg sich eine sehr emotional geladene Persönlichkeit, mit viel Fantasie und dem Hang zur Sucht und zu Ausschweifungen. Er wäre der geeignete Herr auf Nährschütz gewesen, aber das hatte er verwirkt. Sein Vater konnte ihm seine vielen Eskapaden nicht verzeihen.
1000 Hektar Feld und Wiesenland und 1500 Morgen Wald lagen zwischen Steinau und Glogau an der Oder. Fritz Strach hatte diesen Besitz mit dem Schloß 1902 erworben. Zwei Jahre brauchte er um alles nach seiner Zufriedenheit zu renovieren, erst dann ließ er seine Familie dort einziehen. Für seine Enkelkinder bedeutete es immer etwas Besonderes in Nährschütz zu sein. Wochenlang waren sie bei den Großeltern zu Besuch. In weißen Gitterbettchen, aus beschichtetem Metall, erwachten die Kinder am Morgen vom lauten Gesang eines Kanarienvogels. Ihr Blick fiel auf die von Sonnenstrahlen rosa gefärbte Tapete. Viele kleine Singvögel saßen in ver-

schiedenen Positionen auf Blütenzweigen. Diese Tapete paßte so recht zu dem lebendigen Getriller des gefiederten Sängers. Mit seiner goldgelben Vogelfrau lebte er in einem geräumigen Käfig in einer tiefen Fensternische. Zarte Vorhänge bewegten sich dort im Morgenwind. Ein großer schwarzer Hund erhob sich von seiner Decke, streckte die Pfoten, gähnte und trottete schwanzwedelnd zu einem der Bettchen. Die Kinder kannten Hunde, Papa züchtete Zwergdackel und hielt sich einen Jagdhund. Dieser wollige Riese hier, presste seine Schnauze an das enge Gitter eines Bettchens und winzige Finger krauten ihn. Bald darauf erschien Omama aus dem Nebenraum und ihr freundliches Gesicht neigte sich um einen Blondschopf in die Arme zu nehmen. Diese Umgebung, Omama's liebevolles Gesicht und ihre Fürsorge blieben die ersten bleibenden Erinnerungen ihres Lebens in Nährschütz.

Omama's Liebe war nicht geheuchelt, sondern sie hat alle ihre Enkelkinder gewickelt, aufs Töpfchen gesetzt, Haare gekämmt, sie gewaschen, auch wenn etwas Unaussprechliches passiert war und ihnen Lebenswahrheiten vermittelt. Gelegentlich auch etwas hochmütige Lebenswahrheiten. Schließlich war sie die Herrin auf Nährschütz.

Wenn man später manchmal etwas aus dem Dorf erzählte, die Meinung anderer Menschen kund tat, dann sagte sie: „Aber Kind, das sind doch Leute." Großvater, schon sehr alt, herb, oft auch schroff, vor dem alle einen außerordentlichen Respekt zeigten, erschien den kleinen Kindern weit entrückt. Immer anwesend, in ihrer großen alten Küche, war Peusel, die Köchin. Dreißig Jahre hat sie den Strach's nicht nur gedient, sondern sie auch beherrscht. Die Dienstmädchen wechselten. Einmal in der Woche kam der Förster Kolodzig zum Rapport ins Schloß. Er sah genauso aus wie der Förster aus dem Märchenbilderbuch vom Rotkäppchen. Er trug eine grüne Uniform, einen grünen aufgeschlagenen schmalen Hut mit vielen Trophäen, hatte einen schwarzen Vollbart und seinen Hund dabei. Wenn er kam, mußte man Lody weg sperren, weil die beiden Rüden sich nicht ausstehen konnten. „Kolo", wie die Kinder ihn nannten, war Oberschlesier und rollte das „R" wie einen Donner in seiner Sprechweise.

Es gab aber noch den Gärtner, den Kutscher und seine Familie und den Vogt Hofrichter, dessen eigenes Haus ganz nahe am alten Park stand. Neben Jeschken, der damals Ackerkutscher war, arbeitete noch Schneider als Gespannführer. Auch Schneider erhielt eine Auszeichnung für vierzigjährige Verdienste auf dem Hof. Ein Ereignis, das im „Steinauer Tagblatt" festgehalten wurde. Mutter Viereck schien im Kuhstall das Regiment zu führen und dann war noch der Inspektor, der in dem hübschen Häuschen am Dorfteich mit seiner Familie lebte, das später Kolonialwarenladen wurde und der Familie Schwarz gehörte. Denn alle Dinge auf dieser Erde sind vergänglich. Nährschütz war ein Königsschloß. Zwar nicht gewaltig groß, überschaubar in der Einteilung seiner Räume, anders als Börnchen.

Hauptportal Schloß Nährschütz
Acryl von Monika Zinner

Omama, die einmal einen Kunsthistoriker durch die mit kostbaren Tapeten und allegorischen Stuckarbeiten verzierten Räume des Hauses führte, beklagte sich, wohl um nicht unbescheiden zu wirken und den Enthusiasmus des Mannes zu bremsen: „Ja, das Haus ist sehr schön und sehr alt, aber die Räume sind so groß und so hoch, im Winter kaum warm zu kriegen." Da mischte sich Opapa in das Gespräch und sagte: „Sehen Sie, so sind die Frauen! Ich habe ihr ein Königsschloß zu Füßen gelegt und nun ist es wieder nicht recht." Nährschütz hatte etwas Heimliches und war doch unheimlich, mit seinen Kellergewölben, den breiten Stufen und seinem zweistöckigen Dachboden, über den sich ein riesiges barockes Satteldach mit dicken Balken wölbte. Dort oben gab es versteckte Zimmer, die Erwachsene nie erreichen konnten, weil man sich um einen Kamin herum drücken mußte. Staubige Leere, nicht gedielte Räume mit kleinen runden Fenstern. Herrliche Oasen für Versteckspiele, wenn die Erwachsenen zu einer Gesellschaft gefahren waren und die Kindermädchen sich mit ihrem Schatz trafen.

Blick auf Dorf Nährschütz mit Schloß
Ölgemälde von Monica v. Falkenhausen, geb. v. Hobe

Zu Nährschütz gehörte das Areal des großen Gutshofes mit dem Gebäude des Schüttbodens. Der Schüttboden stand dem Schloß, ca. 500 Meter entfernt gegenüber, wie ein mächtiger, ebenbürtiger Bruder; die gleiche Höhe, mit einem ebenso imponierendem Dach. Seine vielen Etagen hatten keine Fenster, sondern nur Luken, drinnen niedrige Räume, auf denen seit dem dreizehnten Jahrhundert über Holzdielen Unmengen von Getreide getrocknet wurden. Neben den Geheimnissen, die ein altes Schloß birgt: Eine weiße Frau, die nachts durch die Zimmer schwebte und Gardinen hob um hinauszuschauen, und dem Geist von Kunzendorff, der durch Omamas roten Salon um Mitternacht wankte und das Treppchen im Teezimmer polternd herabfiel, und den vielen schaurigen Sagen, die alte Frauen in Nährschütz noch zu erzählen wußten, gab es den Park. Der Park war unterteilt worden durch eine geteerte Straße. Es gab den alten Park und den neuen Park. Auch in ihnen lebten wunderbare Dinge und die Tiere, die es ein Leben brauchen würde, um sie alle zu kennen, für diese Generation Kinder. Hier waren Onkel Fred, Tante Erna, Onkel Männe, Mama und Tante Inge aufgewachsen. Erklärt hatte das nie jemand. Deshalb dauerte es Jahre, bis die Kinder es herausfanden.
In Nährschütz regnete es selten, weshalb sich die Enkel nur an Sonnentage erinnerten. Ging man mit Großmama im Frühjahr in den alten Park, so eilte sie aus dem neuen Park, der das Haus umgab, durch ein stets weit geöffnetes schmiedeeisernes Tor mit zwei Pfosten über die Straße. Drei Straßen gabelten sich hier und es gab einen grasbepflanzten Mittelpunkt, den Dreianger. Danach führte der Weg über ein Brücklein, durch ein kleines Törchen, in den alten Park. Omas Schritt war immer eilig, Sie machte zwar kurze Schritte,

aber die sehr schnell. Kinder trabten, die gleiche Schrittzahl einhaltend fast im Laufschritt hinter ihr her. Eine Eigenschaft, die sie bis zu ihrem neunzigsten Lebensjahr beibehielt. Gleich neben dem Eingang in diesen Park gab es eine grüne Laube. Wenn Omama Zeit hatte, was selten der Fall war, dann setzte sie sich mit den Kindern in die Laube und sie lauschten den Vögeln. In einer hohen Birke hatte ein lieber Mensch einen Starenkasten befestigt. Die Birke war gewachsen und das Starenhaus mit ihr. Der Star saß vor seinem Haus und zwitscherte, jubilierte und teckerte, nicht einmal die diebische Elster konnte seiner Brut etwas anhaben, denn klein und rund war das Loch zu seinem Nest.

Besonders aber liebte Oma die wilden Tauben. Manchmal sang sie dann ein altes Lied:

„Hörst Du wie der Täuber macht?
Gruh, gruuuh, gruh,
und die kleine Taube
hört ihm freundlich zu."

Es war ein Liebeslied und Omamas noch immer schöne Stimme weckte Wehmut im Herzen der Kinder. Keckernd flogen ihre Perlhühner über die Wipfel der Bäume und die Sprosser veranstalteten ein Wettsingen. In einem Korb hatte sie Fischfutter versteckt. Im Teich, auf den schon die Sonne schien, obwohl er nach Osten hin von hohen Tannen umgeben war, schwammen dicke Karpfen. Im Herbst, kurz ehe der Winter kam wurde sie abgefischt, Im Frühjahr durften die Kinder sie füttern, mit Kleie und Mehlwürmern. Omama rief die Fische mit einem hellen sich wiederholenden Lockruf. Die Kinder lernten so, daß Fische zwar stumm sind aber sehr gut hören können. Es kamen kleine und große, dicke und dünne. Ihre Schwänze wirbelten das Wasser auf und Wolf lachte vor Vergnügen so entzückte ihn das Gewimmel der nassen Fischleiber. Alle schauten ganz genau in die klare Flut, denn war etwa ein Hecht dabei zu entdecken, der Räuber des Teiches, dann mußten sie zu Hofrichter gehen und es ihm melden. Sein Häuschen lag direkt neben dem Park und er würde dafür sorgen, daß man den Räuber fing. Auch war er verantwortlich für das Funktionieren der Schleusen, sowohl die am Schloßteich wie auch die des Dorfteichs.

Drainagen regelten den Zu- und Ablauf der Bäche, die durchs Dorf sich an den Straßenrändern schlängelten. Unterirdisch verliefen Drainagerohre durch alle tiefliegenden Ab- und Zuleitungen, bewässerten die Felder und bewahrten vor Überschwemmungen. Hofrichter kannte sie alle. Außerdem gab es natürlich ein Verzeichnis, einen Plan, wo diese Rohre verlegt worden waren. Verstopfte irgendwo in der Landschaft ein Rohrstück, sodaß die Felder überschwemmten, so mußten die Rohre ausgegraben und erneuert werden. Es waren Tonröhren, acht Zentimeter im Durchmesser mit Löchern und etwa 30cm lang.

Gegenüber der grünen Laube gab es eine große Koppel für Pferde. Eine Hainbuchenallee führte durch den ganzen Park und endete an einem hohen Tor aus Schmiedeeisen. Früher war die Buchenallee, die von Norden zum Haus hin verlief, wahrscheinlich die Zufahrt zum Schloß, und sein Portal war sicherlich zu Zeiten des Markgrafen von Sachsen, am rückwärtigen Teil des Hauses gewesen.

Nährschütz hatte einmal August dem Starken gehört, dem sächsischen Markgrafen und späteren König von Polen. Auf seinen Reisen von Dresden nach Warschau benötigte er Raststätten. Er ließ also in Schlesien mehrere solcher Schlösser aufkaufen und für seine Ansprüche instand setzen.

Man reiste noch mit Pferd und Wagen. Schon vor seiner Regierungszeit wurde Nährschütz umgebaut, erhielt sein barockes Aussehen.. Es diente jedoch nicht nur der Rast, sondern vor allem dem Vergnügen der Jagd. Er nannte es `Nährschütz`, weil es ein Besitz war, der den Schützen nährte. Verständlich, wenn man die Jagdgründe und den Wald an der Oder kannte, denn des Markgrafen Jagdrevier um Dresden herum beschränkte sich auf in Gehegen gehaltenes Wild. Am hinteren Teil des Schloßgiebels in Nährschütz gab es eine verzierte Aufschrift: „1688",

Ostgiebel mit Jahreszahl 1688 des Umbaues

was uns sagt, daß dieses Gebäude schon vor der Regierungszeit des sächsischen Monarchen umgebaut, existierte. Aber sicherlich hatte der angehende König, der während seiner relativ friedlichen Regierungszeit so viele Relikte von Geschmack und Schönheit schuf, auch Nährschütz geprägt. Ellynor hat die Tradition dieses Hauses stets hervorgehoben, genau wie ihr Mann hat sie alles getan, um den Besitz zu erhalten und immer dafür gesorgt, daß der Rahmen, in dem sie lebten, den Ansprüchen den ihr Mann, der ja aus einer alten aristokratischen Familie stammte, denen der von Lüderitz entsprach.

Als Großvater das Erbe derer von Lüderitz antrat, wurde ihm von seinem Großvater nahe gelegt, dessen Titel anzunehmen. Er aber lehnte ab.

Im Mai eilte Omama zwei Mal täglich den Spargel zu stechen. Die Spargelplantage war im hinteren Teil des alten Parks angelegt. Unterwegs sprach sie mit dem Gärtner, denn hier wurden auch Gemüse-, Beeren- und Obstanlagen bewirtschaftet.

Die Kinder aber liefen auf den Tennisplatz um nach verlorenen Bällen zu suchen. Opapa ging nur noch selten spazieren und wenn er es tat, dann schritt er langsam durch seinen neuen Park um das Haus. Er hatte einst einen Dresdner Gartenarchitekten engagiert: Herrn Hanisch, der ihm den Park anlegte. Es gab weite ruhige Rasenflächen, gesäumt von Ziersträuchern, Tannen und Buchen, Platanen und Kastanien. Über Kieswege, vorbei an Beeten in denen Sonnenhut und Dahlien gediehen, schritt er unter blühendem Jasmin und Flieder. Im Schatten am Wegesrand stand immer wieder eine weiße Bank zum Ausruhen. Am Ende des Parks schaute er gerne über die Felder zu einem Hügel hinauf, den man den Pferdehimmel nannte. Dahinter begann sein Wald.

Hier am Ende des neuen Parks, legte Großmutter später eine Erdbeerplantage an. Mit dem Erlös von Spargel, Erdbeeren und Himbeeren besserte sie ihr Nadelgeld auf. Es gab aber noch eine Attraktion im neuen Park, nämlich unter einer alten Buche, umgeben von anderen Laubbäumen ein japanisches Teehaus, ganz aus Stroh gedeckt, kreisrund, mit wunderschönen natureichenen Gartenmöbeln vor und in dem Häuschen. Ein Domizil für Kinderspiele.

Als Großvater an einem warmen Junitag seinen nicht immer voraussehbaren Spaziergang machte, bemerkte er außerhalb des Zaunes, dort, wo ein Weg, gesäumt von einem Bach entlang lief und alte knorrige Weiden standen, ein Auto, einen Sportwagen. Das Verdeck war geschlossen und als der alte Herr näher ging, um in den Wagen hineinzuschauen, lagen da unter einer Decke einige lange schmale Gegenstände. „Gewehre"! Männe war in Nährschütz, obwohl er Hausverbot hatte. Im kleinen Teehaus am Ende des Parks überdachte Fritz Strach, der Herr auf Nährschütz, sein Verhältnis zu seinem Sohn Ernst Walter. Und während der wunderschöne Sommertag sich neigte wurde er sehr traurig, denn es galt einen schwerwiegenden Entschluß zu fassen.

Ein alter Hut

Im Album der Erinnerungen werden die Bilder nun klarer. Sehr aufmerksam beobachten Kinderaugen die Gesichter der Erwachsenen.

Fräulein Paula verbirgt einen geheimen Kummer. Briefe aus Nährschütz haben besonderes Gewicht. Die Zeiten sind ernst. Geld wird knapp. Arbeitslose Bettler klopfen an des reichen Mannes Tür.

Aus dieser Zeit stammt eine Anekdote, die sowohl Tante Erna als auch Tante Inge wiederholt erzählten:

Opapa, der ja Landwirt und Jäger war, kleidete sich immer sehr schlicht. Er liebte zwar ein schönes gepflegtes Heim, zog sich auch zum Abendessen stets frisch an, am Tag aber bevorzugte er eine mehr praktische Kluft. Dazu gehörte ein alter Hut. Alle vier Wochen einmal fuhr er am Vormittag nach Steinau zu einem Treffen der Landwirte der Umgebung. Herr Weber, Reinhold Preiß, (Tante Ernas Ehemann) Herr von Wechmar, Bauern und größere Landwirte kamen hier zusammen, um Erfahrungen auszutauschen. Da gab es viel zu besprechen: wirtschaftliche, landwirtschaftliche und auch politische Themen wurden diskutiert.

An einem warmen Sommertag bestieg Opapa den Kutschwagen, der vor der breiten Treppe vor dem Schloss auf ihn wartete. Als Omama aus der Halle eilend rief: „Nein Fritz, mit dem alten Hut lasse ich Dich nicht mehr unter die Leute! Er ist wirklich schon sehr abgetragen. Hier, ich habe Dir einen neuen gekauft, passend zu dem Trachtenanzug den Du trägst." Der alte Hut war ein typischer kleiner Salzburger mit dicker grüner Kordel, die nun durch Regen und Sonnenglut fast grau geworden war. Der Hut mit kleiner Krempe hatte sich der schmalen Kopfform seines Trägers angepaßt. Außerdem zierten ihn zwar wertlose aber immerhin seinem Besitzer teure Souvenirs. Erpellocken und Federn von Eichelhähern, eine Nadel mit Eichenlaub, eine vertrocknete Kornblume und der Bruch (ein Zweig) vom letzthin geschossenen Rehbock. Es half ihm nichts. Ellynor nahm ihrem Ehegemahl den Hut vom Kopf und reichte ihm einen kreisrund geschnittenen Trachtler mit grünem Ripsband. Kutscher Kaiser lächelte, schaute aber stur auf die Rücken der Pferde. Opapa fühlte sich gar nicht wohl mit dem neuen Hut. Auf der 14 Kilometer weiten Fahrt kamen sie erst durch die von ihm gepflanzte Birkenallee, wegen deren Schönheit Nährschütz berühmt war. Drei Kilometer lang säumte sie seinen Wald. Die dicken weißen Stämme zauberten einen schönen Kontrast zu den dahinter rauschenden Föhren. Breite Schneisen führten rechts und links die Anhöhen hinauf. „Jagen 120, 121, 122!" Sonnenflecken tanzten auf dem Asphalt, der aber nur in zwei Streifen die Straße bedeckte, um die Hufe der Pferde zu schonen. Bis nach Zechelwitz ließ Kaiser die Pferde traben. Der neue Hut tanzte auf seines Trägers Kopf. Ärgerlich drückte er ihn in die Stirn, denn von nun an begutachtete er gerne die Felder seiner Nachbarn.

Die Birkenallee - Ölgemälde von Monica v. Falkenhausen, geb. v. Hobe

Es staubte auf der Pappelallee nach Zechelwitz, eine Wassermühle drehte sich im Wind und die Leute in den Dörfchen grüßten. Ehe er in Steinau das Gasthaus betrat, nahm er die ungewohnte Kopfbedeckung ab. Sein Schwiegersohn Reinhold Preiß hatte den neuen Hut schon erspäht und rief etwas süffisant: „Ah, Fritz, ein neuer Hut!" Ärgerlich winkte der Angesprochene ab.

In Nährschütz klopfte an diesem Morgen ein Bettler an die Hintertür und Omama ließ ihn ein. Er bekam eine warme Suppe in der Küche und etwas Proviant. Zum Abschluß reichte ihm Omama zwei Mark und Opas alten Hut, den er mit Dank entgegennahm.

Nach Beendigung der Besprechung der Landwirte in Steinau, die versüßt durch einen Frühschoppen bei fröhlicher Laune verlaufen war, ließen die Herren die Wagen vorfahren und begaben sich wieder auf den Heimweg. Die Räder der Kutschen ratterten lärmend aus dem Städtchen hinaus. Man grüßte einander noch und jeder fuhr in einer anderen Richtung davon. Auf der Pappelallee vor Zechelwitz nahm Opa eine Gestalt wahr, die sich ihnen zu Fuß näherte. Auf dem Kopf trug der Wanderer, (erst dachte Opapa, er täusche sich), seinen so sehr geliebten alten Salzburger.

Als der Mann nahe genug gekommen war, befahl Opapa: „Kaiser, halten sie mal an!" Er winkte den Mann an den Wagenschlag und fragte streng: „Wo haben Sie den Hut her?" „Hei"; antwortete der Befragte ängstlich, „die Gnädige Frau in Nährschütz hat ihn mir geschenkt. Er ist nicht gestohlen. Eine Suppe hab` ich auch bekommen und zwei Mark." Opapa betrachtete wehmütig und nachdenklich das Relikt aus alten schönen Tagen. Dann mach-

te er dem Mann folgenden Vorschlag: „Laß uns die Hüte tauschen!"
Dem Bettler aber war die Sache nicht geheuer. Wie konnte ein so feiner Herr, seinen neuen Hut mit einem alten vertauschen wollen? Er zögerte. Da sagte der Herr in der Kutsche: „Also gut, Sie bekommen von mir noch einmal 2 Mark, wenn Sie mir den Hut wiedergeben."Das tat der Bettler dann sofort. Nachdem das Geld in seine Hand geglitten war, reichte er dem Herrn den alten Hut und erhielt den neuen.
Kaiser schaute unverwandt auf die Rücken seiner Pferde vor ihm.
Zuhause kam Omama gerade aus dem Gemüsegarten als die Kutsche vor dem Haus hielt. Mit Entsetzen stellte sie fest, daß Fritz den alten Hut wieder auf seinem Kopfe trug. Auch erhaschte sie sein spitzbübisches Lächeln, durchschaute sofort die Situation und rief streng, nur so über die Schulter hinweg: „Fritz, jetzt wirst Du auch noch Läuse bekommen!"

Die Rezession

In Oberschlesien wurden die Kohlengruben bestreikt. In Breslau gab es viele arme Leute, die obdachlos auf den Straßen und unter den Brücken schliefen. Im Nachbarstädtchen Köben meldete Graf Saurma Konkurs an. Gut und Schloß wurden gepfändet. Die Gräfin kam weinend zu Ellynor ihrer nachbarlichen Freundin und bat wenigstens ihren Schmuck aufbewahren zu dürfen. Sie war eine geborene von Schaffgotsch, eine der reichsten Geschlechter in Schlesien, aber auch ihre Familie konnte ihr nicht helfen.Vielen Nachbargütern ging es ebenso. Die von Wechmars verkauften ihr Gut, ebenso Herr von Koeln. Über den deutschen Landen flog ein großer schwarzer Vogel, der Pleitegeier.
In Nährschütz weihte Großvater Strach seine Frau zum ersten Mal in seine Sorgen ein. Da beide seiner Söhne keine Landwirte waren, er schon alt und zermürbt, versuchte er sein Lebenswerk wenigstens teilweise zu retten. Er hatte schon immer vor solchen Zeiten gewarnt. Ein Gremium von Herren kam aus Breslau; eine Siedlungsgesellschaft.- Sie machten Angebote und feilschten mit dem alten Herrn um das 1000 Ha große Gut. Ilse grämte sich, sie liebte ihr Zuhause über alles. Inge, ihre elf Jahre jüngere Schwester brach in Tränen aus. Erna versuchte ihren Mann Reinhold zu bewegen zu helfen. Ihm gehörte das Gut Töschwitz und ein zweiter Besitz, das Gut Talbendorf. Beide noch liquide. Aber Reinhold hatte mit seinem Schwiegervater längst alles besprochen. Männe und Fred schwiegen verbissen, denn sie hatten ihr Pflichtteil aus Nährschütz bereits erhalten. Im Frühjahr 1933 wurde das Gut verkauft, in viele kleine Stücke geteilt und an siedlungswillige Kleinbauern vergeben. Sie kamen mit Treckwagen aus Westfalen, einige aus Posen oder dem östlich der Oder gelegenen Schlesien. Die Strachs behielten das Schloß,

den Park, 1500 morgen Wald, dreihundert Morgen Wiesen an der Oder und 150 Morgen Landwirtschaft, die den persönlichen Bedarf der Familie decken sollte. Vier Pferde, zwei Kühe, einige Schweine, Hühner und die Gärtnerei. Am tiefsten getroffen von dieser Entscheidung war die jüngste Tochter Ingeborg Strach, die noch zu Hause lebte. Ihr Vater aber nahm sie in den Arm: „Dir liebes Kind wird es an nichts fehlen, so lange ich lebe!"
Nicotin, ihr schwarzer Reithengst stand im Stall und Lody ihr Neufundländer lag zu ihren Füßen. Während andere große Familien alles verloren, hatte der umsichtige Strach gerettet was zu retten war. Auf seiner Bank lag nun ein Batzen Geld. In seinem Herzen aber herrschte Traurigkeit. Obwohl Nährschütz weiterhin für alle Heimat und Sicherheit bot, die alten Arbeiter in Rente gingen und ihnen ihre Wohnungen im Hof bis zu ihrem Lebensende zur Verfügung standen, befand sich nun ein Zaun zwischen Gutshof und dem Park, und die großen Viehställe wurden zu Wohnhäusern für die Siedlerfamilien umgebaut.
Fritz Strach zog Bilanz: Seine älteste Tochter Erna war durch die Heirat mit dem Großgrundbesitzer Preiß abgesichert. Seine Söhne, Fred und Männe hatten sich durch ihr Benehmen so weit von ihm entfernt, daß er sich nur noch um die beiden Jüngsten zu sorgen hatte.
Ilse konnte nicht ewig in dem riesigen Börnchen leben und Inge beabsichtigte sich gut zu verheiraten. Sie verlobte sich mit einem Österreichischen Adeligen, einem Baron Chiari, der vor Jahren auf Nährschütz Landwirtschaft gelernt hatte. Im Sommer kam Ilse manchmal einige Tage nach Nährschütz um sich zu erholen. Meist brachte sie dann ihr Lieblingskind, den kleinen Wolf mit. Während Inge den vierjährigen Neffen zu den Pferden führte, für ihn gab es nichts Schöneres, und diese überaus liebenswürdige Tante teilte seine Passion, schritten Vater Strach und Ilse durch den Park.
Im Beet unter der südlichen Hauswand standen Ellynors Rosenbäumchen in Blüte. Großvater stützte sich auf einen Spazierstock. Er war jetzt 74 Jahre alt. Seine Tochter hängte sich liebevoll bei ihm ein:
„Du weißt, mein liebes Kind, ich habe für Euch immer das Beste gewollt!"
Ilse nickte. Sie war völlig ahnungslos, was er ihr auf diesem Gang durch den Garten eröffnen sollte. Er aber wußte seine Kinder richtig einzuschätzen. Ilse war ein Mensch, der nur in der Gegenwart lebte, fast naiv in ihrer tiefen Religiosität hatte sie ihr Schicksal uneingeschränkt Gott anvertraut und auch so gehandelt: „Ich traue den Banken nicht mehr. Du weißt die Bank in Steinau hat mich nach ihrem Konkurs vor Jahren viel, viel Geld gekostet." Sie setzten sich unter einen blühenden Jasminstrauch, wo mehrere Gartenstühle und ein Tisch standen: „Ich dachte mir, Du und Dein Mann ihr könnt doch nicht ewig in dem düsteren Börnchen leben, das Euch nicht einmal gehört. Überall werden jetzt standesgemäße Häuser angeboten für einen Spottpreis."
Er wandte sich ihr zu und sein Gesicht bekam einen Glanz wie sie ihn nur aus

Kindheitstagen in Erinnerung hatte: „Ich biete Dir vierzigtausend Reichsmark als Grundkapital, solltest Du ein geeignetes Objekt für Dich und die Deinen finden."

Im Gebüsch hinter ihnen begann ein Sprosser zu singen. Kurz darauf fielen andere Vogelstimmen in den Gesang ein.

Ilse umfaßte die von Alter gezeichneten Hände ihres Vaters, beugte sich darüber und küßte sie. Sie umarmte den gebrechlichen zarten Körper und zog ihn an sich. Sie weinte, denn zum ersten Mal wurde ihr bewußt, daß er bald sterben würde: „Lieber Vati, das ist ein überaus großzügiges Angebot in dieser schweren Zeit." Dabei küßte sie sein von Falten durchzogenes Gesicht, „aber ich kann das nur annehmen, wenn Nährschütz dadurch nicht gefährdet ist!"

Lächelnd über ihren Gemütsausbruch, der in seiner Familie durchaus unüblich war, löste er sich aus ihrer Umarmung. „Nein, Du kannst ganz beruhigt sein, Nährschütz so wie es jetzt ist, bleibt ganz unberührt davon. Auch kann ich Inge die gleiche Summe zusichern.

Schloß Nieder Glauche

Kurze zeit darauf kauften Baron und Baronin von Falkenhausen Schloß Nieder Glauche, im Landkreis Trebnitz, eingebettet in die Hügel des

Eingang und Parkseite von Schloß Nieder Glauche

Katzengebirges. - Ein Renaissanceschloß, ohne alle durch Bauwut späterer Epochen entstellte Veränderungen.
Nicht, daß die Besitzer besonderen Wert auf die Reinheit des Baustils gelegt hätten, wichtig an diesem Gebäude war ihnen die Aufteilung der Räume.
Über breite Sandsteinstufen gelangte man auf eine von Säulen getragene überdachte Terrasse. Die Eingangstür war mit schmiedeeisernen Gittern verziert. Von hier trat man in die Halle. Als erstes fiel dem Eintretenden der herrliche gekachelte Fußboden auf. Weiße Kacheln umkränzten ein von schwarzen Kacheln sternförmig gebildetes Mosaik. Eine durch ein Fenster erhellte breite Holztreppe mit solidem Geländer führte in den ersten Stock, wo eine Balustrade den Blick nach unten freigab. Das Haus mit seinen vielen Zimmern war sehr licht. Der schönste Raum, in den man direkt von der Halle aus gelangte, der von Säulen und einer Schiebetür geteilt und verkleinert werden konnte, wurde Ilses Salon. Die bis zum Boden reichende Fensterfront enthielt eine Tür, die auf eine weitere Terrasse mit Stufen in den Park führte.
Ilses Gedanken kreisten sofort um die Einrichtung dieses herrlichen Hauses. Papa bekam das nach Osten liegende Zimmer, neben dem ein langgestrecktes Eßzimmer lag. Dieses wunderschöne Haus hatte im ersten Stock zahlreiche Schlaf- und Gastzimmer, Badezimmer und außerdem den Luxus einer Zentralheizung. Im Dachgeschoß befand sich ein eigenes Appartement neben den Mädchenzimmern.
Der gepflegte Park mit einem kreisrunden Rasenplatz, einem kleinen Teich voller Seerosen, umgeben von Rhododendrenbüschen, Flieder und Jasmin erhöhte noch den Reiz des Besitzes. Es gab Rotbuchen, unter denen man sich wie in einer Laube verstecken konnte, und ein kleines Tannenwäldchen. Hinten im Park baute Papa für Mama, versteckt auf einer Anhöhe, einen Hühnerstall. Ein großes Gut, dessen Gebäude an den Park grenzten, gehörte einst zu diesem Schloß. Nun wurde es vom Nachbarort Oberglauche bewirtschaftet. Reiche Bauernhöfe im Dorf zeugten von fetten Böden.
Die Kinder waren in einem Alter, wo optische Eindrücke besonders prägend sind. In Nieder Glauche erwachte in jedem von ihnen das Bewußtsein des eigenen Ich's. Märchen spielten eine besondere Rolle. In der Nähe des Parks auf der anderen Seite der Chaussee gab es einen Hohlweg, durch den ein Wasser geräuschvoll brauste. Eine alte Sage aus Vorzeiten erzählte, daß dort einmal eine Burg gestanden habe, in der während ihres Verfalls Wegelagerer und Räuber Unterschlupf gefunden hatten. Während eines schlimmen Gewitters habe Gott Donar voller Zorn seine Blitze auf das Gemäuer geschleudert und unter einem einzigen Donnerschlag die Ruine in den Boden gestampft. Düster war es in der Höhle und feucht.
Jeden Sonntag fuhr Papa mit seinem Auto Mutti nach Trebnitz in die Messe. Er selbst war nicht katholisch. Die größeren Kinder nahm Ilse gerne mit. In Trebnitz erhob sich die Kathedrale mit dem Sarkophag der Heiligen Hedwig,

der Schutzpatronin Schlesiens hoch über die Stadt. Ein riesiges Gotteshaus.Mama legte während der Messe, die für Kinder endlos dauerte, schmale Büchlein mit bunten Heiligenbildchen in zappelnde Hände. Eliane fiel während der Wandlung einmal polternd aus der Bank. Während der Predigt beobachtete Wolf den Geistlichen auf der Kanzel eingehend. Der Mann schien ihm sehr erregt. Sein Gesicht wurde ganz rot. Immer wieder drohte er mit der Hand und rief: „Ihr Christen, ihr Christen!" Wolf glaubte, die Männer, die hinten im Gang standen, seien gemeint. Auf dem Heimweg wollte er wissen, was denn die Christen so böses getan hätten, die der Pfarrer so heftig beschimpft hatte. Die Antwort war lang und vielsagend, aber schon nicht mehr so interessant. Eine interessante Unterbrechung aber bedeutete es, wenn der Klingelbeutel herum gereicht wurde. Jedes Kind durfte eine Münze dahinein werfen, ja nicht etwa daneben, dann fingen nämlich alle an das Geld unter den Bänken zu suchen und mit der Andacht war es vorbei. Papa ging nicht mit in die Kirche, obwohl Mama das für so außerordentlich wichtig hielt. Er ging unterdessen spazieren oder setzte sich in eine Gaststube, um die Zeitungen zu studieren.
In München, so stand es darin, hatte Hitler die Macht ergriffen und die Menschen glaubten dem drohenden Unheil einer Inflation entronnen zu sein. München war in Bayern und Bayern war weit weg von Schlesien.
Fräulein Paula hatte die Familie verlassen. Nun war Fräulein Lotte engagiert worden. Mit Paula verband Mama noch eine lang anhaltende Korrespondenz. In der Umgebung machten die Eltern Besuche: bei Herrn und Frau Kießling, wo es eine große Brauerei gab, bei Frau Theger, die ein entzückendes Häuschen in einem Blumengarten besaß, Pfauen, Zwerghühner, Seidenhühnchen und anderes Ziergeflügel konnte dort bewundert werden.
Zwischen Glauche und Trebnitz lag das Gut Raschen. Hier lebte Tante Melanie Schaube, eine Cousine von Omama. Nährschütz und Töschwitz waren in weniger als einer Stunde mit dem Auto zu erreichen. Nach Breslau war es noch näher.
Als das Haus fertig eingerichtet war, gaben die Eltern ein großes Fest. Anlaß war Falk's Geburtstag am siebenten Juli. Es kamen mehr als vierzig Gäste. In der Nacht wurden die Kinder noch einmal geweckt. Fräulein Lotte verkleidete Wolf, Ernst und Hans als Zwerglein mit spitzen Zipfelmützen und lustigen falschen Bärten. Eliane sollte ein Elfchen sein mit Blumen im Haar und durchsichtigen Flügeln aus Stoff. Aus Muttis und Onkel Männe's Kindertagen existierte noch ein Ziegenwagen. In diesen hatte man die Geschenke für Papa gelegt. Auch hatte Mutti gebeten, die Autos, in denen die Gäste gekommen waren, so zu parken, dass ihre Scheinwerfer auf das Rasenrondell gerichtet waren. Vorerst aber blieben sie abgeschaltet. Es war eine herrliche warme Julinacht. Mama bat die Gäste auf die Terrasse vor der Freitreppe. Von irgendwoher erscholl Musik und aus dem Dunkel des Parks kam das kleine Gefährt:

Drei Zwerglein zogen und schoben einen geschmückten Wagen in dem ein Elf mit glitzernden Libellenflügeln saß. Zwei kleine Laternen beleuchteten das Wägelchen nur spärlich. Als es die Mitte des Rasenplatzes erreicht hatte, blendeten die Autos die Scheinwerfer auf, der Elf erhob sich und geleitet von den Zwergen trat er vor die Treppe, um dem lieben Geburtstagskind ein von Mama verfaßtes ellenlanges Gedicht vorzutragen. Die Zwerge überreichten die Geschenke.

In diesem Sommer geschahen noch andere eindrucksvolle Dinge.

Eines nachts holte Mutti die Kinder aus den Betten und führte sie in den Garten: Unmengen von Glühwürmchen schwirrten über dem kreisrunden großen Rasenplatz. Es war ein unvergeßlicher märchenhafter Anblick. Der Rhododendron blühte rot, weiß und violett und Tausende von kleinen Lichtern tanzten über den im Mondschein liegenden Park. Hinter dem Teich stand eine weiße Bank unter einem Strauch. Auf dieser Bank lauschten die Kinder dem Märchen vom kleinen Däumelinchen nach Andersen. Die dicke Kröte entstieg dem Teich, das Rosenblatt auf dem Däumelinchen davon segelte lag auf der Wasseroberfläche, Schmetterlinge schwebten über Seerosen und sogar Maikäfer summten in den Kastanienbäumen.

Mama engagierte einen Portraitmaler. Er bewohnte das große Gastzimmer im Dachgeschoß. Bei Tisch aß er kein Fleisch, rührte die Wurst nicht an. Eliane malte er besonders schön. Sie saß viele Stunden still auf einem Stuhl, den man auf einen Tisch gestellt hatte. Der fremde Mann sprach nur wenig. Doch ab und zu kam jemand und las aus einem Buch laut vor. Auch von Wolf entstand ein sehr ätherisches Gemälde. Wolf, der große Schweiger, sehr bedächtig und etwas langsam, hielt sich während der Sitzungen erstaunlich lange ruhig. Sein dunkler Pagenkopf neigte sich etwas nach vorn. Versonnenheit sprach aus seinen zarten Gesichtszügen, eine besondere Eigenart von ihm.

Dann kam Ernst an die Reihe. Er befand sich im Fragealter. Wißbegierig verlangte er auf alles was er erlebte, sah, was sich ereignete eine Antwort. Still sitzen war ihm eine Qual und der stumme Maler wurde ihm unheimlich. Er fing also ein Gespräch mit ihm an. Er redete über dies und das und auch über ein Kreuz, das auf dem Wege nach Trebnitz seine schaudernde Aufmerksamkeit erweckt hatte:

„Und auf Trebnitz steht ein Kreuz!" erklärte er dem Künstler: „Da hängt der Herr Jesus dran, ganz voll Blut, mit Nägeln angenagelt! Und weißt Du wer das gemacht hat? Die Juden, die bösen Juden!" Dem armen Mann fiel der Pinsel aus der Hand und als Mutti das Zimmer betrat, schalt er sie: „Wie kann man einem Kind so etwas erzählen. Wie kann man nur!" Sie erkannte sofort die Ursache seiner Empörung. In ganz Deutschland hatte gerade die Judenverfolgung begonnen. Sie entschuldigte sich demütig. Es lag nicht in ihrer Absicht ihren Kindern rassistische Ansichten zu vermitteln. Irgend jemand hatte dem Kind solche Informationen gegeben ohne darüber nachzudenken. Aber es half nichts. Ernsts Bild wurde scheußlich. Auch das nächste Bilderportrait hatte kaum Ähnlichkeit mit Hans. Mama war tief verstört über diesen Vorfall, denn natürlich war dieser Mann Jude. Er verschwand wieder so still wie er gekommen war.

Papas Auto, ein Adler, mußte ab und an gewartet werden. Die Autowerkstatt befand sich in Trebnitz. Der Sohn des Werkstattbesitzers hieß Erich. Eines Tages brachte Erich den reparierten Wagen nach Glauche, kassierte die Rechnung und begegnete Fräulein Lotte. Sie war eine schlanke rassige, dunkle Person mit wehenden Locken. Erich eher ein slawischer Typus, aber fesch. Erst munkelte man, die beiden träfen sich heimlich in der Höhle. Frau Schlanzke, eine gestandene Bäuerin, erzählte es Frau Baronin, als diese bei ihr Butter, Eier und Bauernbrot einkaufte. Ilse mochte Frau Schlanzke und die Bäuerin mochte die Baronin. Beide waren fromme Katholikinnen. Wie man sich heimlich in der Höhle treffen konnte, das war den Kindern ein Rätsel. Wo dort doch die wilden Geister hausten. Mutti vertraute der Bäuerin in Gegenwart von Eliane noch an: „Ach Frau Schlanzke, das Auto meines Mannes ist ein Faß ohne Boden."

Papa neckte Fräulein Lotte, meinte aber nicht ganz ohne Hintergedanken, dieser Flirt könne für seinen Wagen nur von Vorteil sein. Von nun an ging Lotte offiziell mit Erich am Samstag zum Tanz, am Sonntag fuhren sie mit seinem Auto ins Grüne. Schlanzkes hatten einen Sohn, den Werner. Manchmal kam Werner, der schon etwas älter war, zum Spielen ins Schloß.

Wolf aß noch immer kein Fleisch. Mutti konnte darüber sehr böse werden, und wenn sie böse wurde war das furchtbar. Also tat Wolf so, als äße er das Fleisch auf seinem Teller auf. Er schob es aber nur in seine Backentaschen und sobald die Kinder in den Garten entlassen wurden, spuckte er es vor den bewundernden Blicken seiner Geschwister ins Gebüsch. Die Bewunderung galt nicht so sehr seinem Geschick, sich wie ein Hamster zu benehmen, sondern der Tatsache, daß es meist nach dem Fleischgericht noch einen Nachtisch gab, den er genüßlich verspeist hatte.

An einem schönen Frühlingsmorgen führte Mama Eliane in den Garten. Dort stand unter einer Buche ein rechteckiges Gatter aus Drahtzaun, darin befanden sich eine kleine bunte Zwerghenne mit zehn winzigen, eben geschlüpften Kücken: „Für mich?" Oh waren die süß. Papa zimmerte im Hühnerhof ein besonderes Häuschen und Eliane hatte nun täglich für ihre Zwerghühner zu sorgen.

Zu jedem Geburtstag, an jedem Weihnachtsfest wünschte Wolf sich ein Pferd. Er bekam einen ganzen Bauernhof, eigenhändig von Papa gesägt, geleimt und bemalt, mit Gespannen und Kühen und Schweinen. Zum nächsten Anlaß erhielt er ein Schaukelpferd mit richtigem Fell, Mähne und Schwanz. Vor seinem fünften Geburtstag befragt, rief er laut: „Mama, ich wünsch mir ein Pferd, aber nicht so ein nachgemachtes, ich will ein Pferd, das richtig trinkt und frißt und Großes macht!" Diesen Wunsch aber konnte Mama ihm nicht erfüllen.

Herrliche Weihnachten verlebten die Kinder in Nieder Glauche. Schon in der Adventszeit ging es feierlich zu. Das Haus wurde mit Tannenzweigen geschmückt. In der Küche durfte Eliane beim Backen helfen. Im Kinderzimmer hing ein Adventskalender. Jeden Abend öffnete eines der Kinder ein Türchen. Man kam also alle vier Tage dran.

Der Park war tief verschneit und zum Hühnerhof mußte ein Weg geschaufelt werden. Eines Tages stapfte durch den Park der Nikolaus. Leider war Mutti gerade in Ober Glauche eingeladen. Der Nikolaus war sehr streng. Er wußte alle Sünden der Kinder. Während er sich jedes einzeln vorknöpfte, betrachtete Eliane ihn genau. Unter der Mütze hatte er Ohren, die genau wie Muttis Ohren aussahen. Die Stimme war verstellt, klang aber sehr vertraut und den Pelz, den kannte das Kind. Er lag in der Halle in der großen schwarzen Truhe. Sie schwieg, sie hatte schon andere Nikoläuse erlebt, aber viel liebere. Der Adventskalender hing an der Lampe. Nach dem Nachtgebet nahm Mama ihn und betrachtete ihn erstaunt. Alle Türchen waren geöffnet worden, sogar das Vierundzwanzigste: „Wer hat das getan?" Sie ging streng von Bett zu Bett. Ernst fürchtete sich entsetzlich und flüsterte: „Der Hans!"

Hans bekam den Po voll obwohl er laut seine Unschuld beteuerte.

1936 - Eine Reise an die Ostsee

Obwohl Großvater Strach so deutlich ernste Worte mit seinem Schwiegersohn nach der Geburt von Hans, dem vierten Kind der Familie von Falkenhausen gewechselt hatte, meldete sich im Herbst 1935 ein neues freudiges Ereignis an. Mama erwartete ein fünftes Kind. In den großen Ferien im Sommer darauf planten die Eltern mit den Kindern an der Ostsee Urlaub zu machen. Fräulein Lotte wurde aufgefordert mitzukommen. Sie tat es nicht gern, weil sie Erich ihren Schatz, wie die Dienstmädchen sagten, nicht so lange entbehren wollte. Die Familie reiste mit der Bahn. Man sagte den Kindern, daß so viele Menschen mit Gepäck nicht in das Auto paßten. Zum ersten Mal durften die Kinder Eisenbahn fahren. Das war ein Erlebnis! Papa kam mit dem Auto und dem Gepäck nach. Mutti hatte schon Wochen vorher von der See geschwärmt. Man fuhr von Liegnitz nach Breslau und von Breslau in ein kleines Ostseebad mit Namen Henkenhagen. Die Reise erschien den Kindern sehr lang. Die Familie erhielt ein Abteil für sich allein. Es kann auch sein, daß alle anderen Reisenden, angesichts der lebhaften Kinderschar sofort die Flucht ergriffen.

An größeren Stationen drückten sich vier Stupsnasen an die Scheiben. Auf dem Bahnsteig ging ein Mann mit einem Wagen, aus dem es dampfte und er

rief: „Heiße Würstchen, Senf, frische Brötchen, Salate!" „Mutti wir haben Hunger!" verkündete Hans erwartungsvoll. „Nicht wahr Fräulein Lotte, wir haben Brote dabei", sagte Mama geduldig. Der Zug fuhr weiter und wer wollte bekam ein Brot und einen Apfel. Aber heiße Würstchen mit Senf wären viel köstlicher gewesen. An der nächsten Haltestelle fuhr ein Getränkewagen am Abteilfenster vorbei. Eine Stimme verkündete: „Limonade, Bier, Selter!" Ernst schrie, es eilte: Mutti, uns dürstet!" „Dann eßt noch einen Apfel."
Alle schüttelten den Kopf: „Uns dürstet!" „Dann dürstet!" verkündete Mama genervt und auch dieses Thema war gestorben.
Am Spätnachmittag kamen alle an einem Bahnhof an, wo sie von einem Mietwagen in das kleine Dorf Henkenhagen befördert wurden. In einem kleinen alten Bauernhaus mit tief herabhängendem Reetdach erhielten sie, von sehr lieben Leuten drei Zimmer angewiesen. Doch noch ehe sie sie bezogen hatten, nahm Mutti ihren Lieblingssohn Wolf auf die Arme und wanderte über Dünen und Büschel von Reetgras an das Meer. Man hörte es rauschen, konnte es aber nicht sehen. Der Wind riß an Muttis Kleid. Sie drehte sich nicht einmal um. Bibi und Eliane schauten den beiden entgeistert nach: „So war sie eben die Mama!" Plötzlich stand Papa hinter ihnen und legte tröstend eine Hand auf jede Schulter:
„Er ist nun mal ihr Herzepünktel!" Papa, der mit dem Gepäck längst angekommen und alles vorbereitet hatte, war von Mama nach der langen Fahrt nicht einmal begrüßt worden. Von nun an war es Papa der diesen Urlaub so unvergeßlich werden ließ. Er ging mit seinen anderen Kindern ans Meer. Barfuß mit hochgekrempelten Hosen bestaunten sie die überwältigende

Familienfoto am Ostseestrand

Schönheit der tosenden Wellen. Hans entdeckte herrliche Muscheln und Bibi betrachtete mißtrauisch das gefährliche Element. Am Abend gab es gebackenen Fisch, alle mußten sehr darauf achten keine Gräten zu verschlucken. Fast die ganzen drei Wochen war das Wetter heiß und sonnig. Am nächsten Morgen nahm Papa seine Kinder an der Hand, sie bildeten eine lange Reihe und schritten mit winzigen Badeanzügen bekleidet in die brausende Flut. Papa trug einen schwarzweiß gestreiften Badeanzug, der hoch über seinem Bauch wie eine Schürze Träger hatte. Mama erhielt einen Strandkorb, in dem sie saß und handarbeitete oder las. Als das Wasser den Kindern bis zum Bauch reichte, riß sich Bibi los und rannte so schnell er konnte zurück an den Strand. Der kleine Hans war da mutiger, mußte aber auch bald umkehren. Nur Wolf und Eliane schritten weiter. Sie waren fest entschlossen schwimmen zu lernen und am Ende der Ferien konnten sie es beinahe. Papa war ein vorzüglicher Schwimmer.

Es ragte dort weit ins Meer hinaus ein langer Steg. An dem lotete Papa aus wie weit die Kinder noch Grund hatten und bis dahin durften sie üben. Ernst war auch am dritten Tag nicht zu bewegen, ins Wasser zu gehen. Da nahm Papa ihn nach dem Frühstück, es fand vor dem Haus unter alten knorrigen Obstbäumen statt, mit ins Dorf. Dort gab es einen kleinen Krämerladen, davor hing das schönste Sandspielzeug, Bälle in Netzen, Schwimmtiere, bunte Windrädchen und andere Herrlichkeiten, die ein Kinderherz entzücken.

„Wenn Du heute ins Wasser gehst, dann darfst Du Dir hier etwas aussuchen", sagte Papa. Bibi überlegte mit Bedacht. `Nur nicht etwas, was mit Wasser zu tun hatte, und eigentlich hatte alles hier etwas mit dem kalten Element zu tun, deshalb wählte er eine ein Pfund schwere Tafel Blockschokolade. An diesem Tag ging er ein kleines bißchen ins Wasser, gerade so tief, um sein Versprechen einzulösen. Und Mutti meinte, das sei für ihn schon allerhand. Die Schokolade aß er allein, tagelang, ohne etwas abzugeben. Wolf und Eliane waren von Papa's Erziehungsmaßnahmen nicht sehr überzeugt. Mama und Fräulein Lotte wechselten sich täglich ab, was die Zubereitung des Essens anging. Wenn Lotte ihren Badeanzug anzog ging sie immer hinter irgendwelche Büsche: „Sie schämt sich," kommentierte die Schwester. „Vor uns?" fragte Wolf. „Nein vor Papa." meinte Ernst. Papa aber schwamm weit draußen im Meer.

In Henkenhagen gab es ein großes Sommerfest und Mama kaufte buntes Kreppapier, um den Kindern daraus Kostümchen zu nähen mit Kränzchen um den Kopf und Stecken mit wehenden Büschen und Bändern. Am Abend las Mutti das Märchen von der kleinen Seejungfrau vor und Eliane weinte, weil es so traurig zu Ende ging. Als sie dann einschlafen wollten rauschte der Wind, rüttelte an den alten Fensterläden und Mama und Papa machten noch einen Spaziergang.

Fräulein Lotte saß am Fenster und dachte an Erich.

An einem trüben Tag wanderten sie alle den Deich entlang zu einem kleinen Föhrenhain. Dort war es windstill und fast wie in Nährschütz.
Bruzzelbraun kehrten sie von diesem Urlaub zurück. Papa hatte alles fotografiert. Er hämmerte einen Umschlag aus Messing um ein kleines Album und klebte die Bilder hinein.
An einem Morgen nach dieser Reise erschien Fräulein Lotte nicht rechtzeitig im Kinderzimmer. Die Kinder tobten in ihren Betten. Endlich kam Mutti. Sie zog die Kinder an und das war immer eine sehr diffizile Sache. Soweit man konnte, tat man das lieber selbst. Sie bürstete Haare so, daß es ziepte und vor allem Eliane litt, denn sie flocht ihre dicken Zöpfe noch vor den Ohren des Kindes und die Brüder sagten dann: „Jetzt siehs'te aus wie der Mond!"
Während Mutti das Frühstück holte, tanzte Hans um den Tisch und sang: „Lane, Banane, Fahne, mit dem dicken Mondgesicht!" und die anderen stimmten in seinen Singsang ein, weil die Schwester sich dann ärgerte.
Fräulein Lottes Zimmer lag direkt neben dem Kinderzimmer und sie vernahmen von dort her Stimmen. Leise öffnete Wolf die Tür. Lotte weinte, Mutti tröstete sie: „Er hat gesagt, er kann mich nicht mehr sehen. Er wird die Tochter des Bürgermeisters heiraten, weil seine Eltern das wollen. Nur drei Wochen waren wir weg und sofort war er mir untreu." und Lotte schluchzte und schluchzte."
Wolf schloß leise die Tür: „Der Erich!" flüsterte Eliane empört. Bibi aber überlegte laut: „Und wer repariert jetzt noch Papas Auto?" Mutti war erstaunt, daß ihre Sprößlinge so brav auf ihr Frühstück warteten. Dann brachte sie Fräulein Lotte zum Trost ein vom Herrn Baron gefertigtes Schmuckstück und rief: „Lotte, auch mein Mann ist empört, wir werden diese Werkstatt nie mehr betreten!"
Am Sonntag brachte Papa Mama wie immer in die Kirche nach Trebnitz. Der Tank war leer und die nächste Werkstatt viele, viele Kilometer entfernt. Eine von Papas Eigenschaft war es immer, den kürzesten Weg zu seinen Zielen einzuschlagen, er war nämlich ein mehr oder weniger pragmatischer Typ. Also fuhr er wie immer bei Erichs Werkstatt vor. Tapfer, wie Erich nun einmal war, begrüßte er einen seiner besten Kunden fröhlich: „Guten Morgen, Herr Baron, wie ich hörte hatten Sie einen herrlichen Urlaub." „Ja, lieber Herr Kurz und der Wagen ist gelaufen wie ein Glöckerl." „Kein Wunder bei dem neuen Motor, den ich Ihnen ja empfohlen habe." Erichs Augen in seinem breiten Gesicht waren nur noch Schlitze. Schließlich hatte der Baron bei ihm erhebliche Schulden. Noch nie war Falk so sehr die slawische Abstammung seines Automechanikers ins Auge gesprungen. Als er das Benzin bezahlte, Erich hatte natürlich vollgetankt, hob der ältere Herr die Schultern: „Herr Kurz, meine Frau darf nicht erfahren, daß ich weiterhin ihr Kunde bin. Das ist natürlich Fräulein Lottes wegen. Wir müssen da sehr vorsichtig sein."
Erichs Gesicht verfinsterte sich: „Das verstehe ich Herr Baron, es tut mir auch

sehr leid, ich hatte die Lotte sehr gern . . . aber meine Eltern, noch ist die Werkstatt nicht überschrieben. Sie verstehen mich sicherlich, Herr Baron." Papa nickte und Erich dachte: „der hat vielleicht mal was Ähnliches erlebt."

Schuleintritt

In Nieder Glauche gab es keine Grundschule. Die nächste Schule lag drei Kilometer entfernt in Großtotschen. (was für ein Wort!), ein langgestreckter Backsteinbau mit einem Klassenzimmer. Papa und Mama fuhren mit dem Kind Eliane zur Schuleinschreibung. Außer ihr saßen an diesem Tag noch fünf gleichaltrige Schulanfänger in der ersten Bank. Die Eltern standen hinten im Raum. Der Lehrer, Herr Scholz, hatte ein schmales Gesicht mit einem kleinen schwarzen Lippenbärtchen und gütigen Augen. Nach einer kurzen Ansprache an die Kinder wurden sie nach ihrem Namen gefragt. Neben Eliane saß ein Junge mit völlig kahl geschorenem Kopf. Er trug ein buntes Hemd und an Gummihosenbändern schlotterte eine viel zu große Hose. Als er dran kam, stand er zwar auf aber seinen Namen konnte er nicht sagen, vor lauter Schüchternheit. Herr Scholz redete ihm lange und liebevoll zu, sagte: „Soviel ich weiß, heißt Du Walter, aber weißt Du auch Deinen Familiennamen?" Kein Wort kam über Walters zusammen gepresste Lippen. Die anderen Kinder sagten stolz ihre Namen. Als Eliane aufgerufen wurde, ließ sie das „von" lieber weg, denn sie wollte um keinen Preis auffallen. Es gab für jedes Kind eine Fibel, ein Rechenbuch und dann verteilte Herr Scholz einen Zettel, auf dem alles geschrieben stand, was die Eltern zu kaufen hatten. Herr Scholz erklärte den Kindern, wie es im Unterricht bei ihm sein würde, nämlich, daß er gleichzeitig auch die älteren Kinder unterrichten müsse und die Kleinen sich dann still mit ihren Schreibaufgaben zu beschäftigen hätten. Singen und Sport taten alle gemeinsam. Dann drehte sich Herr Scholz zum Lehrerpult, wo mehrere Schultüten lagen. Sie waren mit bunten Glanzbildchen beklebt und oben mit Krepp-Papier zugebunden, in den Größen ganz verschieden. Für einen aber, das sah Eliane, gab es nur eine kleine braune Tüte aus Packpapier. Wenn alle so schöne bunte Tüten erhielten, für wen war dann die häßliche?
Lieber Gott bitte gib, daß nicht etwa Walter die kleine braune Tüte bekommt!" betete sie. Aber Gebete helfen nicht immer. Ihr Herz krampfte sich schmerzlich zusammen, weil Walter, wie sie es vorausgesehen hatte, die mindere Tüte erhielt und sie die ganz große schöne.
Augenblicklich wurde ihr auch klar, wer die Spender sein mußten, denn Herr Scholz hätte doch sicherlich allen die gleiche Freude gemacht. Am liebsten wollte sie dem armen kleinen Walter ihre Tüte geben, aber was würden die Eltern alle, die da hinten standen gesagt haben. Also zupfte sie Walter am

Ärmel und versprach: „Ich bringe Dir auch jeden Tag etwas aus meiner Tüte mit." Über sein kleines rundes Gesicht huschte ein Lächeln. Das tat sie dann auch, später als die Schule endlich losging, obwohl die besten Sachen dann schon von den Brüdern verkonsumiert worden waren.
In Glauche hatte Mutti sich noch eine Überraschung ausgedacht. Sie führte das Kind in ein eigenes Zimmer. Da stand ein schmales Himmelbett, helle Vorhänge wehten vor dem Fenster. Es gab eine kleine Nachttischlampe mit rosa Schirmchen, einen zierlichen weißen Schreibtisch, an dem sie ihre Hausaufgaben machen würde und ebensolche Möbelchen für Wäsche und Kleidung:
„Du bist jetzt ein großes Schulmädchen und das ist nun ganz allein Dein Reich." sagte Mutti und das Kind strahlte. Die Brüder lugten durch den Türeingang und Wolf meinte: „Aber wir dürfen sie doch manchmal besuchen?" Eliane nickte: „Aber nicht ohne anzuklopfen!" Alle waren beeindruckt, nur Wolf hatte seine Bedenken, denn er wußte, wenn das grüne Froschmännchen nachts durch den langen Korridor geisterte und immer so komisch an die Wände patschte, dann würde Eliane auch weiterhin ganz schnell zu ihm in sein Bett kriechen, denn hier so alleine würde sie sich sicherlich fürchten. Womit er vollkommen recht hatte.
Schon drei Monate nach Schuleintritt konnte Eliane lesen und las aus vertrauten Bilderbüchern laut vor. Wenn sie ein Wort nicht gleich auszusprechen wußte, ersetzte sie es durch ein ihr geläufiges. Da sie die Texte sowieso fast auswendig konnte, fiel ihr das Lesen nicht schwer.
Die kleinen Brüder zu ihren Füßen, hoben die runden Pagenköpfe voller Bewunderung zu ihr empor und lauschten und Hans verkündete jubelnd: „Die Lane kann lesen, vom Rotkäppchen, vom Froschkönig und von den sieben Zwergen!"
Eine ganz neue Welt tat sich auf für dieses Kind, die Welt der Buchstaben, die Welt der Fantasie. Herr Scholz verfügte über die Autorität begnadeter Pädagogen. Ohne Strenge, ohne Strafen verlief der Vormittag, gewürzt nicht nur durch das, was man zu lernen hatte, sondern auch das, was man hörte, wenn die älteren Klassen unterrichtet wurden. Streng benotete er nur seine eigenen Kinder. Er hatte vier und drei davon saßen in seiner Schule.

Eine kleine Schwester

Es war September. Eliane schlief schon eine ganze Weile in ihrem eigenen Zimmer. Im Haus herrschte Aufregung und Unruhe. Endlich kam Fräulein Lotte, um mit ihr ein Nachtgebet zu sprechen. Gellende Schreie ertönten aus Mamas Schlafzimmer. Und endlich versuchte Fräulein Lotte dem Kind die Zusammenhänge zu erklären. Mama bekam ein Kind, der Doktor war da und eine Schwester. Das Kind war in Mamas Bauch gewachsen und es tat weh, wenn es heraus wollte.

Eliane war tief schockiert. Sie hatte einmal eine Geburt der kleinen Dackel miterlebt, die Papa züchtete und verkaufte. Ihr wurde klar, dass Menschen auf die gleiche Weise auf die Welt kamen. Zitternd vor Erregung und Angst flüchtete sie in das Zimmer ihrer Brüder und wie so oft schon schlief sie mit Wolf zusammen im Bett. Am nächsten Tag wurden sie in Mamas Schlafzimmer gerufen. In dem spitzenbesetzten Körbchen lag ein winzig kleines Schwesterchen. Am Körbchen hingen vier in buntes Papier gehüllte Tütchen. Kleine Überraschungen, damit sich alle über das neue Geschwisterchen freuen konnten. Eine dicke Frau betreute Mama, „Frau Schenk". Hans betrachtete das maunzende kleine Geschöpf und sagte: „Ach es ist nicht schön. Ich hätte viel lieber kleine Hundel gehabt". Frau Schenk war empört. Die Kinder mußten sofort das Zimmer verlassen. Die Eltern aber freuten sich über das kleine Mädchen. Mama plante eine wunderschöne Taufe.

„Angela, Maria, Felizitas" sollte das Schwesterchen heißen -
„Glücklicher Engel"

Namen wirken prägend, manchmal, aber erst später weiß man es. Wenn man das Album der Erinnerungen umblättert, erschien uns dieser Name wie eine Vorbedeutung. Wie ein Engel schwebte dieses zarte Wesen auf jeden Fall stets durch der Geschwister wildes Leben. Selbstlos, gehorsam und immer fromm nach Mutters Doktrin. Ob sie dabei glücklich war, danach hat niemand gefragt. Vielleicht hat Mama deshalb Felicitas, den schönsten ihrer Namen ans Ende gesetzt.

Das Ereignis ihrer Taufe fand in Glauche an einem sonnigen Herbsttag statt. Es waren die Töschwitzer, die Nährschützer, Tante Melanie Schaube als Patin aus Raschen, Herr und Frau Kiesling, Baron und Baronin von Rothkirch und der Pfarrer, die eigentlich wichtigste Person bei einer Taufe, eingeladen worden. Omama brachte zum Leidwesen von Opapa noch ihre Schwester Margot und deren Sohn Friedrich Karl Voss, genannt Bubi, obwohl er schon die zwanzig weit überschritten hatte, mit. Die beiden, Tante und Sohn weilten regelmäßig in Nährschütz, auch wenn Opapa manchmal zu seiner Schwägerin sagte: „Bist Du schon wieder da?"

Als die Gäste in Glauche anreisten, standen die großen Kinder in weißen Anzügen, gewaschen und gekämmt in der Halle um tiefe Diener zu machen und alte Hände zu küssen. Nur Eliane machte einen Knicks, aber Hand küssen mußte auch sie. Als erstes rauschte Tante Erna herein in einem weit sie umgebenden Gewand und rief: „Nein Ilse, sind sie süß!" und drückte jedes einzelne Kind an ihren umfangreichen weichen Busen: „Reinhold, gib jedem von ihnen fünfzig Pfennige, denn sie sind auch Deine Patenkinder!" was der Gute notgedrungen tat. Opapa verteilte Apfelsinen und Omama duftete herr-

lich nach Lavendel. Tante Margot und Onkel Bubi brachten nichts mit. Nach einer Weile erschien Tante Melanie Schaube, die Cousine von Omama. Sie schritt die Kinderreihe ab, blickte kurzsichtig jedem ins Gesicht, ließ sich ihre mit Ringen gespickte Kralle küssen, zeigte auf Eliane und rief: „Aber dieses Kind ist gar nicht hübsch!" Im Trubel der Begrüßung ging diese Taktlosigkeit jedoch unter. Der Besuch wurde in den Salon geführt und später in einen Raum, wo ein kleiner Altar errichtet auf die Taufzeremonie wartete. Danach gab es für die Gäste Kaffee und Kuchen.
Eliane heulte unter der Veranda. Dort fanden sie die Brüder: „So eine alte Krucke!" rief Ernst empört. „Sieht selber aus wie eine Hexe mit ihrer langen Nase und den Froschaugen und sagt so etwas!"
Alle trösteten die Schwester. Der vierjährige Hans drückte einen nassen Kuss auf die dicke Wange der Schwester, Wolf legte voller Anteilnahme seinen Arm um ihr Schultern und Ernst rief: „Lasst uns zu den Hühnern gehen!" Was im Moment nicht erlaubt war. In der Wand des Hühnerhauses, doppelwandig gebaut, gab es ein Hornissennest. Papa hatte versucht der Hornissen Herr zu werden, indem er die aus ihrem Loch kommenden Insekten in einem kleinen Käscher fing und sie dann zertrat. Natürlich tötete er längst nicht alle und seine Söhne hatten ihn interessiert beobachtet. Man mußte das Schmetterlingsnetz, das an einer Stange befestigt war, blitzschnell drehen, damit das gefangene Insekt nicht mehr entfleuchen konnte. Am besten gelang diese Technik Wolf. Ernst und er entdeckten im Hornissenfangen ihre erste leidenschaftliche Jagdpassion, vererbt seit Jahrhunderten bis zum Wilden Markgrafen von Ansbach und Bayreuth, der ja ein Hohenzoller war und ihr Urahne. Als sie am Tag von Angelas Taufe, nach mehr als zwei Stunden, unschuldig wie die Lämmer vom Hühnerhof zurückkehrten, klangen fröhliche Stimmen aus dem Haus und unter der großen Rotbuche stand der Täufling allein und vergessen, in einem schon viermal gebrauchten Kinderwagen und schrie sich die Seele aus dem Leib.
Am Abend gab es ein Diner. Mutti hatte die Tafel, dem Anlaß entsprechend, wundervoll gedeckt. Die Gäste zogen sich in verschiedene Gastzimmer zurück und die Kinder mußten ins Bett. Onkel Bubi goss sich noch einen Aperitif ein und zwickte ein Dienstmädchen in den Po. Fräulein Lotte bemerkte den unterdrückten Zorn der Kinderschar und versprach zum Trost, Eliane am nächsten Morgen eine neue Frisur zu machen. Ruth Rothkirch und Ilse befanden sich in Mamas Schlafzimmer, wo sie eben ihr Kind stillte. Ruth hatte einen unverwüstlichen Humor. Während sie sich in ein tiefausgeschnittenes enges Kleid zwängte bemerkte sie: „Du, Ils'chen, dieser Kiesling ist ja ein sehr attraktiver Mann!"
„Nicht wahr, und so gebildet und amüsant!" „Man sagt, er steht auf der schwarzen Liste." Ilse erschrak: „Wie meinst Du das?" „Ich glaube, es hat etwas mit dem Rhöm-Putsch zu tun, aber sie konnten ihm nichts nachwei-

sen." Ilse puderte sich gerade die Nase, Ruth stellte sich vor die Freundin hin und deutete auf ihr Kleid:
„Ist es zu gewagt? Ich meine den Ausschnitt?" „Ich habe Dir den Pfarrer als Tischherrn zugedacht. Er wird wahrscheinlich etwas irritiert sein."
Sie lachten: „Das macht nichts, auch wenn ich lieber den Kiesling an meiner Seite hätte, aber den hast sicherlich Du Dir zugedacht!" „Der sitzt zu Deiner Rechten, meine Liebe. Aber nun ruh Dich ein wenig aus, ich muß noch in die Küche, um nach dem Braten zu sehen." Die Hausfrau entschwand.
Falk im Smoking stellte im Eßzimmer den Wein zurecht. Mädchen in weißen Schürzchen und einem Häubchen im Haar trugen die Vorspeisen herein. Ilse kam aus der Küche, wo die Köchin die Rehrückensauce mit Unmengen von saurem Rahm angerührt hatte und betrachtete befriedigt die herrliche Tafel. Das Silber blitzte, die Gläser funkelten, die Servietten waren vorbildlich gefaltet, Tischkärtchen standen vor jedem Gedeck und in der Mitte lagen Blumengirlanden, die den Namen des Täuflings und damit den Anlaß des Festes in Erinnerung brachten.

Angela Felicitas

Die kleine Glückliche aber schlief fest in ihrem Körbchen, gesättigt und gewickelt, neben Mamas grünem, von silbernen Ornamenten verziertem, Himmelbett. Manchmal nur öffnete Fräulein Lotte die Tür und horchte ob das Baby noch atme.
„Du siehst wieder fabelhaft aus, meine Liebe", sagte Falk und küßte galant die Hand seiner Frau. Sie trug ein Kleid aus türkisfarbenem Chiffon mit weit unter der Taille angesetztem schwingendem Rock, den Türkisschmuck und im Haar ein Diadem aus Perlen und Türkisen. „Dann warte erst einmal ab, wenn Du Ruthchen siehst!" Falk mochte die Rothkirchs, sie waren stets eine Bereicherung an solch einem Fest.
Bei Tisch erzählte der Baron Rothkirch: „Mein ganzes Leben schon habe ich mir gewünscht, in einem Ballon über den Wolken zu schweben. Es muß ein wundervolles Gefühl sein, hoch über Länder und Meere einem Ziel zuzustreben!"
Alle Gäste beteiligten sich lebhaft an diesem Gespräch und bewunderten den Mut und die Entschlossenheit des nicht mehr ganz jungen Adeligen, der vorhatte, ein solches Abenteuer zu bestehen.
Als es anderthalb Jahre später hieß, der Ballon Hindenburg, gebaut von Graf Zeppelin, startet nach Amerika, bemühte sich Rothkirch rechtzeitig um einen Flugschein: „Ein Stück Wald hat er verkauft, um den Luxus zu bezahlen", erzählte Ruth ihrer Freundin Ilse.
„Ja", lachte der Abenteurer, „und Klamotten angeschafft und die

Passagierliste studiert und dem Abflug entgegengefiebert. Wie es dann endlich soweit war, bekam ich die Masern, Baronin es war die Hölle für mich", bekannte er Ilse. „Thilo unser kleiner Sohn hatte die Masern und da habe ich mich angesteckt. Ich sah aus wie ein Fliegenpilz aber ich wäre trotzdem geflogen. Vor dem Start aber mußte man ein Gesundheitszeugnis vorweisen und kein Arzt hätte mir das erstellt. Mir war sehr elend. Ruth hat schnell noch das Ticket an den Mann gebracht. Gott lob weiß ich nicht an wen. Wir haben also noch einen Teil unserer Ausgaben zurückbekommen!"

Am Radio, dem damals entsetzlich häßlichen Volksempfänger, den man in Salons oder den Herrenzimmern nur hinter großen Vasen oder in kleinen antiken Schränkchen verbarg, hörte der Fieberende die Kommentare aufgeregter Reporter:

Wir wissen, daß das Ereignis weltweite Aufmerksamkeit damals erregte. Acht Stunden nach dem Start in Deutschland wurde aus Amerika per Funk und das Radio über die Landung berichtet.

Das Luftschiff, das aussah wie eine große Zigarre, war kurz vor der Landung über New York explodiert und alle Reisenden verbrannten. Die verzweifelten Schreie des Reporters, der das Unglück kommentierte, und ja eigentlich eine frohe Botschaft über den Beginn einer neuen Luftfahrt-Ära voraussagen wollte, klangen weinend durch den Äther.

Opapa, dem es nie eingefallen wäre, ein solches Risiko für so viel Geld für sich in Anspruch zu nehmen hob sein Glas und rief: „Trinken wir auf des Barons Unternehmenslust, aber vor allem auf dieses schöne Fest. Lasst uns anstoßen auf einen kleinen neuen Erdenbürger und seine Zukunft!"

„Baronin", bekannte Kiesling, der ja zu Ruth von Rothkirchs Linken saß: „Ihr Kleid verschlägt mir einfach den Atem!"

In diesem Moment servierten gerade die Mädchen den Braten. Der Pfarrer, ein den Genüssen des Lebens nicht abgeneigter Herr, hatte die leise Bemerkung wohl gehört. Als ihm der Braten gereicht wurde, bediente er sich ausgiebig. Ruthchen neigte sich dem Gottesmann zu:

„Herr Pfarrer, wie weit darf eine Dame nach der Doktrin der katholischen Kirche ausgeschnitten gehen?" Der Geistliche, schon mit seinem köstlichen Fleisch beschäftigt, wandte einen kurzen Blick auf den Ausschnitt seiner Tischdame und bemerkte trocken: „So, daß man nicht sieht, daß es zwei sind!" Nicht nur Kiesling brach in schallendes Gelächter aus, sondern auch andere hatten es am Tisch gehört und Ruth wiederholte humorvoll des Pfarrers Kommentar.

Nach Tisch wurde Mocca in kleinen Tassen, Liköre und Cognac serviert. Die Stimmung stieg als Ilses Vetter Bubi den Plattenspieler betätigte. Erst nach Stunden verabschiedeten sich die ersten Gäste. Großvater war müde und die Fahrt noch weit. Mama bedankte sich sehr herzlich besonders für sein

Kommen. Erna und ihr Mann fuhren nach Töschwitz zurück und Tante Melanie fuhr ab nach Raschen.

Ilse ging noch einmal in die Küche, um festzustellen, ob das Personal sich nach dem delikaten Nachessen, denn natürlich aßen sie von allem das Gleiche, zurückgezogen hatte. Die Küche war aufgeräumt, Essensreste kalt gestellt und niemand mehr zu sehen.
Als sie in den großen Salon zurückkehrte hatten sich Kieslings und Rothkirchs mit Falk um ihren runden Mahagonitisch gesetzt und Kiesling sagte gerade: „Ich habe es erst kürzlich erfahren. Rhöm hatte mit seinen Vertrauten in Diessen am Ammersee diese Unterredung und Hitler vermutete eine gegen ihn gerichtete Verschwörung. Er hat fast alle Teilnehmer dieser Versammlung nach Moabit bringen lassen und sie wurden ohne Gerichtsbeschluß oder Anhörung in ihren Zellen erschossen. Ein Falkenhausen war auch dabei." Ilse setzte sich entsetzt und blickte ihren Mann an. Falk nickte bekümmert: „Er war Offizier und Junggeselle, lebte nur für seine Mutter. Bestimmt ein anständiger Kerl. Man hat sie alle als Homosexuelle gebrandmarkt."

Das Jahr 1936

Wolf kam auch in die Schule. Aber sie machte ihm gar keinen Spaß. Er war Linkshänder und sollte nun alles mit rechts machen. Mama und Papa hatten ihr Geld auf Anraten von Großvater in Goldpfandbriefen angelegt, was sich für alle Familienmitglieder als sehr verhängnisvoll erwies. Papa hatte stets ein besonderes Auge auf den Zentralheizungskessel im Schloß Nieder Glauche; er kontrollierte die Apparaturen und war sehr darauf bedacht, daß nur ein Fachmann ihn bediene. Meist tat er es deshalb selbst, zumal die Koksrechnungen ins uferlose stiegen. Nichts desto trotz gab er just in diesen schwierigen Zeiten seinen Geist auf. So wurde er plötzlich vor Beginn des Winters vor die Alternative gestellt, einen neuen Kessel anzuschaffen. Deshalb mußte man nun notgedrungen an die Reserven gehen.
Es wurde ihnen jedoch kurz und lapidar mitgeteilt, daß die Goldpfandbriefe nichts mehr wert seien. Auch Großvater Strach verlor auf diese Weise wieder eine Menge Geld. Alle derartigen Obligationen waren wertlos geworden. Falk, der nie Schulden machte, denn er entstammte einem sparsam geführten Offiziershaushalt, hatte oft finanzielle Bedenken geäußert und gegen einen zu aufwendigen Lebensstil geredet. Nun war er regelrecht verzweifelt. Wenn Sorgen ihn quälten färbten sich seine Augen ganz grün. Illerle, sein Abgott, überaus leichtsinnig was Geld betraf, verstand die Welt nicht mehr.-

Hatte der Hitler nicht versprochen, daß es nun allen wieder besser gehen würde? Und den armen Leuten ging es wirklich schon viel besser. Fast alle Menschen waren wieder berufstätig. Die Fabriken liefen auf Hochtouren, Autobahnen wurden gebaut, die Bauern erhielten Unterstützungen, kinderreiche Familien wurden geehrt. Auch wenn sie das neue Regime ganz und gar ablehnte, vor allem weil es so unreligiöse Äußerungen gegen die Kirche machte und die gebildeten Leute wie ihre Freunde von undurchschaubaren kriminellen Machenschaften wußten, wollte sie nicht verstehen, weshalb sie, eine deutsche kinderreiche Mutter, so sehr bestraft wurde?

Ihr Lebensstil überschritt einfach die Pensionsansprüche ihres Mannes, die damals gerade für den Unterhalt einer so großen Familie ausreichte. Papa und Mama gerieten deshalb in eine sehr erregte Aussprache, und wenn Mutti eine Aussprache hatte, so artete diese meist zu einer Szene aus, in der Papa als Verlierer hervorging. Danach versuchte Mama sich etwas einzuschränken. Sie machte das auf ihre Art: Über Anzeigen in Zeitungen verhieß sie Töchtern aus gutem Haus das Erlernen der Hauswirtschaft! Zahlenden Töchtern, reicher Leute natürlich. Und sie strömten! Immer zwei bevölkerten monatelang das Haus. Auch wenn Muttis Kochkünste nie wirklich ausgebildet worden waren, dafür hatte schon Frau Peuser (in Nährschütz) gesorgt, die niemanden, auch nicht die Gnädige, in ihre Geheimnisse Einblick gewährte, so tat Ilse nun ihr Bestes.

Später bekannte sie beschämt: „In dieser Zeit habe ich selbst erst kochen gelernt. Mein Kochbuch lag im Schlafzimmer, und wenn ich nicht weiter wußte, rannte ich da hinauf, um Rezepte zu studieren und wieder hinunter, um Anweisungen zu geben. Die meisten dieser jungen Mädchen wurden sogar eine Art Freundin für sie. Sie mußten eine große Gesellschaft miterleben, Tee- und Kaffeeeinladungen mit wundervoll gedeckten Tischen arrangieren lernen, sie zeigte ihnen den Unterschied zwischen echtem und unechtem Silber und gutem Porzellan, das Falten von Servietten und wie man eine Tischordnung macht. All das kostete viel mehr als die Pensionen der Damen einbrachten.- Papa rang die Hände:

„Es ist nichts als ein Faß ohne Boden." Danach fiel Mama etwas anderes ein.-
Im Dachgeschoß des Schlosses gab es eine Einlieger-Wohnung: Ein großes Zimmer mit Bad und Toilette. (Dort wo die Kinderbilder gemalt worden waren.)

Also wurde das Appartement als Mietobjekt ausgeschrieben. Es meldete sich jedoch nur ein Familienverband, der eine neunzigjährige Frau untergebracht wissen wollte. Sie zahlten sehr gut, auch eine Pflegerin, die jedoch von den Vermietern gestellt werden sollte. Nachdem die neunzigjährige Dame eingezogen war, fand Mama ein Dorfmädchen, die sich bereit erklärte, die Pflege zu übernehmen. In so großen Häusern gab es wie in Hotels, in jedem Zimmer eine Klingel in die Küche; dort hing ein Klingelsignalkasten mit Nummern,

die herunter klappten, sodaß das Personal immer wußte, in welchen Raum es gerufen wurde. Den Kindern war es streng verboten überhaupt zu läuten. Mama läutete nie und Gäste eigentlich auch nicht. Die alte Dame aber klingelte dauernd, obwohl sie in allem wohlversorgt war. Eine Zeit lang, so erschien es wenigstens den Kindern, drehte sich im Hause alles nur um die alte Dame und ihre Zufriedenheit. Den Kindern war es nicht erlaubt dort hinauf zugehen, es sei denn mit einer Botschaft. Der Weg von der Küche bis ins Dachgeschoß war weit und mühsam über die hintere Treppe zu ersteigen, weshalb das Mädchen, das die Stiegen wohl mehr als nötig täglich zu laufen hatte, manchmal eines von uns Kindern bat, nachzuschauen, was die Alte nun schon wieder wolle. Einmal ging Eliane hinauf und die alte Frau, beglückt Ansprache bzw. Gesellschaft zu haben, sagte: „Ach mein liebes Kind, siehst Du die vielen Menschen dort im Garten? Mit weißen Kleidern gehen sie spazieren unter Sonnenschirmen." Eliane blickte in den Garten und sah niemanden. Aber ihr von Gott vorgegebener psychologischer Instinkt, gab ihr ein, der alten Frau recht zu geben. „Sie feiern sicherlich ein Fest."
Da nickte das Kind und setzte sich neben die Alte und diese erzählte ihr verwirrte Erinnerungen aus ihrer Vergangenheit. Sie mußte mal eine sehr reiche Frau gewesen sein und Mitleid beherrschte Elianes Herz. Aber die Verwirrung alter Menschen machen junge Menschen schaudern, und sie ging dort nie mehr hinauf.
Eines Tages erklomm Hans die vielen Stufen. Er war damals noch sehr klein, aber schon schlau. Er erkannte sofort die Situation, in der die Frau sich befand und sagte: „Ja, ja, Du bist schon sehr alt und wirst bald sterben!" Was aber die Frau sehr wohl verstand, denn manchmal war ihr Verstand noch klar. Mutti, die sie täglich auch besuchte, wurde diese Äußerung in vorwurfsvollem Ton vorgetragen und das Donnerwetter, das nun über den kleinen Hans hereinbrach, entsprach in keinem Fall dieser seiner so wahren kindlichen Äußerung. Seit diesem Zeitpunkt fühlte Hans sich verkannt. Als Vierter in der Geschwisterreihe hatte er es sowieso nicht so leicht. Unter den Geschwistern kristallisierte sich eine gewisse Rangordnung heraus.
Eliane wurde als die Älteste am ehesten respektiert. Sie ahmte gern pädagogische Verhaltensmuster von Mama oder den Kindermädchen nach, die sie aber später schnell ablegte, weil sie erkannte, daß sie falsch waren. Chef der Brüder wurde mehr und mehr Ernst. Es lag wohl an seiner hohen Intelligenz, seiner Aufnahmefähigkeit und raschen Entschlußkraft. Auch hatte er meist die besten Ideen was Spiele betraf. Wolf war immer schon ein wenig bedächtig, er überlegte genau ehe er zu Taten schritt und Hans ahmte alles was die Brüder vorschlugen rasch nach. Er strengte sich wahnsinnig an, um mit ihnen Schritt zu halten. Noch aber waren sie alle zu klein, um die Rolle in der Geschwisterriege bewußt auszuloten.

Ein ausgehöhlter Kürbis

Evi, das Mädchen, welches die alte Pensionärin betreut hatte, die nun nicht mehr im Hause sondern in einem Altenheim lebte, worüber Evi sehr froh zu sein schien, hatte die Aufgabe eines Zimmermädchens übernommen. Anlaß für diese Veränderung war folgende Begebenheit:
Eines Tages hörte das Geläute in der Küche gar nicht mehr auf, auch nicht als Evi bereits im Zimmer der Dame weilte. Alle Hausbewohner, sogar die Kinder eilten in das im oberen Stock gelegene Appartement, in der Annahme, es sei etwas passiert. Wie immer saß die Frau in ihrem Schaukelstuhl am Fenster. Der Lärm der aus dem Untergeschoß ertönte hielt aber an. Der Klingelkopf hing an einem langen Kabel und erst Papa deckte die Ursache auf. Die verwirrte alte Frau hatte sich einfach auf den Klingelkopf gesetzt und so auch erreicht, was sie wollte, nämlich Zuwendung und Gesellschaft. Besonders Papa war empört und Evi drohte nun zu kündigen, weshalb man den Verwandten der Pensionärin nahe legte, doch lieber ein Alten-Pflegeheim zu suchen.
Evi selbst fast noch ein Kind, verstand es besonders gut auf die Kinder einzugehen. Als Eliane eines Tages in die Küche kam, was sie sehr gerne tat, stand auf dem Fensterbrett ein riesengroßer runder, gelber Kürbis. Aus seinem Inneren wollte man Kompott machen. Evi versprach Eliane eine besondere Überraschung. Gemeinsam schnitten sie den oberen Teil der Frucht ab, höhlten sie aus und Evi machte Augen, Nase und Mund in die Schale. Als es dunkelte, es war November, stellten sie eine Kerze dahinein und hatten verabredet

Eliane, Wolf, Ernst, Hans im Heuhaufen

damit durchs Dorf zu gehen. Hans stand oben am Fenster und schaute in den Park. Er schrie seinen spielenden Brüdern zu: „Kommt schnell, dort unten geht die Lane und trägt den Mond durch den Garten." Sie gingen dann mit dem Mond durchs Dorf, und weil sie keine Beachtung fanden, klingelten sie bei Leuten, deren Bub mit Eliane in der Schule war. Zufälligerweise öffnete das Kind die Tür des einfachen Arbeiterhauses. Der Junge erschrak so sehr, daß er laut zu schreien begann. Sein Vater, ein Riese von Mann, erschien und nahm ihn sofort in die Arme. Er beschimpfte die Kürbisträger und warf die Tür zu. Eliane hörte noch wie liebevoll er seinen kleinen Sohn tröstete. Nächtelang konnte sie danach nicht einschlafen. Sie hatte etwas Böses getan, das nicht mehr gut zu machen war und bereute es so sehr. An einem anderen Tag spielten die Kinder an dem großen schmiedeeisernen Tor, das nicht wie in Nährschütz immer offen stand sondern geschlossen war. Vor dem Tor versammelten sich Dorfkinder.

Eine wilde Horde, die man immer beneidet hatte, weil sie ohne Aufsicht und Kontrolle offensichtlich herrliche Spiele in der Hohle und deren Umgebung veranstalteten. Ihr Anführer war ein großer Junge mit Schiebermütze, knielangen Hosen und Strümpfen die herunterbummelten. Er hatte ein von Sommersprossen übersätes Gesicht. Sie schrieen und beschimpften die dummen kleinen Schlosskinder: „Guckt Euch doch mal die an! Wie die schon aussehen. Die haben alle Mädchenhaare. Sind noch richtige Hosenscheißer." Sie lachten und beschimpften besonders Ernst. Geschlossen schritten alle vier Falkenkinder zum Tor. Denn Hosenscheißer war nicht einmal mehr der Hans. Eliane, die ja täglich in der Schule mit ihnen konfrontiert wurde, hatte große Bedenken, ging aber tapfer mit den Brüdern mit: „Hans fixierte den Älteren und rief: „Du Hund!" Sie lachten: „Ja ne, der Zwerg kann schon reden! Bis'te jetzt ein Mädchen oder ein Junge?" Sie standen wie Zuschauer vor einem Affenkäfig und waren nur aus Langeweile gekommen, den feinen Pinkeln eins auszuwischen: „Ihr reichen Fotzen, wir werden es Euch noch zeigen!" „Ihr Ausbeuter." „Euch Arschlöchern wird schon noch die große Kotze vergehen." So ging es immer weiter bis Eliane schrie: „Nehmt die Finger von unserem Tor. Wir haben Euch nichts getan!" Und Wolf und Ernst begannen die Finger zu attackieren. Dabei fühlten sie sich gar nicht wohl. In diesem Moment kam Fräulein Lotte und befahl, sofort ins Haus zu kommen.

„Der Hitler wird's Euch schon noch zeigen!" hörten sie noch hinter sich her rufen und nun mußten sie Lotte erklären, was vorgefallen war. Lotte hatte dann die Verstörung damit abgetan, indem sie den Kindern sagte: „Mit denen müßt ihr Euch nicht abgeben, das sind alles Kommunisten." Viel später hatte Eliane eines ihrer innigen Gespräche in Papas Arbeitszimmer. Wenn er Nachmittagsschlaf in seinem Herrenzimmer hielt, lag er unter einer modefarbenen Plüschdecke und schnarchte. Sein Schnarchen zu beobachten war hochinteressant: es ebbte ab, blieb lange aus und begann dann mächtig von

neuem. Auch gab es viele Dinge in dem Zimmer zu erforschen. Bücher, die Jagdzeitschrift, sein Werktisch voller neuer Kreationen und natürlich Zipfel, seine Dackelhündin, mit der man kleine Spielchen machen konnte.
Wenn er dann aufwachte, was man an dem Geräusch des Schnarchens aus Erfahrung kannte, durfte man ihm einen nassen Kuß geben und ihn hochziehen. Er ächzte und machte sich besonders schwer. Danach streichelte erst das Kind, dann den Hund, trat vor einen kleinen Spiegel, kämmte mit einem Bürstchen sein Haar und seinen Schnauzer und zog die goldene Repetieruhr aus seiner Weste. War bis zum Tee oder Kaffee noch Zeit, dann setzte er sich in seinen Sessel und nahm sein Lieblingskind auf den Schoß: „Papa, was sind Kommunisten?"
Eliane hatte immer solche Fragen im Sinn und er verstand es meisterhaft sie kindgerecht zu beantworten. So erfuhr sie mehr von Hitler und den Kommunisten, von Kaiser Wilhelm und dem ersten Weltkrieg, von der Ehre, die es bedeutete, ein Offizier zu sein und sein Leben für das Vaterland jeder Zeit wieder zu opfern, als andere Kinder ihres Alters. Er erklärte ihr aber auch das Weltall und seine Sterne und die Herrlichkeiten der Natur und Gottes unerforschliche Größe und Ferne, ohne ihr den Glauben in dem Mama sie so streng erzog anzutasten.

Die Bedrohung

Großvater Strach war nie ein optimistischer Mensch gewesen. Obwohl er in seinem Leben viel erreicht hatte, Risiken eingegangen war und Besitztum angesammelt hatte, sah er die Welt so wie sie ist: unvollkommen und voller Fallstricke. Im Besitz einer umfangreichen Bibliothek fand man unter seinen Klassikern auch solche in griechischer Sprache. Gerne las er, als er älter war, und mehr Zeit für die schönen Dinge des Lebens hatte die alten Philosophen im Original. Täglich informierte er sich über Politik, Wirtschaftslage und das Weltgeschehen ebenso wie über das Wetter, Getreide- und Viehpreise und die Forderungen linksgerichteter Parteien. Es war ihm stets ein Anliegen, seinen Arbeitern und Angestellten ein lebenswertes Auskommen zuzugestehen.
Von seinen Kindern und Enkeln forderte er stets einen höflichen und freundlichen Umgangston mit allen Untergebenen. Hochmut, Arroganz oder gar Snobismus wurden in seinem Haus gemaßregelt. So sagte er einmal zu seinem heranwachsenden Sohn: „Grüße gefälligst die Arbeiter! Sie verdienen unser Brot, sie arbeiten schwer dafür und Du bist nichts, noch bist Du niemand."
Tiefes Mißtrauen hegte er gegenüber dem Nationalsozialismus: „Eine faschistische Regierung mit einem Mann aus den untersten Schichten der Gesellschaft, kann nur den Ruin der besitzenden Klasse planen!" oder: „Ihr

werdet alle noch einmal am Hungertuche nagen, wenn ihr Euch jetzt nicht bescheidet!" oder: „Hitler hat in einer seiner schreienden Reden gesagt: `Ich könnte der Intelligenz den Kopf abschneiden, aber noch brauche ich sie.` Damit meint er uns. Glaubt mir, wer sich seinem Regime nicht unterordnet wird vernichtet werden. Ich bin ein sehr alter Mann und habe das glorreiche Kaiserreich unter Wilhelm dem ersten erlebt, ich habe Bismarcks Wirtschaftspolitik verfolgt, die ein Herr von Caprivi zu Schanden machte; ich habe den Weltkrieg durchlitten, an dem meine Söhne teilnahmen, aber was jetzt auf uns zukommt wird viel, viel schrecklicher sein, denn dieser Emporkömmling glaubt er sei ein Napoleon der Moderne, dabei ist er nichts als ein Fanatiker. Und wer wie ich Geschichte studiert hat", dabei sah er seine Tochter Ilse an: „nicht nur antike Geschichte, sondern auch Geschichte des christlichen Abendlandes, weiß wie gefährlich Fanatiker sind."

Ilse wußte bereits wie die Nazis alles Religiöse verlachten und zu unterbinden versuchten, sie wußte auch, daß gebildete jüdische Familien zu fliehen versuchten. Sie hatte von Konfiszierungen jüdischer Besitze gehört und verbarg Angst und Sorge hinter einer Geste andauernden Gebets. Nur das Gebet spendete ihr noch Trost, denn es gab einmal eine Zeit, sie war erst neunzehn Jahre alt und eben dem Internat des Ursulinen-Kloster's in Carlowitz bei Breslau entschlüpft und lebte nun in Nährschütz. Ein schönes junges Mädchen. Es muss im Jahre 1920 gewesen sein.

Fred (Friedrich Strach) und Männe (Ernst Walter Strach), ihre Brüder, hatten sich der strengen Bevormundung ihres Vaters entzogen. Fred weilte in Berlin und handelte mit Antiquitäten. Er hatte sich sein Pflichtteil ausbezahlen lassen. Männe versuchte recht und schlecht Landwirtschaft zu lernen. Beide waren aus dem ersten Weltkrieg als dekorierte Offiziere entlassen worden und wußten sich natürlich nicht mehr in untergeordneten Positionen zurechtzufinden. Auf dem großen Gut in Nährschütz wurden neben allen Angestellten damals landwirtschaftliche Eleven ausgebildet. Genau wie in Töschwitz, wo Ilses älteste Schwester Erna verheiratet war, galten diese Güter als besonders qualifizierte Ausbildungsstätten.

Großmutter Ellynor Strach, geborene Miketta, legte großen Wert darauf, daß im Hause eine gepflegte und vornehme Atmosphäre herrsche. Sie verstand es diese auch mit eisernem Regiment aufrecht zu erhalten. Eben erst vierzig Jahre alt, überaus elegant, sehr schlank und gepflegt, hatte sie zwar nicht die Ausstrahlung ihrer ältesten Tochter Ilse, noch deren Schönheit, und doch lag das Heft fest in ihrer Hand. Die elf Jahre jüngere Tochter Ingeborg spielte noch keine besondere Rolle. Sehr bald würde man auch sie in die Klosterschule geben um ihr gebildete Erziehung zu gewährleisten. Da Fritz Strach sich der Querelen, die zwischen seinen Töchtern und seiner Frau ständig herrschten bewußt war, beauftragte er Ilse mit verschiedenen Aufgaben im Gutsbetrieb.

Im März des Jahres 1921 erschien auf Nährschütz ein junger Mann, der sein landwirtschaftliches Praktikum absolvieren wollte. Er war beileibe nicht irgend jemand, er war ein Herr von Schottländer, vierundzwanzig Jahre alt, studierte Landwirtschaft, um die großen Besitzungen seines Vaters zu übernehmen und erschien mit einem Reitpferd und mehreren Jagdgewehren. Ellynor wußte Bescheid und bot ihm das Kavalierhaus als sein zukünftiges Domizil an. Das Kavalierhaus stand im Park des schönen Besitzes und war für Gäste, die länger verweilten errichtet worden. Es enthielt ein Wohnzimmer, ein Schlafzimmer, eine Teeküche und ein kleines Bad. Schon sein edles Pferd erregte Aufsehen im Stall unter den Kutschern. Ellynor hatte mit Frau Peusel beschlossen, das Abendessen in der Halle zu servieren. Ein weiterer Eleve war ebenfalls eingetroffen und noch andere Gäste zugeen. Schottländer war ein sehr großer blonder Mann mit scharfen Gesichtszügen. Nichts war weich an ihm. Seine Augen leuchteten hart und dunkel unter dunklen Brauen, seine Nase war schmal und spitz und nur sein Mund strafte dieser Härte lügen. Er war geschwungen und blutrot. Schneeweiße Zähne blitzten wenn er lächelte, was er an diesem Abend aber nicht tat.
Die Atmosphäre in diesem Hause erschien ihm überaus gespannt, der Hausherr einsilbig, die Hausfrau etwas gestelzt, zu bemüht ein Gespräch in Gang zu setzen und die bildschöne junge Tochter verschüchtert. Nur die kleine Tochter beharrte auf allerlei extra Beachtung. Es gab da noch die Erzieherin und den anderen Eleven und eine Schwester der Dame des Hauses, Frau Margot Voss mit ihrem kleinen Sohn, Friedrich Karl, den alle Bubi nannten, ein vorlautes quengeliges Kind.
Gewandt wie Schottländer erzogen war, begann er ein Gespräch über Landwirtschaft mit dem Hausherrn. Er berichtete über seine Studien, Rüben und Kartoffelparasiten, erzählte von Erfolgen, die sein Vater erzielt hatte und fragte geschickt um Rat für besondere Probleme, die in seinem Studium angesprochen worden waren. Dabei betrachtete er verstohlen immer wieder das Gesicht ihm gegenüber. Noch nie hatte er ein so schönes Mädchen gesehen: Unter einer Krone goldblonden Haares leuchtete ein schmales griechisches Gesicht, die Nase wie gemeißelt, die Augen hellblau, von einem Blau wie sie nur der Himmel zeigt, Lippen schmal und blutrot und die Wangen wie Alabaster. Um auch die Damen zu unterhalten, erzählte er später von seinen Reisen, von Florenz, Rom und Genua, von Ägypten und Syrien. Und da die Dame des Hauses Italien kannte, unterhielten sie sich angeregt über die Ewige Stadt.
Im roten Salon des Hauses wurde nach dem Essen ein Kaffee gereicht. Der Hausherr schien guter Laune. Er fand den neuen Auszubildenden sympathisch und sagte, als alle gegangen waren, denn der nächste Tag begann um fünf Uhr früh: „Die Schottländers waren in Schlesien immer sehr imponierende Leute, ihr Grundbesitz ist immens, schade, daß sie Juden sind." Ils'chens

Herz klopfte schrecklich schnell in dieser Nacht. Sie kniete vor dem Bild der Madonna in ihrem Jungmädchenzimmer nieder und bat. „Mutter Gottes hilf mir!"

Bald aber fegte der junge Leo Schottländer alle Spannungen im Hause Nährschütz über den Haufen. Er schuf mit seinem unbefangenen Humor leichte Konversation, gemischt mit Frohsinn und Lachen. Befangenheit ließ er erst gar nicht aufkommen. Sogar nach einem harten Erntetag wußte er Musik aus einem Grammophon zu zaubern, um alle zum Tanz aufzufordern. Niemand begrüßte einen solchen Mitbewohner mehr als Ellynor. Nun lud sie an Wochenenden Nachbarn ein, nun konnte man sicher sein ein geselliger Abend würde gelingen. Niemand bemerkte wie sehr Leo von Schottländer und Ilse Strach sich ineinander verstrickten. Traf er sie früh am Morgen im Kuhstall, wo sie die Deputatmilch an die Arbeiterkinder verteilte, flüsterte er: „Aber gnädiges Fräulein, das ist wirklich keine Aufgabe für Sie!" Am Abend, wenn er einmal mit ihr tanzte, oder nur in ihrer Nähe war, flüsterte er: „Ich habe die Venus von Milo gesehen, sie ist nur aus Marmor, Sie aber gleichen ihr in Fleisch und Blut."

„Gnädiges Fräulein sollten reiten! Da stehen so viele Pferde im Stall." „Ich hätte nicht einmal einen Reitdress, Herr von Schottländer." Zu einem der nächsten festlichen Anlässe bat er Ellynor, ob er seine Schwester nicht dazu bitten dürfte, was sie ihm selbstverständlich bewilligte. Fräulein von Schottländer war eine sehr fesche selbstbewußte junge Dame, die Ilse sofort in ihr Herz schloß. Wieder ein Wochenende später erhielt Ilse ein Paket dem ein Briefchen beigelegt war:

„Liebes Fräulein Strach!
Nach der Beschreibung meines Bruders herrschen in Ihrem Elternhaus ähnlich strenge Sitten wie in dem unseren. Nachdem ich älter bin als mein Bruder Leo, habe ich mich einfach darüber hinweggesetzt. Bitte tragen Sie meine Klamotten für den Anfang und setzen Sie einfach Zeichen für eine neue Zeit. Ich bin überzeugt, sie passen Ihnen. Ihre J.S."

Bisher hatte Ilse nur zaghaft in einem langen Rock und im Damensattel ein Pferd geritten. Nun trat sie vor den Stall in Reithosen und hohen Stiefeln und bestieg ein Pferd, das er für sie gesattelt hatte. Auf einer Koppel hinter dem Park lehrte er sie die einfache Kunst des geraden Sitzes. Schon nach vier Wochen begleitete sie ihn ins Gelände und den Wald. Ilse zeigte ihm das Jagdhaus, nannte ihm die Namen der einzelnen Wege und Schneisen. Den Traubenweg hinauf ritten sie über weißen Sand gesäumt von blauen Erikabüschen bis zu den Lichtungen, wo die Königskerzen standen und Ilse verriet das Versteck des Fuchsbaues. Sie ritten über den Pferdehimmel, wo auf Koppeln ausgediente Rösser ihr Gnadenbrot erhielten und es einige Ställe und Scheunen gab. Sie ritten auch nördlich des Gutes über den Gruftberg, vorbei an Gräbern früherer Besitzer von Nährschütz und Ilse erzählte die schauerlichen Gespenstergeschichten der Kunzendorffs, die dort begraben lagen. Einer von ihnen ritt nachts mit dem Kopf unter dem Arm über den Gruftberg. Ilse zeigte ihm die Haarte, wo dunkle Tannen, in Laubwald übergehend, geheimnisvolle Schneisen beschatteten. Sie galoppierten östlich weite Oderwiesen entlang bis zum Fluß unten im Wilhelminental.

Mama Ellynor verhielt sich sehr zurückhaltend und Papa blieb mürrisch und stumm, denn niemals, vernachlässigte der Lehrling seine Pflichten. Dieser junge Mann war einfach nicht mit Worten zu besiegen. Er trat früh um vier seine Tätigkeit an und arbeitete, wenn es sein mußte auch noch bis spät in die Nacht mit den Erntearbeitern. Die Leute liebten ihn sehr bald, denn wo er auftrat herrschte unbeschwerte Fröhlichkeit. Er schuftete nicht nur mit wie ein Knecht, während der Rast verteilte er Getränke und stimmte Lieder an, schlesische Lieder, Erntelieder. Er erkundigte sich nach den alten Bräuchen und nannte die Männer Du und bot an, ihn Leo zu rufen.

Vater Strach gefiel das, auch war er machtlos, bei so viel Sympathie die dieser Mensch sammelte, der alle Standesunterschiede weg fegte.

Ellynor erkannte, das war ein ganz großer Herr, aber wie würde Ilse sich entscheiden?

Die schrieb Gedichte.- Leo erzählte dem jungen Mädchen von seinem Besitz, von seinem Vater, der ebenso wortkarg und sparsam war wie ihr Vater und von seiner Mutter, die er abgöttisch liebte, tiefreligiös, jüdisch religiös, ganz und gar orthodox. Noch nie hatte Ilse sich mit einer anderen Religionsmythologie auseinander gesetzt, als die die man sie gelehrt hatte. Für sie war die christliche Lehre die einzig selig machende. Für sie kam überhaupt nichts anderes in Frage. Sehr bald war Leo v. Schottländer klar, daß nicht die Eltern sondern ihr Glaube zwischen ihnen eine unüberbrückbare Barriere bedeutete. Er, ein hochgebildeter Mensch versuchte ihr den Weg der Geschichte beider Religionen vor Augen zu führen. Sie aber beharrte so standhaft auf ihrer an Christus gebundene Lehre der Liebe, die nichts erschüttern konnte.

Es gab ein Gedicht von Ilse aus dieser Zeit:

Zwei Paar Schuhe stehen nebeneinander vor einer Parkbank. Später stehen sie sich dann gegenüber, schieben sich ineinander und verweilen dort lange, um sich zögernd wieder zu trennen. Leider ist das Gedicht nicht mehr vorhanden. Wir wissen nur, sie haben sich sehr geliebt. Sie haben einander unendliches Leid zugefügt im Verzicht auf diese Liebe. Sie waren eigentlich füreinander bestimmt, aber sie haben aus religiösen Gründen aufeinander verzichtet.

Schottländer hat Ilse nie aus den Augen verloren. Über ihren Bruder Männe blieb er bis zu seinem Tode über ihren Werdegang informiert, denn natürlich fand er in Männe einen Verbündeten. Später mußte Schottländer emigrieren. Schottländers hatten eine Farm in Afrika. In Deutschland verlor er durch die Nazis sein ganzes Vermögen. Seine spätere arische Frau ließ sich scheiden und versicherte den Nazis, ein gemeinsamer Sohn sei nicht von Leo Schottländer. Daraufhin erklärten die nationalsozialistischen Behörden ihr: Dann hätte er auch keinen rechtlichen Anspruch auf das jüdische Vermögen und beschlagnahmten alles was nicht ihr persönlich gehörte. Leo von Schottländer starb in Afrika noch ehe der Krieg beendet war an der Malaria. Er war aber noch vor seinem Tod zum Katholizismus übergetreten. Ilse erfuhr dies erst im Jahre 1948 von ihrem Bruder Männe.

Pfingsten

Großvaters Warnung über eine schreckliche Zukunft fand an einem Pfingstsamstag statt. Der Pfingstsonntag wurde in Nährschütz meist sehr eindrucksvoll gestaltet, wenn man die Gewähr hatte, daß das Wetter schön blieb. In Schlesien herrscht Binnenklima. Die Sommer sind heiß und trocken, die Winter kalt und reich an Schnee. Wundervoll sind Frühling und Herbst mit langen sanften Übergängen. Am Pfingstsonntag traf man sich am frühen Nachmittag am Jagdhäuschen. Das Jagdhaus, ganz im bayerischen Stil gebaut, lag auf einer Anhöhe über den kilometerweit sich hinziehenden Oderwiesen, tief im Nährschützer Wald. Damals konnte man das weite Gelände bis zum Fluß hin noch überblicken, später dann haben die Wipfel der Buchen, die Großvater zur Befestigung des steil abfallenden Hanges anpflanzen ließ, den Blick bis zur Oder hin versperrt. An Pfingsten kamen natürlich die Töschwitzer in ihren Kutschwagen. Tante Erna, Onkel Reinhold und ihre Kinder, Irmgard, Judith, Ellinor, Eberhard, Rosemarie und Fritz. Außerdem waren oft Ilse und Falk dabei, Inge später mit ihrem Mann Manfred von Chiarie, Männe und selbstverständlich auch Fred verlebten die Feiertage in ihrem Zuhause in Nährschütz. Gern lud man auch Nachbarn ein und so wurde aus einem Familienpicknick meist ein lustiger Ausflug, dessen Höhepunkt darin bestand, nach einer opulenten Vesper, dicke Maiglöckchensträuße zu pflücken, die den Hang hinab zu dieser Jahreszeit blühten.

Das Jagdhaus hatte eine kleine Veranda mit Holzgeländer, einen geräumigen Aufenthaltsraum in dem Tische, Bänke und Stühle, Borde mit Geschirr und Jagdtrophäen aufbewahrt waren und einen kleinen Nebenraum, in dem ein Bettgestell für Jäger stand. Ein Herd zum Anfeuern mit einem Rohr in den Kamin gab es auch.. Später durfte man den Herd nicht mehr anheizen, weil ein Uhupaar den Kamin als sein Brutdomizil auserkoren hatte und zur Freude aller dort Jahre lang hauste.

Zum Picknick an Pfingsten brachten alle etwas mit. Kaffee und Tee in Thermosflaschen, Unmengen von Torten und Kuchen, vor allem

„Jagdschlößchen Wilhelminenhöhe"

Streuselkuchen, Schlagsahne, Limonade und belegte Brote. Manche Gäste kamen sogar zu Pferd geritten und auch die Kutscher und die Dienstmädchen hatten ihren Spaß. Die Jugend saß auf Decken unter Birken vor dem Häuschen, Großvater liebte seinen Platz auf der Veranda und weidete er sich an der Fröhlichkeit seiner Gäste, denn so hatte er das geplant. Noch waren es gute Zeiten und er liebte es, seine Familie um sich zu haben. Obwohl er zu seinen Söhne ein sehr gespanntes Verhältnis unterhielt. Aber Ellynor`s vermittelnde Art, machten diese zwanglosen Treffen zum unvergeßlichen Erlebnis, auch weil der Duft der Maiglöckchen, die hier den Hang über und über bedeckten vermischt mit dem Duft der Linden und dem hellen Grün der Birken einen tiefen Eindruck hinterließen.
Mit Armen voller Blüten kehrte man am Abend heim und saß im alten weißen Schloß noch lange beisammen. Draußen schluchzte die Nachtigall übertönt von einem anhaltenden Froschkonzert aus dem Dorfteich.
Männe und Falk standen der neuen Hitlerregierung nicht so ablehnend gegenüber, wie die anderen Familienmitglieder, aber erst als man sicher sein konnte, alle Dienstboten haben sich zurückgezogen, berichtete Fred, der Älteste der Geschwister Strach über Dinge, die sich in Berlin zugetragen. Es war

damals schon, Mitte der dreißiger Jahre angebracht, politische Äußerungen nicht öffentlich zu machen.

Während Fred von Verhaftungen, Verhören und Kriegshetze in den Straßen der Hauptstadt erzählte, wußte Männe, daß Hitler ein neues großes Heer aufstellen ließ, sich der Reparationskosten für den vergangenen Krieg entledigt hatte, die Arbeitslosigkeit in den Griff bekam und allmählich die Armut der kleinen Leute beseitigte. Sie stritten wie immer, wenn Pessimisten und Optimisten miteinander konfrontiert werden.

Männe und Falk hofften auf eine Neueinstellung in dem einzigen Beruf, den man sie von Kindheit an hatte lernen lassen, den des Offiziers. Fred war Kaufmann, obwohl auch er in einem Kadettenchor erzogen worden war, haßte er das Soldatsein und den Krieg, den er ja 1914 bis 1918 mitmachen mußte. Solche Debatten waren nutzlos, denn Hitler hatte längst das Heft fest in der Hand. Niemand jedoch glaubte damals an einen kommenden Krieg.

Banken gingen pleite, Wertpapiere sanken bis auf einen läppischen Rest. Großvater verlor noch einmal sehr viel Geld. Jetzt gab es nur ein paar Häuser, die er in Breslau besaß, die aber an Mieten nichts abwarfen. Um die Steuern für den Besitz zu bezahlen rodete er Wald.

Umzug nach Neu Wilkau

Nicht einmal Papa erkannte es. Er, der seine Frau so sehr liebte, allen ihren Launen nachgab, alles tat, um sie glücklich zu wissen, der um jede Stunde Frohsinn und Euphorie so dankbar war, nicht einmal er erkannte ihren ewigen Wankelmut, ihre Unruhe, ihr Bedürfnis nach Veränderungen.

Ilse, der man Verschwendungssucht vorgeworfen und Beschränkungen angeraten, wollte nun ein Exempel statuieren.

Natürlich gab es für das schöne Schloß Nieder-Glauche mehrere Interessenten. Verkauft wurde es an eine pädagogische Institution, die ein Internat mit Schule darin einrichtete. Das Geld, das Mama und Papa dafür bekamen, es war für die damalige Zeit eine schöne Summe, reichten die Eltern Großvater zurück und er verbürgte sich, für die Falkenhausens einen entsprechend höheren Erbanteil auf Nährschütz einzutragen. Was er auch tat. Für die Familie fand Ilse etwas Bescheideneres. Ein Landhaus in Neu-Wilkau. Die Miete bestand darin, den unverheirateten Inspektor des Gutes zu beköstigen. Wilkau liegt nahe Namslau, im Landkreis Oels, nicht sehr weit von der polnischen Grenze. Wilkau war ein sehr langes Hufendorf. Hufendorf nannte man diese Dörfer, weil sich entlang einer geraden Straße Dorf an Dorf reihte, so wie sie vor siebenhundert Jahren durch deutsche Besiedelung gegründet wurden.

Neu Wilkau   Photo: v. Golitscheck aus dem Buch „Schlesien, Land der Schlösser"

Das Gut Neu-Wilkau war am Ende dieses Dorfes gelegen, inmitten von fruchtbaren Äckern mit Rübenboden. Es gehörte einem Herrn Kraft.
Das zweistöckige Haus mit fast ebenerdigen Fenstern, einer schmalen Treppe in den ersten Stock und zehn Zimmern, hatte eine überdachte große Veranda und einen kleinen Park. Mit ihren schönen antiken Möbeln richtete es Ilse ein. Links unten das Wohnzimmer wurde Salon. Die Veranda bot im Sommer der Familie dauernden Aufenthalt. Im Gutshof integriert befand sich ein weitläufiges Gehege für Geflügel mit einem Teich und Stallgebäude, die Mama zugesprochen wurden. Wahrscheinlich versprach sie sich einigen Gewinn aus der Geflügelzucht. Kinder nehmen die Gegebenheiten wie sie sind. Sie hinterfragen nicht. Eliane und sie kleine Angela bewohnten ein Schlafzimmer und die Buben ein anderes.
Während des Umzugs hatte man die Kinder verteilt. Weil Oma Strach Eliane wollte, verlebte sie die Ferien in Nährschütz. Wolf, Ernst und Hans wurden in Töschwitz von Tante Erna aufgenommen und Angela bei ihrer Patentante Melanie Schaube in Raschen. Wo sie, so klein wie sie war, endlich einmal gehegt und gepflegt, schöne Dinge erfuhr. Angela war ein sehr zartes kleines Ding und die Tante kaufte duftige Kleidchen, beauftragte ein Mädchen, ihr Haar zu locken, badete sie täglich, erzählte ihr Geschichten und schenkte ihr Puppen. Sie fotografierte das süße kleine Ding und schickte Ilse die Bilder, nicht ganz ohne Hintergedanken, denn sie war eigentlich eine boshafte Person. Melanie Schaube hatte selbst erwachsene Kinder, einen sehr attraktiven Sohn und zwei Töchter. Ihre älteste Tochter wurde eine berühmte Tänzerin, ihre jüngste Tochter heiratet einen adeligen Mann und lebte in großem Stil und ihr Sohn beteiligte sich schon sehr früh am Widerstand gegen Hitler. Eines Morgens fand man ihn in seiner schön eingerichteten Junggesellenwohnung mit durchschnittener Kehle und Tante Melanie erzählte allen, er habe sich beim Rasieren unglücklich verletzt.
Furcht überkam viele Familien. Alle verhielten sich ganz still auf den einsamen Landgütern. In den Dörfern herrschte nun ein Ortsbauernführer. In brauner Uniform wurden an Sonntagen in den Dorfgasthäusern Versammlungen abgehalten. Wer nicht in die Partei eintrat galt als suspekt. Die allgemeine Wehrpflicht war wieder für jeden jungen Mann ein Muß.
Die drei Buben Falkenhausen verlebten in Töschwitz unvergeßliche Ferien. Tante Erna ein durch und durch positiver Mensch, war immer fröhlich. Sie strahlte stets Wärme aus und verteilte viel Zärtlichkeiten. Da waren aber auch ihre großen Kinder, vor allem Eberhard, der die kleinen Vettern überall im Gutsbetrieb mit hinnahm. Besonders Wolf erfuhr nun einmal hautnah den Umgang mit Pferden. Onkel Reinhold züchtete Belgier, eine schwere ostpreußische Pferderasse, einmalig in Schlesien. In dem großen modernen Töschwitzer Landhaus, das die Leute natürlich Schloß
 nannten, hingen viele Gemälde von gekörten und ausgezeichneten Hengsten.

Um einen gepflasterten quadratischen Gutshof, in dem ein Pferdestall (12 Gespanne) eine besondere Stellung einnahm, gab es den langgestreckten Kuhstall voller Milchkühe, einen Schweinestall mit sechzig Schweinen, riesige bogenförmige Scheunentore und mehrere Wohnungen für Gutsangestellte. In den Hof fuhr man durch ein großes Tor, das am Abend geschlossen wurde. Zum Töschwitzer Schloß fuhr man, damals mit Kutschen, von der Dorfstraße durch eine Allee. Hohe Bäume warfen ihre Schatten über eine Freitreppe, die von Säulen gehalten einen Balkon im ersten Stock trugen. Überall geschmückt mit Blumenkübeln trat man von hier aus in die Halle mit einer breiten Freitreppe ins obere Stockwerk, von wo eine holzgedrechselte Balustrade, die rund herum verlief, einen Blick nach unten gewährte. Schlafzimmer, Kinderzimmer, Gästeappartements mit Bädern, boten Komfort. Unten hatte Onkel Reinhold, der dieses wunderschöne Haus Anfang 19oo erbauen ließ, nicht gegeizt mit Räumlichkeiten.

Links ging man in Tante Ernas Roten Salon, dann in einen kleineren Salon, dann ins Eßzimmer, einem Saal, dessen Fenster über den Teich in den Park hinaus schauten. Rechts von der Halle betrat man Tante's kleines Wohnzimmer und dahinter lag Onkel Reinholds Arbeitszimmer. Natürlich hatte das Haus auch einen hinteren Eingang zu einem Kontor und den Küchenräumen und hier einen zweiten Treppenaufgang. In der Küche herrschte Frau Krause, die Mamsell. Ihr Mann, Paul, fungierte als Kutscher, Butler und Vertrauter aller Familienmitglieder.

Außerdem gab es Talbendorf, ein Nachbargut, auf dem Jungvieh gehalten wurde mit einem besonders dafür eingestellten Inspektor.

Bemerkenswert für Töschwitz waren seine weitläufigen Obstplantagen. Erdbeeren, Johannisbeeren, Pfirsiche und im Frühjahr brachten der Spargel nicht nur viel Arbeit, sondern auch Einnahmen. Eberhard zeigte seinen kleinen Vettern vor allem sein Gespann. Und sie staunten über die dicken Hinterbacken der Rösser. Sie wurden nach Bayern an Brauereien verkauft aber auch an andere Provinzen wo schwerer Boden war, denn sie vermochten jede Rübenfuhre aus tiefstem Schlamm zu ziehen.

Ebi Preiß, wie alle Eberhard nannten, aber war auch ein vorzüglicher Reiter. Um auf den Feldern überall nach dem Rechten zu sehen, hielt er sich eine kleine Stute und wenn Opapa in Nährschütz mit einem Pferd nicht zurecht kam, dann rief er in Töschwitz an und sagte:

„Erna, schick mir doch mal Deinen Jungen! Hier ist niemand, der mir das junge Pferd zureiten kann.

Eines Nachts weckte Ebi die Vettern und sie schlichen in Schlafanzügen die Treppe hinab durch die Halle, trabten über die steinernen Stufen bis zum Pferdestall und Ebi sagte:

„Ihr wolltet doch wissen warum sie so stark sind! Jeder von Euch darf jetzt jedem Gaul ein Schäffel Hafer extra geben. Schaut, sie warten schon darauf!"

Aus der großen Futterkiste, wozu nur Ebi und der Stallmeister einen Schlüssel hatten, denn die Futtermenge war genau vorgeschrieben, schöpften nun Wolf und Ernst die Menge und schütteten sie in die Krippen der Pferde. Sofort tauchten die gewaltigen Tiere ihre Nüstern in den köstlichen duftenden Hafer. Sie schnaubten voller Glück und ihre Zähne begannen zu mahlen. Lange saßen alle vier wie Verschwörer auf dem Haferkasten, denn Ebi tat das natürlich unerlaubter Weise und heimlich. Sie atmeten den Duft des Pferdestalls, lauschten dem Geräusch mahlender Zähne und Wolf seufzte tief, bis Ebi, der kein Mann von vielen Worten war, sie alle leise wieder ins Bett beförderte.

In Nährschütz verlebte Eliane wie schon so oft unvergeßliche Ferien. Opapa war schon sehr alt und sein großes Herrenzimmer eigentlich tabu. Eliane hatte die ersten Marillen unter einem Baum im neuen Gemüsegarten in ihre kleine Dirndlschürze gesammelt und dachte: `Vielleicht freut er sich, wenn ich sie ihm bringe.

Opapa saß, nun über achtzig, in einem seiner ledernen Clubsessel und als sie eintrat lächelte er, weil er Kinder mochte. Sie kniete vor ihm nieder und sagte: „Schau Opapa, sie sind schon reif!"

Er nickte etwas hilflos und deutete auf den Tisch: „Tu sie in die Schale." Dann nahm er das Kind auf den Schoß, band das schmutzige Schürzchen ab und stellte ein paar kindlich verständliche Fragen. Eliane aber deutete auf die Motive der Stuckdecke und stellte ihrerseits Fragen, womit sie ihn zwang ein ihrem Alter gemäßes Gespräch zu führen.

Beide betrachteten sie die Darstellungen des Plafonds in diesem saalartigen Zimmer, welches komfortabel eingerichtet war. Zwischen den in tiefen Nischen liegenden Fenstern stand eine Ledergarnitur. Opapas schwerer Schreibtisch rechts davon und Großmutters Flügel links.

Gegenüber neben dem grünen Kachelofen, vor einer Eckbank befand sich ein riesiger runder Mahagonitisch, an dem oft Karten gespielt wurde. Auf der anderen Seite des Ofens gab es ein Wandschränkchen mit eingelegten Intarsien. Schäfer mit Schafen und Schäferin das immer wieder Bewunderung hervorrief. Großvater hatte viele Bücher in geschlossenen Glasschränken und natürlich eine Liege für seinen Nachmittagsschlaf, die mit einer Fuchsdecke belegt war. Das eindrucksvollste an diesem Raum aber waren wohl die zwei Löwenfelle an der Wand zwischen den Fenstern, deren präparierte Köpfe mit offenen Rachen schon manchen Besucher in die Flucht geschlagen hatten.

Eliane aber wollte die Figuren an der Decke erklärt wissen:

Die Stuckdecke

„Dieses Haus hat einmal ein König gebaut", beantwortete Großvater ihre Wißbegier. Doch das wußte sie schon. Sie glitt von seinem Schoß und setzte sich zu seinen Füßen.

„August, August der Starke. Erst war er Markgraf von Sachsen dann wurde er König von Polen. Und weil er von Dresden nach Warschau ständig hin und her reisen mußte, ließ er unterwegs Raststätten errichten, denn man reiste per Kutsche und das ging nicht so rasch und war auch anstrengend. Also baute man ihm dieses Schloß. Hier konnte er ausruhen mit seinem ganzen Gefolge und er konnte auch jagen in unseren Wäldern.

Eliane zeigte auf die Decke. Die Büsten von fünf Frauengestalten waren dort lebensgroß abgebildet, jede umgeben von Ranken und Zweigen wie in einem runden Bilderrahmen.

„Hast du einmal von den fünf Sinnen gehört?"
Sie nickte, gewohnt mit Opapa tiefsinnige Gespräche zu führen:
„Sag' sie auf."

Sie deutete auf ihre Augen
und er nickte:

„Das Gesicht,
 Der Geruch,
 Der Geschmack,
 Das Gehör"

Der alte Herr zeigte auf die in der Mitte dargestellte Büste, die beide Hände unter ihrem Busen faltete:

„Das wichtigste hast Du vergessen:
„Das Gefühl!"
„Ach ja der Tastsinn."

„Nein, hier unser Künstler, der die fünf Sinne so wundervoll dargestellt hat, meinte ein Gefühl des Herzens, das Gefühl welches uns bei Schmerz oder Freude befällt. Die mittlere Dame faßt sich ans Herz weil sie traurig ist.
Diese da in der Ecke schaut in einen Spiegel. Also ist sie das Gesicht.

„Das Gefühl"

Die hier über uns hält eine Schale mit Früchten in den Händen. Sie ist „der Geschmack". Und die mit der Laute oder ist es eine Mandoline?" „Ist das Gehör!"

„Das Gesicht"   *„Das Gehör"*

Eliane wollte noch mehr Fragen stellen, denn es waren noch andere Bilder an dem Plafond, aber Großvater war noch lange nicht am Ende seiner Ausführungen: „Hör zu!" Die Dame in der Mitte war die Gemahlin des Markgrafen von Sachsen. Du siehst, sie war nicht sehr schön, sie hatte ein

„Der Geschmack"   *„Der Geruch"*

67

sehr langes Gesicht und ein Doppelkinn, aber sie hat ihm einen Sohn geschenkt. Er aber war ihr nicht treu, er liebte viele andere Frauen. Seine Favoritinnen hat der Künstler hier abgebildet und wenn Du einmal Geschichtsunterricht haben wirst, es gibt viele Bilder von ihnen, dann wirst Du sie hier oben wieder erkennen." Eliane würde das tun, später, als sie viel älter war, würde sie wissen, wen der Künstler da in Stein und Gips und sicherlich einmal farbig für die Ewigkeit (wie er meinte) eingemeißelt hatte. Die anderen Darstellungen, groß wie Gemälde, rechts und links der Decke angeordnet bedeuteten:

Einmal die Bedrohung des Abendlandes durch den Orient, mit dem Halbmond über einem Minarett und einer Sonne, die die Gesichtszüge August des Starken trug, und gegenüber: in dem eine strahlende Kirche den Sieg der christlichen Welt über den Islam andeutete, weil August gemeinsam mit Prinz Eugen gegen die Türken ins Feld gezogen war.

Wettiner Wappen

Außerdem schmückte die Decke das Wappen der Wettiner und gegenüber das des polnischen Königs. Großvater redete gerne über alte Geschichte, denn er beschäftigte sich seit langem damit, neben seinen Studien über griechische Philosophie. Griechische Schriften standen in seiner Bibliothek im Original, denn er wußte noch griechisch zu lesen und tat das auch, nun aber sprach er weiter:

„Der Markgraf von Sachsen war sehr ehrgeizig. Als die polnische Königskrone mehreren deutschen Fürsten angeboten wurde, wollte er sie durchaus haben. Er wurde sogar katholisch dafür, was seine Gemahlin ihm sehr übel nahm, denn sie stammte aus einem evangelischen Geschlecht. Er

mußte oft von Dresden nach Warschau reisen und hat viel Geld investiert um sein Ziel zu erreichen. Auf dem Weg nach Polen brauchte er standesgemäße Quartiere. Sie ritten oder legten diese Strecke in Etappen in Kutschen zurück. Unterwegs wollte er gut schlafen, reichlich essen und vor allem Dingen jagen, denn das war seine Passion. Kannst Du Dir ein waldreicheres Jagdgebiet vorstellen als unsere Oderniederungen hier, unseren Wildreichtum?
Er kaufte Nährschütz und ließ das Haus, das sicherlich schon als Jagdhaus bestand, umbauen zu einem Königsschloß. Er schickte seine Dresdner Bauleute her, seine italienischen Künstler und nützte die dicken Mauern, um für sich einen herrschaftlichen Besitz zu schaffen und er nannte es:
„Was den Schützen nährt." „Nährschütz". „War er denn so reich?" fragte schüchtern das Kind. Er war sehr, sehr reich, mein Liebling. Er war in eine gute Zeit hineingeboren worden und hat sie genutzt. Die Juwelen, aus aller Welt zusammengetragen, kann man in Dresden besichtigen. Auch Du wirst sie eines Tages zu sehen bekommen."
Das war Geschichtsunterricht wie er ein Kind tief beeindrucken mußte und als ein Dienstmädchen sie zum Abendessen rief, bedauerten sie beide, daß die Stunde vorüber war.
Doch schon damals gab es Tage, da ging es Großvater nicht so gut und Großmama hielt alle Menschen von ihm fern.
Nährschütz war für Eliane immer das Schönste was es auf Erden gab. Nicht erst mit ihren sieben Jahren entdeckte sie seine herrliche Natur, von nun an wanderte sie mit anderen Augen durch das alte Haus. Seine Mauern waren ein Meter dick. In den Kellergewölben mußte man durch röhrenartige Tunnel kriechen, um zu einem Fenster zu gelangen. Diese waren verstaubt und ihre Scheiben blind von Spinnweben bedeckt, davor lagen Steinchen und Laub auch wenn sie vergittert waren. Es gab einen Lieferanten-Eingang durch diesen Keller, über den sich hohe Gewölbe kreuzten. Links war die Waschküche, in der einmal im Monat von Waschfrauen in zwei großen Waschkesseln die Wäsche gekocht, auf Waschbrettern gerubbelt und in hölzernen Schäffern gespült wurden, was das Kind aber auch aus Nieder-Glauche kannte. Gegenüber der Waschküche befanden sich Vorratsräume mit Tonnen voller eingesalzenem Sauerkraut, Regalen in denen Weckgläser mit eingekochtem Fleisch, Gemüse, Obst und alle Arten Pilzen, Gläser voller Marmeladen und eingemachten Gurken standen. Zettelchen mit Inhaltsangaben und Datum zeugten von Ordnungssinn. In den Ecken lagen Sandhaufen in denen Möhren oder Rote Rüben den Winter überdauerten und Berge von Kartoffeln, die bis zur nächsten Ernte keimfrei gehalten wurden. Es roch nach Gärung und ein wenig nach Wein, denn in der Tiefe im Dunkeln war Opapas Weinkeller, verschlossen und unzugänglich für kleine neugierige Späher. Der Schlüssel dazu hing genau wie der zu seinem Tresor und zu seinem Schreibtisch an seinem nun gerundeten Bauch. Schlich man sich noch tiefer unter die Treppe in den

Kohlenkeller, so entdeckte man hier einen runden steinernen Brunnen, dessen Schacht nun zugeschüttet worden war. Vom Keller gab es eine Treppe zum Küchentrakt. Diese Treppe war sehr breit und unheimlich unter hohem Gewölbe führte sie zu einer zweiflügeligen Tür an der oben kleine Butzenscheiben einen Blick in das Innere gewährten. Auch von Innen konnte man einen Blick auf den Besucher werfen, der durch den Kellereingang Einlaß begehrte, ehe ihm das gestattete wurde.

Omama machte alles Unheimliche dieses Hauses für ein kleines Enkelkind vertraut und verständlich. Im Flur vor den Küchen, es gab zwei, eine nannte man das Gartenzimmer stand ein langer Tisch auf dem früher, täglich, die Petroleumlampen gereinigt und neu gefüllt wurden, bis Großvater elektrisches Licht legen ließ.

Auch Omama trug ein Schlüsselbund mit sich herum. Ein Schlüssel paßte in den großen Vorratsschrank im Gartenzimmer. Dieser Schrank nahm eine ganze Wand ein und hatte achtzig mal achtzig große Schubladen mit kleinen Schildchen an jeder vorne dran. Zucker, Mehl, Sago, Graupen, Salz, Reis, Stärke, Nudeln, Erbsen, Bohnen, Linsen etc.

Wenn Ellynor die Küche betrat, dann wurde dort meist vor dem Frühstück eine Art Zeremonie abgehandelt. Mit Peusel besprach sie das Essen der nächsten Tage und teilte pro Person die dazu benötigten Lebensmittel zu. Der Gärtner erschien mit frischem Gemüse und Salat und später brachte er Beeren und Obst.

In Nährschütz gab es immer zwei Dienstmädchen, die von Frau Peusel angelernt wurden. Sie brachte ihnen nicht nur bei, wie man die Zimmer aufräumt, das Parkett bohnert, Teppiche klopft, die viele Fenster putzt und am Nachmittag die Wäsche mangelt, bügelt und nach einem bestimmten Schema zusammen zu legen hatte, sondern auch wie man mit der Herrschaft spricht, wie sie anzureden seien, daß man die Gnädige Frau immer zuerst durch die geöffnete Tür treten läßt und den Gnädigen Herrn nur anredete, wenn man gefragt wurde. Frau Peusel übte mit ihnen das Servieren, teilte gestärkte weiße Schürzchen an sie aus und verlangte, daß sie ein spitzenbesetztes Band im wohlgeordneten Haar zu tragen hatten, ein sogenanntes Häubchen.

An besonderen Festtagen servierte der Gärtner in weißen Handschuhen ebenfalls. Bemerkenswert erschien Eliane später auch Omama's wohlgeordneter Wäscheschrank im ersten Stock. Die Wäschestücke waren wie in einem Wäschegeschäft nach Art geordnet. Immer um zwölf Stück war ein schmales blaues Seidenband mit einem Verschluß aus Elfenbein geschlungen. Laken, Bezüge, Kopfkissen, Handtücher aus Leinen lagen hier zwischen Duftkissen in makelloser Übersicht. Wenn sie den Schrank öffnete, duftete es nicht nur nach Lavendel, sondern auch nach Wind und frischer Luft.

Neu Wilkau

Die Ferien waren zu Ende. Nachdem die Eltern das Haus in Wilkau eingerichtet wußten, sammelte Papa in seinem Auto alle seine Sprößlinge wieder ein. Die Kinder wurden in dem neuen Zuhause erst einmal wieder eingeschult. Ernst, Wolf und Eliane mußten täglich nach Bernstadt radeln, ein Weg von sechs Kilometern über Land, vorbei an blühenden Kornfeldern, Rübenschlägen und Kartoffelzeilen. Die Schule in Bernstadt war ein dunkler Backsteinbau aus uralten Zeiten, bevölkert von Hunderten von Schülern in verschiedenen Klassen. Nach der kleinen Dorfschule in Großtotschen eine verwirrende Umstellung. So verwirrend, daß kaum eine Erinnerung übrig blieb. In Klassen mit dreißig bis vierzig Schülern fiel man kaum auf, verhielt sich still. Konnte dem Unterricht kaum folgen.
Es gab in Wilkau auch eine Grundschule. Sie stand aber noch am Beginn. Man nahm nur Erstklässler an, weshalb Hans diese Schule besuchen durfte. Ein großer moderner Kindergarten war in dem Schulgebäude untergebracht worden. Diese Art pädagogische Einrichtung für arbeitende Mütter, wurde vom Nationalsozialismus erst gefördert und dann zur Pflicht gemacht. Im Kindergarten wurden 80 Kleinkinder aufgenommen, die von einer Erzieherin und zwei Helferinnen betreut werden sollten. Angela, erst dreijährig, mußte den Kindergarten besuchen.
Eines Tages, es war im Sommer, fuhr Eliane, müde aus Bernstadt kommend, an diesem Schulgebäude vorbei und traf ihren siebenjährigen Bruder Hans mit einem viel zu schweren Schulranzen. Diesen hängte sie an ihr Rad und beide Geschwister trotteten an einem langen hohen Zaun entlang. Innerhalb des Zaunes stand weinend Angela, weißblond und sehr dünn. Die Tränen rannen über ihr kleines schmutziges Gesicht: „Nehmt mich mit! Bitte Eliane, nehmt mich mit. Hier ist es schrecklich!" So schrie sie herzerweichend, während hinter ihr achtzig Kinder tobten.
Eliane bat Hans das Rad zu halten und marschierte um den Zaun herum, erwischte die Schwester, die froh war einen Schreier weniger zu haben und nahm Angela mit. Immerhin waren es noch drei Kilometer bis nach Hause. Hans wollte unbedingt auf dem Rad sitzen. Er wollte Radfahren lernen. Eliane stützte das Rad. Er stieg auf, der Sattel auf seine Größe nicht eingestellt, war zu hoch, also begann er stehend zu treten, trat viel zu schnell, das Rad kippte, die Schwester konnte es nicht mehr stützen und er fiel in den Straßengraben, in dem Brennnesseln wuchsen. Hans hatte sich sehr wehgetan. Die Schwester jedoch dachte, er heult so sehr, weil die Nesseln ihn verbrannt hatten. Zu Hause angelangt aber stellte Papa fest, etwas mußte gebrochen sein und fuhr ihn ins Krankenhaus nach Namslau.
Am Abend lag er in seinem Bett zu Hause, den Arm und die Schulter in Gips. Eliane hatte eine sehr schlechtes Gewissen und setzte sich zu ihm: „Du

Armer! Hast Du sehr große Schmerzen?" Er aber lachte und bekannte verschmitzt: „Jetzt brauch` ich drei Wochen nicht in die Schule zu gehen.
Auch nach Wilkau kam Onkel Männe zu Besuch. In seinem offenen Sportwagen, mit Jagdhund. Sofort umringt von den Buben, fragte er sie gründlich aus und sie bekannten ihm: „Die Schule ist schrecklich. Sie lachen uns aus wegen unserer Bubikopffrisuren. Alle sind uns fremd. Wir haben hier keine Freunde." Der Onkel setzte alle drei in sein Auto, fuhr zum nächsten Friseur und ließ ihnen einen männlichen Haarschnitt verpassen. Mutti betrachtete bedauernd die kurzgeschorenen Köpfe ihrer Söhne, sagte aber nicht viel.
Eliane bekam nun die vorgeschriebene Hitlerjugenduniform: Eine weiße Bluse, einen schwarzen Rock und einen braunen Lederknoten, um ein schwarzes Dreieckstuch am Hals zu halten. Sie war eben zehn geworden und mußte in den von den Nationalsozialisten vorgeschriebenen Jungmädchenverein, den man später für die zwischen 14 und 18 Jahren alten Mädchen BDM nannte. Dienst war immer am Mittwoch Nachmittag in der neuen Schule angesetzt. Sie lernte hier Wanda Tomczak kennen. Diese war die Tochter eines polnischen Arbeiterehepaares auf dem Gut in Neu-Wilkau. Eine etwas ältere Jungmädchenführerin erklärte die Regeln. Sie würden politischen Unterricht erhalten, viel singen, wandern und Gemeinschaftspflege lernen. Das Wort „Deutsch" und „Vaterland" kam sehr oft vor. Ihr gefiel ein blondes Mädchen mit so langen Zöpfen, wie sie selbst sie hatte. Diese spielte Schifferklavier und das Singen machte Spaß. Aber diese Mädchen blieben ihr fremd. Mit Wanda Tomczak aber begann von diesem Heimweg ab eine wunderbare Freundschaft. Wandas Eltern wohnten in einer Arbeiterwohnung auf dem Gut in Neu-Wilkau. Auch Wanda trug blonde Zöpfe und war genauso alt wie Eliane. Sie hatte einen großen Bruder Staczek, einen jüngeren Bruder Wadek und dann gab es noch die kleine Sophie. Sophie war so alt wie Angela, genauso dünn, genauso schüchtern und genauso unglücklich im Kindergarten. Ernst und Wolf waren bald dicke Freunde mit Wadek. Wadek war plump aber gewitzt und die Buben haben mit ihm herrlich Abenteuer erlebt.
Über das Gut herrschte Inspektor Friede, den die Kinder „Speckel" nannten. Er verhielt sich Mama gegenüber sehr devot, bekam das beste Essen täglich in seine Wohnung gebracht, war groß und dünn und wirkte nicht besonders Respekt einflößend. Rinderviehzucht und Rübenanbau waren die Schwerpunkte der Gutswirtschaft. Gutsbesitzer war ein Herr Kraft, der sich selten sehen ließ.
Hinter dem Hofgelände fanden die Kinder bald einen von Wasserlinsen bedeckten Schilf umwachsenen Teich. „Genau hier muß sich das Märchen vom häßlichen jungen Entlein abgespielt haben", dachte Eliane. Dort im Gras saß sie mit Wanda, Angela und der kleinen Sophie. Sie flochten

Kränzchen und spielten Schilfhäuschen bauen oder Schiffchen fahren. Manchmal kam auch Wolf dazu. Er liebte seine kleine Schwester Angela und beide trollten sich dann, um eigenen Spielen nachzugehen.
Auf dem weiten Schulweg mußte Eliane manchmal bei einem Schuhmacher im unteren Dorf vorbei fahren, um besohlte Schuhe abzuholen. Er war ein armer immer freundlicher buckliger Mann, dankbar für den Verdienst. In einem großen Glasfenster hatte er orthopädisches Schuhzeug ausgestellt. Eines Tages, mittags gegen 13.30 Uhr kam Eliane dort vorbei. Das Fenster war zertrümmert worden, die Werkstatt verwüstet. Ein Transparent hing vor der ärmlichen Tür mit der Aufschrift: „Juden raus!"
Eliane erzählte dies tief empört ihrer Freundin Wanda. Wanda senkte den Kopf und flüsterte: „Ja, ja, bald werden sie auch rufen: „Polen raus!" Von da ab vermieden es die Mädchen darüber zu sprechen, aber sie gingen auch nicht mehr in den Dienst der Hitlerjugend, was anscheinend niemand bemerkte. Als der Winter kam, engagierte Mama eine Haustochter mit Führerschein. Sie wurde beauftragt, die Kinder in die Schulen zu fahren und wieder abzuholen. Papa war wegen der Fahrkünste dieser jungen Frau sehr beunruhigt. Es fanden täglich heftige Debatten deshalb statt, bis Mama vorschlug, er solle doch dann die Kinder täglich in die Schulen fahren, womit die Debatte beendet war. Dann ging das Auto kaputt. Die arme aber sonst recht nutzlose Person kündigte und die Kinder fuhren wieder mit ihren Rädern oder gingen zu Fuß in Kindergärten und Schulen.
Ihre schulischen Leistungen waren bedenklich. Niemand kümmerte sich um die Hausaufgaben und die Kinder verlebten auf Wilkau mit den Tomczak-Kindern einen unbeschwerten Sommer. Die Erwachsenen sprachen viel über Politik. Gäste kamen und wurden bewirtet. Eine Maikäferplage machte allen viel zu schaffen. Sie fraßen die hohen Kastanienbäume um das Haus herum fast kahl. Am Abend stellte Papa große Fässer mit Wasser unter die Lampe vor der Eingangstür und die Käfer fielen zu Hunderten ins Wasser. Am Morgen goß er die Tiere in den Teich im Hühnergarten. Von da ab war kein Ei mehr zu genießen, alle schmeckten widerlich nach Maikäfern. Die Kleinen sammelten die Käfer und sie erhielten Namen. Es gab Müller mit besonders weißen Flügeln und Schornsteinfeger mit dunklem Rücken, Kinderkäfer, Mutter- und Vaterkäfer und Onkels und Tanten. Eliane sehnte sich nach Nährschütz. Aber sie wußte Großvater war sehr krank.
Mutti und Papa wurden nach Nährschütz gerufen.

Manöver in Nährschütz

In Nährschütz wurde ein Manöver durchgeführt. Omama bat um Unterstützung. Die Führungsspitze zweier Regimenter wurde im Schloß einquartiert. Sie übten Krieg über Nährschützer Fluren. Ellynor hatte beiden Kommandeuren die Versicherung abgerungen, weder die bebauten Felder noch der Wald zu ruinieren. Das ganze Dorf und auch Köben war in Aufregung. In jedem Bauernhaus waren Soldaten einquartiert, die meist in Scheunen und Ställen nächtigten. Die Kommandeure hießen von Brauchitsch und Beck. Zwischen ihnen herrschte nicht nur Kriegsstimmung, weil sie sich im Manöver als Feinde gegenüber standen, auch privat mochten sie einander nicht. Weil v. Brauchitsch Hitlers Doktrin voll und ganz unterstützte und man wußte, daß Beck das nicht tat. Obwohl Fritz Strach, der Hausherr sehr krank war, hatte Ellynor sich bereit erklärt, beide Generäle aufzunehmen und den Herren zahlreiche Gastzimmer zur Verfügung gestellt, mit der Bitte, die Räume ihres totkranken, dreiundachzig-jährigen Ehegemahls nicht zu betreten, Lärm und Unruhe im Hause nach Möglichkeit zu vermeiden. Das Militär belegte die Küche und Peusel zog ins Gartenzimmer, wo ja auch ein Herd stand. Die Herren Generäle wünschten getrennt zu speisen, eben weil sie sich nicht vertrugen. Einer breitete in der unteren Halle seine Stabskarten aus, der andere auf dem großen Tisch der oberen Halle. Sie müssen es sehr begrüßt haben, daß die große Bogentür vor dem Treppenaufgang jedes Lauschen unterband.

Opapa lag damals schon im Eßzimmer neben seinem Herrenzimmer im Parterre und war viel zu schwach um zu reagieren.

Als Ilse und Falk ankamen empfing sie der langjährige Gärtner des Hauses. Er fühlte sich seit Jahren geschätzt und angenommen, weil er servieren durfte. Er führte das Ehepaar durch die Halle, wo gerade niemand war, die Treppe hinauf in den ersten Stock, wo General Beck mit seinem Stab Lagebesprechung hielt. Der Gärtner, erfüllt von der Wichtigkeit des Augenblicks, verkündete, noch ehe jemand ihm Einhalt gebieten konnte, laut wie ein Haushofmeister beim königlichen Empfang vor Majestäten: „Baron und Baronin Falkenhausen!" Die Herren sprangen sofort alle auf und salutierten. Mama wurde dunkelrot. Papa nahm diesen faux-pas jedoch mit Humor. Er trat lachend auf seinen Regimentskameraden aus alten Zeiten zu und reichte General Beck die Hand. Am Abend ließ Großmama in zwei Etagen zwei gleichwertige Essen servieren. Nach Absprache saß Papa am Tisch in der Halle im Parterre mit von Brauchitsch, Mama und die noch immer junge Großmama oben bei General Beck und seinem Stab. Sie haben uns Kindern immer wieder erzählt, wie schwierig es gewesen sei zwei feindliche Heere gleichzeitig im Haus zu haben, wobei Ilse sich mit General Becks Ansichten diskret sofort einig wußte. Beck, ein hochdekorierter Offizier aus dem ersten Weltkrieg, quittierte später seinen Dienst vor allem, weil er seinen Offizieren immer wieder einhämmerte: „Was gegen die Ehre eines deutschen Offiziers verstößt, darf man nicht als Befehl ansehen oder gar befolgen. Unser Gewissen vor Gott ist maßgebend.

Großvaters Tod

Im Januar 1938 starb Großpapa nach langem Leiden. Der alte Hofrichter, Vogt, Ackerkutscher und Betreuer aller Gewässer in Nährschütz stand Großmutter bei. Er bettete den ausgemergelten Körper und kannte seinen letzten Willen.

Wenn man die Chaussee vom Schloß nach Norden, nach dem Städtchen Köben fuhr, kam man als erstes über den Gruftberg. Links auf der Kuppe dieses Hügels befanden sich seit Jahrhunderten die Begräbnisstätten aller Besitzer von Nährschütz.

Opapa hatte eine tiefe Gruft für seine Familie ausheben und ausmauern lassen, so groß wie ein Zimmer. Mitten im Wald wollte er liegen. Genau nach seinen Anweisungen spannten seine Angestellten über einen Erntewagen schwarze Tücher und hängten seinen Pferden schwarze Decken über. Den Leichnam legten sie in einen zinkverbrämten Eichensarg in weiße Kissen und Hofrichter sorgte dafür, daß er luftundurchlässig verschlossen wurde.

Genau wie bei seinem Einzug in Nährschütz 1904 trat die freiwillige Feuerwehr mit ihren goldenen Trompeten auf und gab ihm mit Trauermusik das letzte Geleit. Ellynor, seine Frau, mit der ihn in den letzten Jahren ein besonders herzliches Verhältnis verbunden hatte und seine Kinder, mit Schwiegerkindern sowie die Enkel Preiß folgten tiefbetrübt den Weg hinauf zur letzten Ruhestätte. Ihnen schlossen sich die Einwohner von Nährschütz und viele, viele Köbner an.

Mit ihm war eine Epoche zu Ende gegangen.

Ein großer Mann nimmt immer seine Zeit mit ins Grab!

Die neue Zeit, die nun anbrach, hatte nur Hähme für den Großgrundbesitz und für den Adel, ohne darüber nachzudenken, daß es immer Arme und Reiche geben wird und ein landwirtschaftliches Gut so vielen Menschen Heimat und Arbeit, eine Wohnung, das Gärtchen und das Deputat, ein Schwein, Milch, Getreide und Holz gratis zusicherte. Die Fleißigen wie Hofrichter oder die Mamsell Peusel hatten sich sogar ihr eigenes Häuschen bauen können und die Ackerkutscher sahen ihre Gespanne als ihr Eigen an und hegten und pflegten die Tiere, als wären es ihre eigenen.

Hofrichter, Jeschke und der alte Schneider erhielten sogar eine Auszeichnung für vierzigjährige Treue als Ackerkutscher, erwähnt im „Steinauer Stadtblatt" und konnten gewiß sein, daß sie ihr Alter auf dem Gut in ihren Wohnungen verbringen würden.

Opapa liebte vor allem die alten Witwen seiner Arbeiter. Sie bekamen eine ihnen zustehende Rente, denn sie hüteten die Enkelkinder, während die Mütter im Sommer auf dem Feld schaffen konnten. Ein großes Gut war wie ein Staat in sich selbst.

Oben auf dem Gruftberg unter Flieder, Jasmin, Birken und hohen Laubbäumen, umgeben von einem Zäunchen aus Schmiedeisen, lag später eine graue Marmorplatte unter einem großen Kreuz mit seinem Namen:

Fritz Strach
Rittergutsbesitzer auf Nährschütz
1855 - 1938

Auf einer Steinplatte auf seinem Grab stand die von ihm verfaßte Inschrift eingemeißelt geschrieben:

> *„Nimm mich grünes Waldeszelt*
> *Freundlich auf in Deine Stille,*
> *Nichts vom Wirrsal dieser Welt*
> *Mehr zu hören ist mein Wille."*

Als Ilse von der Beerdigung nach Neu Wilkau zurückkehrte, war sie sehr verstört. Genau wie ihre Schwester Inge, trauerte sie tief um ihren geliebten Vater.

Es folgte ein kalter, häßlicher Winter.
Gelb floß das Wasser aus den Hähnen im Haus in Neu Wilkau. Im Keller befand sich eine Milchkühlanlage, durch die früh am Morgen und am Abend die frisch gemolkene Milch in silbernen Rohren, umspült von eisig kaltem Wasser strömte. Für die Kinder ein faszinierend moderne Einrichtung. Es war streng verboten auf das flache Dach des Hühnerstalls zu klettern. Trotzdem taten die Kinder das, um den Inspektor zu ärgern. Wenn er anrückte, empfingen ihn zahllose Schneebälle. Aber der Speckel konnte sehr große fast eisige Bälle drehen, und er drehte lange daran, nahm sein Ziel in Augenschein und traf immer. Längst wußten die Kinder, daß eine Art Abhängigkeit zwischen ihm und ihrer Mutter bestand und das nutzten sie weidlich aus.
Mit den Tomczaks waren die Kinder sehr vertraut. Sie besuchten diese Freunde in deren einfacher Arbeiterwohnung, wenn die Eltern nicht zu Hause waren. Eliane erfuhr so, daß Wanda täglich das Feuer in einem primitiven Herd aufrecht erhalten mußte und einen großen Topf Kartoffeln zu kochen hatte. Wenn die Eltern dann kamen, schütteten sie die Kartoffeln auf den Tisch und aßen sie mit Quark. Das war ihr Mittagessen. Manchmal war auch Staczek da. Er war fünfzehn und sehr hübsch. Die Kinder schliefen zu zweit in einem Bett, die der Vater gezimmert hatte mit Strohmatratzen und nicht bezogenen Wolldecken. Es gab nur zwei Räume, die Küche und den Schlafraum. Tomczaks waren polnische Arbeiter und sehr, sehr arm. Dies fiel aber nicht auf, denn schön war es bei ihnen, immer lustig und unbeschwert. Ernst nahm Eliane beiseite. Sie beide hatten ein sehr inniges Verhältnis, ähnlich wie Wolf und Angela. Ihr Motiv aber war Wißbegier : „Wadek weiß wie Kinder gemacht werden! Staczek hat es ihm erzählt. Wenn Du heute Abend mit uns in den Park gehst, erzählt er es uns. Eliane wußte , was sie taten war

etwas Verbotenes, aber ihre Neugier siegte. Noch hatten beide Geschwister keine Ahnung. Wadek überzeugt von der Wichtigkeit seiner Information erzählte es ihnen leise unter den Zweigen einer großen Buche, sehr detailliert und anschaulich. Weder die Bienen, noch der Stier, den sie täglich beobachteten, kamen darin vor. Danach rannte Eliane schnell davon und dachte: „Es ist einfach unvorstellbar, daß meine so fromme Mutter so etwas gemacht hat", und sie schob den Gedanken einfach weg.

Als das Frühjahr kam und sie wieder auf der Terrasse sitzen konnten, (sie rupften gerade ein Huhn) wurde sie eines Besseren belehrt, denn Mama eröffnete ihr, sie würden ein weiteres Geschwisterchen erwarten. Ilse hatte nie viel Einfühlungsvermögen in andere Menschen und erkannte nicht, welchen Schock diese sehr liebevolle Eröffnung ohne vorherige Aufklärung hervorrief. Auch litt Ilse unter dieser Schwangerschaft. Ihr ganzer Körper füllte sich mit Wasser und Ödeme entstanden an ihren Beinen.

Am siebten Juli war Papas Geburtstag. Zwei Wochen vor der Geburt des sechsten Kindes rupften Ilse und Eliane eine Pute, nahmen sie aus, bereiteten ein köstliches Essen und luden Gäste ein. Unter anderen Professor Mortimer Falkenhausen, einen in Breslau bekannten Gynäkologen und Vetter des Vaters. Es herrschte an diesem Abend eine Stimmung wie sie Menschen vor großen Katastrophen manchmal überfällt, als würde etwas verdrängt, was aber unaufhaltsam auf alle zukam. Untergangsahnung, Galgenhumor und Angst.

Fritzel's Geburt

Am 28. Juli wurde das sechste Kind in Wilkau geboren. Es war eine Hausgeburt. Eliane war entsetzlich aufgeregt. Papa gar nicht. Er hatte das schon fünf Mal erlebt und war sicher, auch dieses Kind würde, wie alle anderen, seinen Erwartungen entsprechen. Das Baby war ein sehr großer Junge, wog 12 Pfund und schien normal. Sie nannten ihn nach Großvater „Friedrich". Wie vormals erhielten die Geschwister die Erlaubnis Mutter und Kind am nächsten Tag zu besuchen. Natürlich fanden sie das Neugeborene überaus niedlich, faßten es an, küßten Mama und durften beim Baden des Säuglings zuschauen.

Schon nach sieben Tagen hatte Mama hohes Fieber. Sie stillte das Kind, das allmählich über und über mit roten Pusteln bedeckt war. Der Hausarzt war hilflos und veranlaßte die Überführung der fiebernden Wöchnerin in eine Breslauer Klinik. Der Professor diagnostizierte Kindbettfieber. Er konnte dagegen nichts tun, es gab keine Mittel gegen diese Art von Blutvergiftung. Eigentlich war es ein von Alters her gegebenes Todesurteil für die Mutter.

Man trennte Mutter und Kind, behandelte das Kind, um seinen Ausschlag zu lindern. Falk und Ellynor hörten sich ohnmächtig die Ausführungen des Arztes an. Wenn man Ilse nur bettete, bewegte, schrie sie vor Schmerz. Da trat Onkel Männe wieder in Erscheinung. Es gab eine entsetzliche Auseinandersetzung mit dem Professor, der behauptete, die Patientin sei äußert hysterisch: „Ein Fieber von mehr als 40 Grad ist ein Zeichen eines schweren Infekts und nicht auf Hysterie zurückzuführen", schrie Männe und forschte sofort nach anderen bekannten Ärzten und Kliniken in Breslau.

Eines Morgens trat ein kleiner zierlicher Herr an Ilses Bett, nahm vorsichtig ihre ausgezehrte Hand und sagte: „Baronin, ich bin Professor Rahm. Ihr Bruder hat mir den Auftrag erteilt nach Ihnen zu sehen. Ich werde Ihnen gewiß nicht mehr weh tun. Sie müssen mir nur beschreiben, wo Ihre Schmerzen sind. Ilse schaute sich nach der Pflegerin um, die man ihr privat zugeteilt hatte, und von der sie sich auch gequält und nicht verstanden wußte: „Ich habe, Herr Professor, schon mit dem Leben abgeschlossen. Ich glaube nicht, daß man mir noch helfen kann." Doch der erfahrene Arzt machte ihr Mut, erinnerte sie an ihre Kinder und als sie einwilligte, in seine Klinik überführt zu werden, gab er ihr Morphium, damit sie den Transport ohne Schmerzen überstand. Schon am nächsten Tag operierte er ihren Rücken. Unmengen von Eiter schossen dem Operationsteam entgegen. Der ganze Leib war ein Eiterherd. Sie saugten und reinigten und legten Kanüle (Gummiröhrchen durch den Rücken) damit weitere Infektionen abfließen konnten.

Danach berichtete er den Angehörigen wie es um die Kranke stand: „In den USA gibt es ein Mittel, es heißt Penicillin, damit könnte ich sie retten!"

Da alle diplomatischen Beziehungen zwischen Amerika und dem nationalsozialistischen Deutschland abgebrochen worden waren zu diesem Zeitpunkt, gab es kaum Hoffnung an ein so wertvolles Medikament zu gelangen. Professor Rahm stellte die beste und vor allem liebevollste Schwester seiner Klinik nur für diese Patientin zur Verfügung. Sie hieß Schwester Angela.

Aus den Schläuchen, die man in Muttis Rücken geschoben hatte tropfte Eiter in rechts und links aufgestellte Eimer. Sie wurde flüssig ernährt und rührend gepflegt.

Papa fuhr täglich nach Breslau. Omama blieb an ihrem Bett und wohnte in dieser Zeit bei ihrer Schwester Tante Margot Voss. Onkel Männe erschien jeden Tag gegen Abend mit einer langstieligen roten Rose. Die Rose war von Schottländer. Das wußten aber nur die beiden Geschwister: „Er läßt Dich grüßen, er bangt um dein Leben wie wir alle. Er ruft täglich an. Er muß Deutschland verlassen, aber er zögert noch, weil er wissen wollte, wie es Dir geht."

Geliebt vom eigenen Mann, vom Bruder, von der Mutter, „von ihm" und von Professor Rahm, das gab ihr wieder Lebensmut.

Mit Geduld wurde die Wunde in ihrem Rücken täglich mit Sakrotan ausgewaschen. Doch der Professor befürchtete, daß das Rückrat bereits in Mitleidenschaft gezogen war. Sie erschien jedem nur noch wie ein Skelett, aber in ihrem Leiden so wunderschön. Schwester Angela wusch ihren Körper, kämmte ihr langes blondes Haar flocht es zu Zöpfen und erfuhr ihre Lebensgeschichte.

Bezahlt wurden die immensen Kosten von Omama, denn für eine Privatversicherung war Papas Offiziersversicherung nicht vorgesehen.

Die Wunde im Rücken hatte sich vergrößert und wollte und wollte nicht zuheilen. Professor Rahm saß täglich an ihrem Bett und sie sprachen auch über sich selbst. Er hatte zwei erwachsene Söhne und seine zweite Frau schenkte ihm zwei kleine Mädchen, die er selten sah, weil die Klinik ihn voll beansprucht. Er liebte, wie Männe, die Jagd, hatte selbst ein Revier und haßte die Nazis. Um Ilse aufzuheitern, erzählte er ihr, wenn sie alleine waren, die neuesten Hitlerwitze. Spritzige, hochintelligente und süffisant zynische politische Witze wie diese, sollte es nie mehr so zahlreich geben, wie in dieser Zeit. Aber die Wunde heilte nicht zu, auch als der Eiter abgeflossen war. Eines Tages erklärte er ihr, man würde sie nun in einer Hängematte aus Gummi in eine Badewanne voller Wasser legen, denn Wasser, versetzt mit desinfizierenden Mitteln, hätte eine überaus heilende Wirkung, das wisse er aus alten ägyptischen Lehrbüchern. Und sie wollte doch wieder gesund werden? Sie wolle doch miterleben wenn er einen Rehbock, zu dem ihn Großmama nach Nährschütz eingeladen hatte, schießt, und sie wolle doch ihre Kinder nicht im Stich lassen?"

Ilse dachte, die Badewannenprozedur würde nur einige Stunden dauern, mußte aber dann erfahren, daß man sie Tag und Nacht darin beließ.- Oben wurde warmes Wasser eingelassen und unten floß das kalte Wasser ab. Mehrere Schwestern betreuten sie 24 Stunden lang.

So sah Eliane ihre Mutter nach Monaten zum ersten Mal wieder. Papa nahm von nun an immer nur eines der Kinder mit nach Breslau, damit es der Kranken nicht zu viel wurde.

Mutti blieb drei Wochen in dieser Wanne, dann glaubte der großartige Arzt ihren Körper frei von Eiterbazillen geschwemmt, ohne Penicillin! Endlich begann ein langer Genesungsprozess in der Klinik. Omama zahlte nicht nur, schließlich hatte Ilse alles Geld, das sie für Glauche bekommen hatten, nach Nährschütz zurückgegeben. Großmama nahm auch den kleinen Fritzel nach Nährschütz und pflegte ihn. Auch hielt sie ein Versprechen, daß sie Ilse in der schrecklichsten Zeit ihrer Qual gegeben hatte: „Ich möchte noch einmal nach Nährschütz, dort leben, dort sein."

Tante Lena Schulz

Lena Schulz war eine Freundin von Tante Erna Preiß. Sie war klein, zierlich, dunkel und Ende vierzig. Sie hatte einen erwachsenen Sohn, von dem sie oft erzählte, der aber nie in Erscheinung trat und sie war bereit, Ilse in Wilkau während deren Krankheit zu vertreten. Eigentlich erledigte sie die ihr aufgetragenen Aufgaben sehr gut. Sie konnte unwahrscheinlich gut kochen und backen. Vor allem Herr Friede, der Inspektor kam auf seine Kosten. Papa bediente sie wie einen Pascha. Am Abend, wenn die Kinder im Bett waren, saß sie mit Papa im Herrenzimmer, sie tranken Wein und aßen Heidesandplätzchen, weil er die besonders gern mochte. Heidesandplätzchen buk sie aus reiner ausgelassener Butter, etwas Zucker und Mehl. Sie zergingen auf der Zunge.

Um die Kinder kümmerte sie sich wenig, was ihnen sehr recht war, denn bis auf Angela gingen alle ihren Passionen nach. Die Buben amüsierten sich mit den Tomczak-Kindern im Heu, auf der Tenne, lernten alle möglichen Kartenspiele, radelten weit in der Gegend umher und kundschafteten für den Inspektor den Wildbestand aus. Der nahm immer einen der Buben am Abend mit auf die Pirsch. In Wilkau gab es fast nur Niederwild, denn die Gegend war sehr flach und wenig bewaldet. Rehwild verirrte sich nur ab und zu in diese Gegend. Herr Friede hatte einen braunen vorzüglich abgerichteten Jagdhund. Ernst und dieser Hund verstanden sich in ihrer beider Jagdleidenschaft besonders gut. Daß Ernst schon damals in seinem Jagdfieber, gemeinsam mit dem Hund ein Reh erlegte, darauf soll hier nicht eingegangen werden.

Am Ende der Kastanienallee, die zum Gut führte, gab es auf der anderen Straßenseite einen reichen großen Bauernhof. Die Bäuerin war eine behäbige liebe Person, die von der schweren Krankheit der Baronin gehört hatte. Sie forderte Eliane immer wieder auf, mit ihrer ebenso alten Tochter zu spielen. Dort gab es Kälbchen und Schäfchen, junge Katzen wurden geboren und als Eliane erzählte, wie tot krank ihre Mama sei, fand die Zuwendung der Leute keine Grenzen. Christa Markus, die Tochter, war rund. Eliane damals groß und schlank und noch ein reines Kind. Es war die Liebe der Bauern, die ihr so gut tat, worüber sie aber die Liebe zu Wanda nie vernachlässigte. Nur mußte Wanda schon sehr viel arbeiten.

In Wilkau gab es einen Brotbackofen, wie früher in Nährschütz. Das Häuschen stand auf dem Hof zwischen der Wohnung der Tomczaks und dem Hühnergelände. Meist am Wochenende wurde das riesige Ofenloch angeheizt, dann kehrte man die glühende Holzkohle sauber heraus und alle Gutsangehörigen brachten Brotlaibe in runden geflochtenen Körben. Eine Frau schob sie in das heiße Ofenloch und paßte auf, wann sie fertig gebacken waren, um die nächste Schicht mit einer breiten hölzernen Schaufel einzuschieben. Schon am Abend vorher war es Wandas Aufgabe, den Teig zu zubereiten, der über Nacht aufging und ganz früh mit Hilfe ihrer Mutter neu geknetet in den Körben verteilt werden mußte. Auch das erinnerte in Wilkau an alte Märchen. Wanda aber hatte noch viele andere Aufgaben, um die große Familie zu bedienen, wobei sie die Freundin nicht brauchen konnte. Das frischgebackene Brot aber schmeckte köstlich.

Tante Lena liebte nicht die wilden Buben, Eliane liebte sie auch nicht, aber sie liebte die kleine Angela. Sie sorgte dafür, daß das Kind ordentlich gekleidet in den Kindergarten ging und nahm sie mittags wieder in Empfang. Sie bestand darauf, daß das kleine Mädchen seinen Nachmittagsschlaf hielt, auch wenn Angela protestierte, wahrscheinlich, weil sie selbst ein Schläfchen hielt. Angela eingesperrt und verlassen in einem abgedunkelten Schlafzimmer, das sie sonst mit Eliane teilte, langweilte sich. Und weil die Kinder im Kindergarten ihre Ponys verlacht hatten, man nannte sie Ponypferdchen, schritt sie vor dem Spiegel des Toilettentischchens auf und ab, nahm eine Schere und schnitt die Ponys kürzer. Nun aber fielen sie ihr nicht mehr in die Augen, aber sie waren schief, weshalb sie sie zu begradigen versuchte. Danach erschienen sie ihr immer noch schräg und sie schnitt und schnitt, zum Schluß voller Verzweiflung alle Haare bis auf die Wurzeln ab.

Als Tante Lena sie gegen vier Uhr zum Tee abholen kam, schlug sie die Hände über dem Kopf zusammen. Das Kind hatte sich bis weit in die Stirn hinein eine Glatze geschoren.

Verschämt erschien Angela am Abend um sieben Uhr am Eßtisch, eine Zeit, die ohne Pardon auch für Jägerbrüder einzuhalten war. Bei ihrem Anblick erklang schallendes Gelächter. Auch Wolf, der ihre Motive liebevoll durchschaute, konnte sich kaum halten vor Lachen.

Das kleine süße, zarte, nie beachtete Ding aber weinte und drückte ihr Gesicht gegen Papas dicken Bauch. Ihre Tränen quollen über seine grüne Weste und er streichelt sie und sagte:

„Aber das ist ja gar nicht so schlimm, mein liebes Kind, auf jeden Fall kannst Du so im Moment nicht in den Kindergarten gehen." Sie hob ihr völlig verweintes Gesicht und fragte in Erinnerung an den Schlüsselbeinbruch von Hans: „Wie lange nicht?"

Papa sah Tante Lena an und meinte: „So lange bis die Ponys wieder ein wenig nachgewachsen sind. Aber wehe Du nimmst noch einmal eine Schere in die Hand!"

Wolf der Sensible, unterband sehr bald das Gelächter seiner Geschwister, während dieser Abendbrotmahlzeit. Solche Liebesbeweise zwischen Geschwistern halten oft ein Leben lang. Angela genoß es sichtlich, nun nicht in den Kindergarten zu müssen.

Nach dem Essen um sieben mußten die Kinder ins Bett. Tante Lena brachte Eliane und Angela in ihr Zimmer, ohne Nachtgebet, denn sie war nicht fromm und überließ Angela der Schwester.Sie sorgte auch dafür, daß im Bubenzimmer Ruhe herrschte, denn ihre Stunde mit Falk, bei einem Glas Wein, war ihr natürlich wichtig.

Mengen von Heidesandplätzchen hatte sie in einer Bowlen-Terrine im Eßzimmer versteckt. Es war ein besonders häßlicher Behälter aus bemaltem Terrakotta mit einem Deckel aus grünen Weinranken und blauen Reben. Die Eßzimmertür blieb außerhalb der Malzeiten fest verschlossen. Die Fenster im Parterre waren ebenerdig und leicht zu öffnen. Einer der Buben sorgte dafür das ein Fenster nicht richtig eingeriegelt war, obwohl Tante Lena das täglich überprüfte. Es dauerte eine ganze Weile, bis sie den Schwund ihrer Plätzchen registrierte. Die Kinder, eines Tages streng deshalb ins Verhör genommen, taten völlig ahnungslos und Ernst setzte dem Verhör die Krone auf und rief: „Ach da hast Du die guten Plätzchen versteckt und wir haben uns schon immer gefragt, wer sie alle aufißt!"

Sie hatte es wahrlich nicht leicht, die arme Tante, obwohl sie rügte und maßregelte, denn die Kinder entdeckten an ihr eine sehr seltsame Macke. Plötzlich, völlig unmotiviert, überfiel sie ein Krampf, eine Art Muskelzucken. Um dem Herr zu werden, ballte sie ihre Fäuste, ihr Gesicht verzerrte sich furchtbar für Sekunden. Dann war alles vorüber. Leider sprach in der Familie niemand über so etwas. Nur Eliane empfand ein wenig Mitleid mit ihr. Papa schaute geflissentlich weg. Ernst registrierte diese Eigenart erst voller Erstaunen, dann, sehr interessiert, konnte er dieses Verhalten genau nachmachen. Wenn Mutter nicht mehr gesund geworden wäre, für die Kinder aber gab es da keinerlei Unsicherheit, denn niemand hatte ihnen den Ernst der Krankheit je erklärt, dann hätte Tante Lena einen sehr schweren Stand gehabt. Im Herbst diese unseligen Jahres 1938, es war Ende August, erschien am Himmel eines nachts ein Nordlicht. Es war hell wie am Tag. Die Dienstmädchen, die Eliane gerne mochten, weckten sie. Alle auch Tomczaks standen gemeinsam mit dem Inspektor Friede in dem großen Gutshof und betrachteten den Himmel. Papa war bei Mama, es ging ihr sehr schlecht und Eliane dachte:

„Das ist ein schreckliches Zeichen!"

Andererseits war das Schauspiel am Himmel so schön, so überwältigend, wie ein breiter Regenbogen, der das ganze Firmament und die Erde gespenstisch erhellte. Ein Zeichen Gottes:

„Haltet ein in Eurem Wahnsinn!"

Ein Mann, den sie vorher nie gesehen hatte, sagte in das staunende Schweigen hinein:

„Jetzt kommt ein großer, schrecklicher Krieg!"

Umzug nach Nährschütz

Während unsere Mutter in der Klinik von Professor Rahm allmählich das Gehen lernte, erst mit Hilfe eines kleinen Wagens auf Gummirädern, dann mit Krücken, planten Omama Ellynor gemeinsam mit Papa und Tante Lena den Umzug nach Nährschütz. Das war für Ellynor sicherlich kein leichter Entschluß. Aber sie hatte es ihrer Tochter versprochen. Sie räumten den ersten Stock bis auf ihr eigenes Schlafzimmer und ihr Ankleidezimmer von allen Möbeln frei, außerdem im Dachgeschoß zwei Zimmer, die Kinderzimmer werden sollten. Papa erhielt sein Herrenzimmer links von der oberen Halle und daneben sein Schlafzimmer. Die Halle wurde Eßzimmer. Anfangs schlief Mutti in Onkel Männe's ehemaligem großen Raum, der nach Norden ging. Dort roch es immer nach Linoleum. In einem Wandschrank befanden sich noch seine Gewehre und Jagdkleidung. Rechts der Halle führte ein langer Gang zu den weiteren Zimmern. Später machte Mutti sie zu ihrem Schlafzimmer und ließ eine Wand durchbrechen, um so in ihren Goldenen Salon zu gelangen. Es waren langgestreckte Räume und jeder enthielt am Ende einen Wandschrank. Die Fenster zeigten nach Norden auf den Gruftberg zu, der Salon hatte aber auch ein Fenster nach Osten mit Blick in den alten Park. Am Ende des Ganges befand sich das Bad mit Toilette, viel zu groß, um je Behaglichkeit und Wärme zu spenden. Ein runder Badeofen mußte geheizt werden, wenn die Kinder am Samstag gebadet wurden. Das WC stand keusch hinter einem Wandschirm.

Omama's Reich, ihr Ankleidezimmer mit Vogeltapete und ihr Schlafzimmer befanden sich direkt neben dem Bad, aber nicht, um es ihr besonders bequem zu machen. In jedem Schlafzimmer gab es einen Waschtisch mit einer großen Porzellanschüssel und einem ebenso bemalten Wasserkrug, der täglich gefüllt wurde. Benutztes Wasser goß man in einen Eimer und trocknete sich die Hände an einem Frottetuch, das Gesicht aber an einem weißen Leinentuch ab. Auf den meisten Waschtischen mit Marmorplatte befanden sich Gläser zur Zahnpflege und große Naturschwämme.

In allen Räumen hatte Großvater schon vor 1904 Kachelöfen bauen lassen: Gelbe, grüne, braune und grünblaue mit wunderlichen Ornamenten, kleinen Nischen für Heißwasserbehälter und schmiedeeisernen Türchen. Unter das Ofenloch war ein Blech genagelt worden. In guten Zeiten strömten sie ab September behagliche Wärme aus, denn „Hahn Kalle", Karl Hahn, ein etwas debiles Faktotum, kam jeden Morgen aus Köben geschlurft, um zwölf Kachelöfen anzuheizen, den unten in der großen Halle nicht zu vergessen. Dieser Ofen war grün und hatte eine Sitzbank rund um, auf der sogar Kissen lagen. Dieser riesige Ofen war übrigens das einzige, was im Hause im Jahr 1980 noch existierte.

In fast jedem Raum befand sich hinter einer Tapetentür ein tiefer

Wandschrank. Die Mauern in Nährschütz waren mehr als ein Meter dick und später klärte Mama die Kinder darüber auf, daß die Wandschränke vor 250 Jahren einmal Toiletten beherbergten. Nicht Wasserbecken mit Spülung, sondern einfache Holzgestelle mit einem runden Loch und einem Abflußrohr, das bis in die Tiefe unter das Haus führte. Sicherlich hatte man für seine Kürfürstliche Gnaden den Sitz gepolstert. Gespült wurde mittels einer hohen Kanne aus Kupferblech. Diese Kannen hatten einen breiten Rand und eine Schnauze. Dienstboten sorgten dafür, daß sie stets mit Wasser gefüllt waren. In Nährschütz gab es unter den seltsamsten Relikten aus alter Zeit auch noch einige dieser Kannen, oft gelötet oder mit angeschweißtem Henkel.

Nun, da Opapa die Wasserleitung hatte legen lassen und ein richtiges Wasserklo im Bad installiert worden war, waren in den Wandschränken die Toiletten beseitigt, die Böden mit Brettern verlegt worden und sie dienten anderen Zwecken. Falk und Omama stellten die Möbel, die aus Wilkau kamen nach Ermessen auf. Die Kinder wohnten einen Stock höher. Eliane bekam ein eigenes Zimmer und die Buben ein Zimmer zu dritt. Der Blick aus den kleinen Fenstern, über den Park den Gruftberg hinauf, sollte ihnen ein Leben lang in Erinnerung bleiben.

Angela und Fritzel wohnten unten im Rosentapetenzimmer, aber Großmutter wußte, Ilse würde alles ändern, wenn sie nur endlich wieder gesund wäre. Frau Peuser (Peusel) räumte ihre Küche, wie schon einmal, als das Manöver war, und zog ins Gartenzimmer, denn eigentlich hatte das Schloß ja schon immer zwei Küchen gehabt und das kam jetzt allen zu gute. Wenn man die Treppe von der unteren Halle hinauf ging, gab es da einen Absatz, in dem zwei Truhen standen und zwei Bogenfensterchen, die einen Blick in das Gartenzimmer erlaubten. Peusel herrschte da unten. Daneben lag erreichbar durch eine Doppeltür Omama's Eßzimmer. Diese Fenster schauten hinaus auf den neuen Park.

Das Nährschützer Schloß war ein Kreuzbau, ganz Barock. Im siebzehnten Jahrhundert hatten Bauherren aus Sachsen das sicherlich vorher einfachere Jagdhaus total umgebaut. Wahrscheinlich sah das Herrenhaus nicht viel anders aus als eine riesige Scheune, wie der Schüttboden, der im Gutshof dem Herrenhaus direkt gegenüber stand. Über zahllosen Lukenöffnungen wölbte sich auch hier ein ebenso mächtiges Satteldach.

Leider machte man sich damals über das Alter des Hauses keine Gedanken. Genau wie Großvater dachten alle, auch Historiker, das Haus sei 1688 erbaut worden, weil am Sims am hinteren Giebel diese Zahl davon Zeugnis ablegte. Seine hohen Gewölbe aber, die Meter dicken Mauern aus Feldsteinen, die tiefen Fensternischen und vor allem die Toilettenschränke in fast jedem Zimmer mit Rohren bis in die unter dem Haus installierten Gullys, zeugten von einer viel älteren Zeit.

Getragen wurde das Haus von hohen gekreuzten Kellergewölben und im hinteren Teil des Kellers, der viele Räume hatte, befand sich ein kreisrunder Brunnen, der nun mit Steinen zugeschüttet war. Früher floß das Bächlein, das von Gurkau, von Westen herkam unter dem Gebäude hindurch. Es speiste den Brunnen und spülte den Gully durch tiefgelegte Rohre in Gruben, wurde von da aus weit entfernt vom Gutsgelände wieder in den Graben geleitet und dünkte die Felder.

Endlich kam Mutti wieder nach Hause. Noch sehr schwach, sehr dünn, gestützt auf einen Stock, erklomm sie mühsam die Stufen der Aufgangstreppe, schritt durch die schöne alte Bogentür mit den bunten Scheiben und betrat die Halle:

Der ausgestopfte Seeadler drehte sich an der Decke, der große Eichenschrank voller Pelze, in dessen Schubladen die Tennisschläger aufbewahrt wurden, begrüßte sie. Rechts und links in Fensternischen warteten eichene Truhen mit Pelzdecken auf den Winter in Schlesien. In der Mitte befand sich ein Eßtisch, den man ausziehen konnte, wenn große Gesellschaft war, rechts ging man in Großvaters Herrenzimmer, wo an den Wänden die riesigen Löwenfelle hingen und links in Großmutters roten Barocksalon und dann in ein Teezimmer, ganz Biedermaier. Ilse weinte, als sie nun vom Tod verschont, wieder ihr Elternhaus betrat und wankte die Treppe hinauf. Sie alle hatten getan was sie konnten um sie zu beglücken. Hier oben standen ihre schönen Möbel. Jeder Raum war für sie bereitet worden. In Falks Zimmer begrüßte und küßte sie ihre vielen Kinder. Alles war gut, alle wollten ihre Genesung. Auch Peusel, die Dienstmädchen, der Gärtner, der Kutscher Kühn, die Jeschken und ihr Mann, machten ihre Reverenz. Der alte Schneider, tiefgebeugt von einer Knochenkrankheit, kam mit Blümchen aus seinem Garten und ganz zuletzt erschien Hofrichter und erzählte ihr, wie alle im Dorf um das einmal geliebte Gnädige Fräulein, jetzt Frau Baronin so sehr gebangt hatten.

Krieg

Langsam ging es unserer Mutter wieder besser. Vor allem übernahm sie bald die Pflege ihres jüngsten Kindes, für das Omama rührend gesorgt hatte. Ilse verlegte ihr Schlafzimmer in ihr früheres Jungmädchenzimmer und dort am Kachelofen stand Fritzchen's Bett.

Gruppenfoto der ganzen Familie ohne Vater im sogenannten. „Goldenen Salon"

Er war sehr schwach, zurückgeblieben durch die Krankheit, entsprach in keinem Vergleich dem eines Einjährigen. Herr Dr. Schmidt aus Köben kam sehr oft, wenn Fritzel Krämpfe hatte. Fritzel wurde nie wie andere Kinder, auch wenn Omama und Ilse ihn täglich liebevoll besorgten. Mama änderte die Einteilung der Zimmer. Sie ließ einen Durchbruch machen zum Rosentapeten-Raum und wohnte nun in ihrem grünen Barockschlafzimmer und daneben hatte sie ihren Goldenen Salon. Darin stand der Bechstein-Flügel, auf hellen Teppichen ihre Marmortischchen und bestickte goldene Möbelchen, Barockkommoden und goldgerahmte Spiegel. Helle durchscheinende Voilegardinen wehten bei offen stehenden Fenstern im Wind. An den Wänden hingen die Gemälde ihrer Kinder von Herrn von Puttkammer und auf zierlichen Konsolen standen ihre kleinen Porzellanvögelchen.
Erst später kam ein Radio, ein scheußlicher schwarzer Kasten, genannt Volksempfänger, dazu. Andere gab es damals nicht.
Professor Rahm folgte der Einladung und schoß einen Rehbock. Omama hatte dem Förster gesagt: „Der Herr Professor hat meiner Tochter das Leben gerettet, Kolodczik. Sie werden ihn führen. Nur ein ganz Kapitaler kommt in Frage!" Als Professor Rahm den Bock erlegt hatte, alle saßen in der oberen Halle beim Abendessen, das Leben hatte sich wieder eingespielt, kam er strahlend die Treppe hoch. Er trug den Bruch an seinem Hut und rief: „Jetzt Baronin werde ich Ihnen mit Erlaubnis Ihres Herrn Gemahls einen Kuß geben, weil ich so glücklich bin. Ich habe den stärksten Bock meines Lebens geschossen." Und er küßte Ilse mitten auf den Mund und alle, auch die Kinder, sahen zu.
Inzwischen hatte der Krieg begonnen. Die Menschen waren voller Angst: Am 1. September 1939 marschierten deutsche Truppen in Polen ein. Diejenigen jungen Männer, die eine Wehrpflichtausbildung gemacht hatten, verschwanden. Das häßliche Radio in Mamas Salon bekam plötzlich große Bedeutung. Auch in Opas Herrenzimmer unten, in dem Onkel Männes Löwenfelle noch immer hingen, gab es versteckt einen solchen Apparat. Beide Onkels kehrten nun regelmäßig für längere Besuche in Nährschütz ein. Onkel Fred, der Orakelonkel voller Pessimismus, Onkel Männe, das Idol seiner kleinen Neffen voller Optimismus. Er hatte sich sofort zur Luftwaffe gemeldet, war nun Hauptmann und erschien in Uniform, in seinem offenen Sportwagen mit Hund und Gewehren.
Eliane radelte täglich nach Köben in Fräulein Raus Schule. Es war eine private Mittelschule, zur Vorbereitung auf eine höhere Schule gedacht. Fräulein Rau, eine Dame Mitte fünfzig unterhielt diese Schule schon viele Jahre. Auch Rosemarie Preiß hatte sie besucht. Rosel war das vierte Kind von Tante Erna in Töschwitz. Da es weit und breit keine geeignete Schule gab und man die Kinder nicht schon mit zehn Jahren in ein Internat geben wollte, bot sich diese Alternative an.
Fräulein Rau war eine gütige, sehr gebildete Person mit schon grauem Haar,

einem weichen sehr schönem Gesicht und nicht mehr sehr schlank. Sie unterrichtete vier Klassen in einem Klassenzimmer. In jede Klasse wurden vier bis fünf Schüler aufgenommen, weshalb die zehnjährigen in der ersten Bank direkt vor ihrem Pult saßen und die Vierzehnjährigen in der letzten, der vierten Reihe.

Als Eliane zum ersten Mal dieses Klassenzimmer betrat, erst neunjährig, begleitet von Waldemar Niesler, dem Sohn des Brennmeisters, der damals als einziger Nährschützer diese Schule besuchte, und der sie jahrelang beschützen sollte, trug sie ein rotes Dirndlkleid und lange blonde Zöpfe.

Großvater war gerade gestorben und Großmutter hatte Ilse gebeten: „Schick mir doch das Kind. In der Zeit der Trauer, wäre sie mir ein Trost." So kam Eliane viel zu früh in den Genuß eines sehr individuellen Unterrichts, hörte Geschichte aus dem Mittelalter, lauschte den Balladen von Schiller und Goethe, verfolgte den Unterricht der schon fortgeschrittenen Klassen in Englisch und Französisch, während sie sich mit den Anfängen von Geometrie und Algebra beschäftigen sollte. Später erst wurde ihr bewußt, daß Fräulein Rau zwar fließend Englisch und Französisch sprach, in Deutsch einen vorzüglichen Unterricht erteilte, aber die Mathematik nicht ihre starke Seite war. Waldemar, einer ihrer begabtesten Schüler, sprang eines Tages von seinem Sitz auf und rief, als sie gerade eine schwere mathematische Gleichung an die Tafel schrieb: „Aber nein, Fräulein Rau, das geht ganz anders!" Er löste diese Aufgabe und später andere spielerisch an der Tafel. Sie war deswegen nicht beleidigt, noch strafte sie den Schüler, sondern ersann klug einen Ausweg. Von nun an übernahm eine kompetentere Person am Nachmittag den höheren Mathematikunterricht.

Doch Eliane wurde damals nach Wilkau zurück beordert, wo Mama sie so dringend brauchte, und wieder in die Grundschule in Bernstadt geschickt, wo sie sich unglücklich fühlte. Nun aber war alles wieder gut. Auf Grund ihres Alters durchlief sie Fräulein Rau's erste Klasse erneut und wußte sich von dieser Lehrerin geliebt.

Am 11. November hatte Fräulein Rau Geburtstag. Die älteren Mädchen veranstalteten darum ein großes Fest. Zur Vorbereitung versammelte man sich in Nährschütz. Omama hatte Tannenzweige aus dem Wald kommen lassen und die Kinder flochten eine Girlande, malten ein Transparent und von allen Eltern kamen Geschenkkörbe voller Lebensmittel in die Schule. Wenn Fräulein Rau an einem 11. November das Klassenzimmer betrat, tat sie immer sehr überrascht. Das geschmückte Pult war voller guter Sachen, auch selbstgefertigte kleine Kinderbasteleien fehlten nicht, überall hingen kleine Kärtchen. Wie immer an Martini war in Nährschütz großes Gänseschlachten und Fräulein Rau bekam eine Gans, die sie mit Verwandten und Freunden, darunter zählte auch Herr Dr. Schmidt, später verzehrte. Von Hubertus Kindler, dessen Schwester schon gemeinsam mit Rosel Preiß diese Schule

besucht hatte bekam sie einen Hasen. Kindler war der Forstmeister dieser Region. Von Alfons Gans, dem Sohn des Schuhgeschäftes der Stadt, bekam sie einen Gutschein für eine Tasche. Von zwei Geschwistern aus Radschütz einen Geschenkkorb mit Würsten und eingeweckten Pasteten, usw. usw.
Hinter vorgehaltener Hand munkelte man, Herr Dr. Schmidt habe einen Faible für Fräulein Rau. Hätte sie ihn je erhört, wäre es aus mit der Schule gewesen; denn der Doktor, mit seiner gut gehenden Praxis, wußte ihr diese Last sicherlich abzunehmen. Aber Fräulein Rau liebte ihre Schule mehr als den Doktor, weshalb er Junggeselle blieb.
Je größer das Städtchen Köben sich ausdehnte, mit seinem Ring in dessen Zentrum ein Rathaus aus dem Mittelalter stand, wo es in der Tiefe sogar ein Gefängnis gab und in der Halle an dicken Ketten eine riesige Waage mit zwei Tellern hing, um so mehr Menschen ließen sich dort nieder. Es gab zwei Zahnärzte, die sich erbittert Konkurrenz machten und es gab zwei Ärzte. Anhänglichkeit und Treue bewahrten die Nährschützer jedoch Dr. Schmidt.
Wolf, Ernst und Hans bekamen einen Hauslehrer, denn Mama hatte längst erkannt, wie miserabel ihre schulischen Leistungen waren. Wie sie ganz richtig vermutete, mußte es ein Mann sein, aber richtige Männer und vor allem Schullehrer waren rar. Hitler hatte alles was jung und wehrfähig war in seine Wehrmacht beordert. Es meldete sich in Nährschütz ein älterer, wohl erfahrener schon pensionierter Hochschulpädagoge, der den drei völlig verwahrlosten Wilden keinerlei Respekt einflößte. Er war ein altes schon seniles Männchen, dem das Leben, das diese Familie führte, ungeheuer imponierte. Unter seiner Sutane trug er noch steifgestärkte Kragen und Stulpen, die er ständig während des Unterrichts abnahm. Natürlich war er katholisch. Sich immer wiederholend verwandte er ein Zwischenwort wenn er dozierte, ein Zwischenwort, das niemand deuten konnte: „Wir werden also jetzt der Grammatik (elengis) auf den Leib rücken (elengis). Also Ernst fang mal an (elengis), den ersten Satz zu lesen (elengis). Ernst, Wolf und Hans sahen sich an, grinsten und nannten ihn: „Die Krähe."
Angela die Kleine, weiß Gott warum, wurde in Köben in die Grundschule eingeschult. Ihre Klassenlehrerin war Fräulein Mücke. Fräulein Mücke, eine überzeugte Nationalsozialistin, war dieses adelige verschüchterte Kind in ihrer Klasse ein Gräuel. Als erstes ließ sie die neu eingeschulten Erstklässler Stühlchen in eine Zeile auf die Schiefertafel malen. Ein Strich runter, dann nach links und dann wieder nach unten. Angela, immer schon praktisch veranlagt dachte: „So fällt das Stühlchen um" und gab dem Stühlchen ein zweites Bein. Diese Überlegung brachte ihr einen heftigen Tadel vor der ganzen Klasse ein, denn alle ihre Stühlchen auf ihrer Schiefertafel standen solide auf zwei Beinen. Fräulein Raus Schüler mußten einmal in der Woche eine Turnstunde bei Fräulein Mücke absolvieren, wozu sie durch die Stadt in den großen Neubau der Volksschule zu wandern hatten. Am Beginn der Stunde

liefen die Schülerinnen im Turnanzug im Kreis herum, um sich warmzulaufen. Plötzlich rief Fräulein Mücke Eliane aus der Reihe in die Mitte des Kreises. Während die anderen weiter trabten, nahm die Lehrerin ein Taschentuch, hob Elianes Gesicht in die Höhe und rieb mit dem Tuch energisch an ihren schwarzen Augenbrauen. Sie waren von Natur aus sehr dunkel, genau wie ihre Wimpern, obwohl ihr Haar hellblond leuchtete. Wütend, weil ihr Bemühen das Kind des Schminkens überführt zu haben nicht geglückt war, entließ sie die Schülerin. Von da ab wußte Eliane: „Sie ist eine Feindin und quält meine kleine Schwester." Niemand aber hatte Fräulein Mücke's politische Macht so sehr zu fürchten wie Fräulein Rau.

Hitlers Truppen eroberten inzwischen Polen. Der kleine Volksempfänger in Mutters Salon spielte Marschmusik, wenn man ihn anstellte. Die deutschen Truppen siegten und siegten gegen einen angeblich bösen Feind.

Die Chiaries

Tante Inge, Muttis jüngere Schwester, war im Sudetenland mit einem Baron Chiarie verheiratet. Eliane war einmal in den Ferien dort gewesen. Es war ein riesengroßes in Hufeisenform gebautes Schloß mitten in der Stadt Märisch-Schönberg. Das Schloß umgab ein weiter sehr gepflegter Park, dessen Rasen man nicht betreten durfte, weil Tante Anni von Chiarie, Inges Schwiegermutter mehrere Gärtner damit beschäftigte, diese großen Flächen wie in England zu pflegen. Tante Inges Mann, Onkel Manfred, sah nicht nur gut aus, er war vor allem Österreicher, danach Landwirt und galt als Erbe dieses Besitzes. Sein Vater, Onkel Carl von Chiarie, unterhielt neben einem großen Grundbesitz auch Tuchmanufakturen. Sie stellten Leinen her unter anderem mit eingewebtem Wappen. Tante Inge hatte ihren Mann in Nährschütz kennen und lieben gelernt, wo er wie Schottländer ein landwirtschaftliches Praktikum machte. Eliane durfte bei ihrer Hochzeit in Köben Blumen streuen.

Onkel Carl Chiarie, der Senior, war ein kleiner, sehr positiver, brillanter Landwirt und Geschäftsmann, immer voller Humor. Tante Annie war streng, sehr vornehm und elegant. Sie hielt besonders auf Etikette. Schon ein einfaches Abendessen in der Familie in Mährisch-Schönberg glich einem Bankett. Chiaries hatten drei Söhne und eine Tochter: Manfred, Wolf, Harald und Melitta.

Nachdem Hitler das Sudetenland einfach okkupiert hatte, womit sich alle österreichischen Familien einfach abfinden mußten, denn hinter ihm stand das deutsche Volk, wurde Baron Wolf Freiherr von Chiarie zum Militärdienst eingezogen. In der Remise von Schönberg stand sein offener neuer Mercedes

Benz, schwarz mit roten Sitzen, In einer Wiener Wohnung wartete seine von Tante Annie überaus geliebte Frau. Er aber rückte in Polen ein.

Harald, der Jüngste war erst achtzehn, hatte eben sein Abitur gemacht. Da bekam die Familie seinen Einberufungsbefehl. Gleich im Anfang des Polenfeldzugs fiel Harald Chiarie. Wie alle Chiarie-Söhne, war er feingliedrig, sehr dunkel und bildhübsch. Die Chiaries hatten ungarisches Blut, ihr Adel war sehr alt und sie sehr vornehm. Ehe Harald einrücken mußte, kam er kurz nach Nährschütz. Noch ein richtiges Kind, spielte er mit den Falkenkindern Verstecken in der Dämmerung im Park.

Wolf Chiarie galt bald nach seiner Einberufung als vermißt.

Als die Nachricht, Harald sei gefallen, im Frühjahr 1940 eintraf, waren alle so tief ergriffen, als wäre er ein Sohn des Hauses gewesen. Tante Annis Söhne, so schön, der Stolz der Familie, sie hat sie nie wieder gesehen. Onkel Manfred, Tante Inges Mann konnten sie nicht einziehen, er bewirtschaftete das Gut.

Falks Bruder

In Breslau lebte Onkel Günther, Vaters Bruder. Sein ältester Sohn Wolf Albrecht war schon zum Militärdienst verpflichtet worden, sein Jüngster, „Manfred" machte gerade sein Abitur. In Wilkau hatte er den Vettern die Riesenwelle an der Reckstange vorgeführt.

Er fiel sofort im Polenfeldzug.

Jedes mal, wenn eine Todesnachricht Nährschütz erreichte, überschattete unendliche Traurigkeit die Menschen in diesem Haus.

Seid ihrer Krankheit beherrschte Mutti tiefe Melancholie. Ihr Mund wurde ganz schmal, ihr Gesicht war immer ernst. Niemand von ihren Kindern wurde spontan umarmt. Nur gemeinsam auf Distanz beteten alle am Abend. Sie flocht in diese Gebete vor dem Zubettgehen Ermahnungen und Vorhaltungen ein und so bekamen die Kinder das Gefühl sehr sündige, unwerte, vor Gott und der Welt nicht bestehende Wesen zu sein. Zur Pflicht wurde der sonntägliche Kirchgang. Alle vier Wochen war Beichte in Köben.

Lebensmittelmarken waren eingeführt worden.

Papa hatte sich freiwillig gemeldet. Er erhielt die Bahnhofskommandantur in Leipzig. Wurde Bahnhofskommandant. Mama war darüber keineswegs stolz. Sie fühlte sich alleingelassen mit ihren vielen Kindern, wovon eines noch ein Baby war.

Ernst Walter Strach

Onkel Männe wurde Kommandant von Tschenstochau, denn innerhalb von Wochen hatte das Deutsche Heer Polen überrannt. Ein völlig unbewaffnetes, unvorbereitetes Polen, dessen Menschen Hitler jetzt als Untermenschen deklarierte.

Onkel Männes Frau Marion, geborene Curs, verbrachte die Sommermonate auf Nährschütz, pflegte sich, ließ sich bedienen und half nichts.- Sie lag am Nachmittag mit fast entblößtem Busen, und er war gewaltig, in der Sonne in einem Liegestuhl im Park. Ernst und Wolf hatten bald ihr Versteck ausgemacht und gemeinsam mit Dorfkindern schlichen sie sich an und beschossen das so überaus interessante weibliche Gewoge mit ihren Steinschleudern.

Einmal im Jahr kam Tante Inge mit ihrem damals winzigen süßen Baby, Constantin. Er war so rund und rosig und so vergnügt und Eliane durfte ihn manchmal baden.

Eines Tages, noch immer war ja Omama die Herrin auf Nährschütz, was ein von Großvater überaus klug erdachtes Testament besiegelt hatte, saß Tante Marion auf einer Bank, wovon zwei im Sommer auf der Terrasse vor der Eingangstür standen. Die rotgefärbten Haare waren geschneckelt, die Fingernägel lackiert. Omama goß Kübelpflanzen, die rechts und links der Treppe den Aufgang zierten. Inge und Ilse halfen ihr, da Omama ja nicht mehr so jung und außerdem ihre Mutter war; es galt schwere Gießkannen zu füllen, zu schleppen und zu entleeren. „Ja, ja", rief Marion arglos von ihrem Podest. „Es ist wirklich schön in Nährschütz. Macht nur, daß es weiter so bleibt."

Wütend blickten die Schwestern auf. Beide hatten Kinder, beide so viel zu tun. Inge kannte die Gefühle von Ilse gegen diese Schwägerin nur zu genau. Es waren vor allem empörte Gefühle für etwas, was sie nicht zu tolerieren gedachte, obwohl es schon lange vergangen war. Marion hatte Männe's erste Ehe zerstört. Inge, die keineswegs den religiösen Fanatismus ihrer Schwester teilte und sich eigentlich selten mit Ilse einig gewesen war, schien aber an diesem Tag absolut den gleichen Rachedurst gegen Marion zu verspüren. Ilse schleppte eine weitere Kanne Wasser aus der Küche, wobei sie an Marion vorbei gehen mußte, dort wartete Inge. Als Ilse vor Marion die Kanne absetzte, stand Inge schon bereit, beide hoben das Gefäß und begossen Marion mit der Brause von oben bis unten. Marion schrie und Omama rief: „Aber was macht Ihr denn da?"

Die Schwestern aber lachten wie kleine Schulmädchen und genossen den Anblick der triefenden schreienden Diva, die leider, leider ihre Schwägerin war.

Natürlich fuhr Marion am nächsten Morgen ab, aber nicht etwa nach Breslau in ihre Wohnung sondern Omama, die Marion und Männe immer schützte, beor-

derte die Kutsche nach Töschwitz. Die gutmütige Tante Erna nahm Marion humorvoll für weitere Wochen auf. Onkel Männe hat diese Prozedur, die man seiner Ehefrau angedeihen ließ nicht übel genommen. Er selbst ging mit seiner nun schon langjährigen Lebensgefährtin auch nicht gerade sanft um.
Viele Gäste kamen, blieben oft wochenlang und ließen es sich auf dem Lande gut gehen. Sogar in Nährschütz wurden jetzt Lebensmittel knapp.- Mutti besaß zwar mit zwei Dienstboten, dem Hauslehrer und sechs Kindern zehn Lebensmittelkarten, aber Zucker, Nährmittel, Butter, Fleisch etc. reichten nicht mehr aus.
Inzwischen hatte sie sich körperlich wieder völlig erholt und sann auf Abwege. Abwege, die Omama aus Furcht vor Hitlers Vorschriften und dem Mißtrauen, das von Seiten der Behörden ihr überall entgegengebracht wurde, nie gewagt hätte zu gehen. Jedes Schwein, und man durfte nur eines im Jahr schlachten, wofür man dann keine Fleischmarken mehr erhielt, wurde registriert. Es wurde nach dem Schlachten nur noch Schwein gegessen. Die Milch hatte man pro Kuh abzurechnen, egal wie viel Milch eine Kuh gab. Täglich mußte so und so viel Milch an die Molkerei geliefert werden. Das Getreide wurde pro Hektar nach der Ernte verrechnet, beim Müller registriert und für Kriegszwecke requiriert. Eier wurden laut Hühnerbestand abgeliefert, wobei man Enteneier nicht berücksichtigt hatte. (Wer aß schon Enteneier). Aus Enteneiern kann man herrliche Kuchen, Omeletts, Suppeneinlagen etc. machen. Aus der Requisitenkammer erweckte Peusel eine alte Buttermaschine zu neuem Leben. Später stellte Eliane fest, daß auch Langers, ihre Kutscherfreunde, über ein ähnliches Maschinchen verfügten, worüber man natürlich schwieg.
Der Eiskeller befand sich in Nährschütz unter einer Scheune, erreichbar im neuen Park. Im Winter wurde hier so viel Eis gestapelt, daß den ganzen Sommer über gefrorenes Fleisch haltbar blieb. In der Waschküche standen zwei riesige Waschkessel, die nicht nur für Wäsche Verwendung fanden. Beim Schweineschlachten wurde darin Wellfleisch und Wurst gemacht. Es gab Bottiche aus Tonkrügen, in denen man früher Pökelfleisch aufbewahrte, es gab Tonnen für Sauerkraut und Berge von Sand im Keller, in denen man Rüben und Kartoffeln trocken über den Winter brachte. Stellagen mit Äpfeln, die es ab und zu auszusortieren galt, reihten sich an dunklen Mauern aus Stein unter tief hängenden Gewölben. Auf Regalen standen Hunderte von Weckgläsern mit Gummiringen sorgfältig etikettiert, in denen Pilze, Beeren, Obst und Fleisch haltbar eingeweckt, Jahre überdauerten. Was man nicht selbst erzeugen konnte, war weißer Zucker, den man nun einmal für Marmelade und Kompott brauchte. Aber das Gut baute Zuckerrüben an. Als der Hunger zunahm, kochten Ilse und Eliane nächtelang Rübensirup in der Waschküche.
Der Krieg wurde immer weiter ausgedehnt. Noch sprachen die Erwachsenen

nicht vor den Kindern über Politik. Die Kinder standen in den Schulen unter dauernder Beobachtung und es war äußerst gefährlich, irgendwelche Kritik am Nationalsozialismus zu üben. Das Wichtigste, so hatte Onkel Fred, Mutters ältester Bruder gesagt, war, nicht aufzufallen. Wie zum Trotz versuchte Ilse jedoch ihre Kinder in einer vom katholischen Glauben tief verwurzelten Moral zu erziehen.

Bombenkinder

Da Schlesien nicht im Gebiet des Bombenterrors lag, einerseits war es den englischen Fliegern zu weit, vielleicht auch des Aufwandes wegen zu uninteressant, (keine Rüstungsindustrie), beschränkte die englische Luftflotte ihre Anschläge mehr auf Süddeutschland und Brandenburg. Tausende von ausgebombten Flüchtlingen aus dem Rheinland und Berlin wurden in Schlesien einquartiert. Als erstes kam nach Nährschütz eine ganze Volksschulklasse mit ihrer Lehrerin. Die Kinder waren zwischen sieben und zehn Jahren alt. Im Schloß wurde ein kleiner neunjähriger Junge einquartiert: „Hänschen". Mutti aber hatte vorher schon andere Kinder aufgenommen. Da war Dörte aus Berlin. Ein Mädchen so alt wie Eliane. Sie ging mit Eliane in die Schule zu Fräulein Rau und blieb ein Jahr. Zu Elianes Erstaunen suchte sie ihr die Liebe zu Fräulein Rau abspenstig zu machen. Aber Eliane, Älteste von sechs Geschwistern, konnte das Gefühl der Eifersucht im Zaum halten. Dörte, die eine bessere Schulbildung hatte, bekam die eins im Aufsatz, Eliane eine zwei, in Mathematik glänzte sie und Eliane bemerkte bald, daß man Lernen erst lernen muß.
Es gab aber auch schöne und lustige Stunden mit dieser Gleichaltrigen.
Mit Dörte verbrachte sie eine Nacht im Jagdhaus, natürlich mit Erlaubnis. Eine unvergeßlich schöne Sommernacht. Es duftete nach Tannen, kleine Tiere raschelten im Laub, der Mond stieg am Himmel auf und die Nacht hatte ihre eigenen Geräusche. Später rief der Waldkauz. Dörte aber hatte Angst und Eliane mußte sie dauernd beruhigen und trösten. Elianes Brüder befanden sich damals in einer ersten pubertären Phase. Genauso interessant wie Tante Marions Busen, bemerkten sie bald, daß Dörte weit aus mehr entwickelt war als die gleich alte Schwester und zogen sie deshalb lachend auf. Dörte erzählte Mutti, wie gemein die Buben waren, doch Ilse tröstete sie nur lächelnd. Für das Wort Busen hatte sie nichts übrig. Behaftet, wie mit etwas Unanständigem, wie die Nonnen sie gelehrt hatten, verbarg man diese zwei Auswüchse wenn irgend möglich durch entsprechende Kleidung. Eliane hatte noch keinen Busen und darüber war sie sehr froh, denn eigentlich wäre sie viel lieber ein Junge gewesen, weil Jungen in Mutters Achtung weit über den Mädchen rangierten.

Ein harter Winter kam. Die Teiche, erst der im alten Park, dann der im Dorf froren zu. Jetzt konnte man Schlittschuhlaufen. Papa hatte allen schon im letzten Winter Schlittschuhe geschenkt. Man schnallte sie mit einer Kurbel an hohe Schnürstiefel. Für Schnürstiefel sorgte Meister Gans in Köben. In seinem Schuhgeschäft gab es für alle Kinder feste derbe Stiefel Natürlich brauchte man einen Schuhbezugschein. Der war aber nur einmal im Jahr erhältlich. Bei Meister Gans gab es Schnürstiefel für -wer weiß wofür- vielleicht für ein Reh, oder einen Schinken?
Alfons, Herrn Gansens Jüngster, ging mit Eliane zur Schule. Die Familie war sehr konservativ, religiös katholisch und spielte im Städtchen schon lange eine besondere Rolle. Ilse wußte ihre von Kindheit an gepflogenen, durch ihr Elternhaus geknüpften Verbindungen durch viele diskrete Liebenswürdigkeiten aufrecht zu erhalten. Wer katholisch war, konnte kein Nazi sein, kein Verräter und dafür sorgte jemand, der erst kurz in die Gemeinde aufgenommen worden war: Ein neuer katholischer Pfarrer. Er hieß zum Erstaunen der Köbner. „Pfarrer Maul".
Der alte Pfarrer Schirdewan, ein untadeliger Geistlicher, welcher nicht nur Eliane, sondern anfangs auch die Falkenhausen Buben zur Erstkommunion geleitet hatte war gestorben. Nach einer Zeit der Abstinenz erschien der neue Pfarrer. Er war klein, schien sehr vital und hatte ein Gesicht wie ein römischer Imperator. Dunkel, sehr schmal, mit einer gebogenen Nase, einem Mund wie gezeichnet und stechenden schwarzen Augen. Mit sich, in das schöne alte Pfarrhaus in Köben, brachte er gleich zwei Damen. Seine Schwester, ein Fräulein von Rahden und deren Freundin, Fräulein Schuhmann. Bald wusste man, sie hatten Geld, denn sie richteten das einfache aber großzügig gebaute Pfarrhaus mit erlesenem Geschmack ein. Beeindruckend für die Köbener erschien des neuen Pfarrers Antrittsrede. Dazu waren alle Katholiken gekommen, sogar Carl Schild, der als nicht sehr religiös galt. Die Leute von der anderen Oderseite, aus Heidau und sehr weit entfernten einsamen Orten ebenso wie die Katholiken aus Radschütz, Kammelwitz, Nistitz, Lesewitz, Nährschütz und Guhren füllten das alte schöne Gotteshaus. Der Bischof von Glogau wies den neuen Pfarrer ein. Hinterher wußte eigentlich niemand mehr, was der neue Pfarrer gesagt hatte, aber daß er predigen konnte, darüber waren sich alle einig. Mit der Kutsche, chauffiert von Langer, hatten Ellynor und Ilse mit den Kindern dieses Hochamt besucht und waren der Meinung, wenn dieser, wie sie meinten, hochgebildete Mann eine adelige Schwester aufzuweisen hatte, dann läge einer gesellschaftlichen Verbindung nichts im Wege.
Nun muß man wissen, daß die Bänke der Schloßherrschaft Nährschütz ganz vorn am Altar standen und zwar quer. Dahinter befand sich die Bank der Angehörigen der Pfarrei. Früher, als das Schloß Köben, den Grafen Saurma gehörte, standen sich deren Bänke denen der Strachs', getrennt durch den Gang zum Altar, genau gegenüber. Die Grafen Saurma aber hatten Gut und

Schloß aufgeben müssen. Die Bänke der Gemeinde waren dem Altar zugekehrt, sodaß die Kirchenbesucher die Gesichter der Strachs im Profil ständig im Visier hatten. Alle Kinder Falkenhausen empfanden dies wie eine Strafe. Nicht nur eine Stunde, sondern oft anderthalb Stunden waren sie so dem gesamten Pfarrsprengel als Beobachtungsobjekt ausgesetzt.
Zur Verwunderung der Kinder genossen die katholischen Kirchenbesucher der Familie Strach, seit jeher diese Situation. Ja sie putzten sich wie die Pfauen vor jedem Kirchgang besonders auf. Omama's Schwester, Tante Margot, trug zum Kirchbesuch die albernsten Hüte und sang mit schmetternder Stimme nicht nur die Kirchenlieder sondern auch die Responsorien. Tante Inge erschien in einem grünblau gefärbten Federbarett auf dem Kopf und neigte offensichtlich aus Protest nicht ihr Haupt vor der Wandlung, und Mutti, die jeden Sonntag zur Kommunion ging, machte aus ihrer tiefen Frömmigkeit eine Schau, indem sie nach der Kommunion bis zum Segen ihr Gesicht in den Händen verbarg. Eliane und Ernst hegten den schrecklichen Verdacht, daß die katholischen Siedler und die frommen Handwerker, in dem bis zur letzten Bank gefüllten Gotteshaus, daraus ein unerschöpfliches Vergnügen zogen. Die Garderoben der Gnädigen waren für Mädchen und Frauen ein stets wiederkehrendes Thema.
Die Buben durften bald in den Kinderbänken platz nehmen, was den Mädchen aber nicht gestattet war.
Die Kinder Falkenhausen begegneten dem neuen Pfarrer, über den man in Nährschütz sehr viel sprach, zuerst. Schließlich lebte man in der Provinz. Fräulein Rau war evangelisch und dem Pfarrer oblag es, den Religionsunterricht abzuhalten, Nach allem, was man über ihn redete, waren die Kinder sehr gespannt, doch sein Unterricht war nicht sehr überzeugend. „Katechismus auswendig lernen, darauf lief es hinaus. Er hatte keinerlei Talent jungen Menschen das Christentum nahe zu bringen. Ein so gebildeter Theologe, hatte keinen Sensor dafür, Kinder zu motivieren. Sehr bald hassten sie seinen Unterricht.
Als Elianes Brüder allerhand Unfug während des Unterrichts ersannen, entwickelte er eine Art Terror, in dem er ihnen die Ohren verdrehte und viel umfangreichere Hausaufgaben aufgab als die Schule.

Ein Gewitter am Nachmittag

Gewitter in Nährschütz waren meist sehr heftig. In Schlesien herrscht Binnenklima, es regnet selten. Die Übergänge der Jahreszeiten verlaufen fließend. Nach lang andauerndem Frühling folgt heiß und trocken der Sommer, wechselt sanft in den Herbst, dem schon Anfang Dezember ein eisiger Winter mit viel Schnee folgt.

Mutti befand sich mit all ihren Kindern in Papas Herrenzimmer. Die Buben hatten sich Sofakissen unter den ausladenden Teppich gestopft, um so eine Gebirgslandschaft für ihre vielen kleinen Soldaten zu schaffen. Sie spielten Krieg. Panzer fuhren über Hügelkuppen, Maschinengewehre ratterten, Stukas sausten vom Himmel herab und ganze Armeen von Bleisoldaten rückten vor und wichen zurück. Es war dies ein sehr geräuschvolles Spiel, unterbrochen von knallenden Blitzen und dröhnendem Donner des Gewitters. Mama stickte an einer Decke, Eliane strickte einen Pullover. Die Wolle stammte aus einer aufgedröselten Jacke aus Töschwitz. Plötzlich sagte Mama: „Und es gibt ihn doch!"
„Wen gibt`s doch?" „Den Teufel, den Satan, Luzifer!"
Eliane mußte lachen über Mutters zusammenhangloses lautes Denken. Keines ihrer Kinder hatte dies je angezweifelt und, wenn es so gewesen wäre, dann hätten sie ganz gewiß nicht mit ihr darüber debattiert: „Glaubst Du nicht auch, daß das absolut Böse existiert?" fragte Mama. Intuitiv wußte das Mädchen, um wen ihrer Mutter Gedanken kreisten: „Ich denke oft, wie es möglich sein kann, daß ein einziger Mensch eine ganze Nation in seinen Bann zieht, so daß alle, weil er es befielt, hingehen, um zu sterben." Mama blickte auf die Buben, auf die kleine Angela, die mit ihren Tieren in einer der Fensternischen saß und den in seinem Ställchen schaukelten Fritzchen und flüsterte: „Wir sind endlich mal so hübsch allein, mein liebes Kind. Dieser Krieg und alles, was in dieser Zeit geschieht, ist so grauenvoll, so unglaublich schrecklich." Ein heftiger Donnerschlag ließ die Scheiben klirren und die Brüder spielten: „Es kommt ein Gewitter mitten in der Schlacht." Nach einer Weile sagte Eliane: „Opapa hat Euch immer davor gewarnt." Eliane wußte, man durfte darüber nicht sprechen, nicht über den Diktator, nicht über den schrecklichen Krieg, in dem junge Männer töteten und getötet wurden, während oder weil Hitlers Heer dauernd, fortschreitend siegte. Ilse nickte und verfiel wieder in ihre stummen traurigen Gedanken, bis ihre Älteste um die Mutter abzulenken, eine andere Frage stellte: „Was war eigentlich mit Onkel Männe? Warum hatte er Hausverbot in Nährschütz. Warum mögt Ihr Marion nicht?"
Männe schien einer der wenigen Familienmitglieder zu sein, dem dieser Krieg gefiel.
Draußen strömte jetzt heftiger Regen, der Donner entfernte sich. Mama hatte eine Stehlampe angezündet und beugte sich über ihre Handarbeit.
„Männe war schon einmal verheiratet mit einer Baronesse von Trütschler. Trütschlers gehörte das Gut Heidau auf der anderen Oderseite. Ein hübscher Besitz mit Herrenhaus. Sie verkehrten bei uns. Mafalda von Trütschler war ein fesches junges Mädchen mit Pagenkopf, zierlich und sehr sportlich. Sie ritt wundervoll, jagte und bewirtschaftete das Gut mit ihrem Vater sehr erfolgreich. Mafalda und Männe lernten sich an einem Pfingsttreffen am

Jagdhäuschen kennen. Er schien sehr verliebt und Opapa begrüßte diese Verbindung, denn Onkel Männe hatte nach dem ersten Weltkrieg, überall wo er als landwirtschaftlicher Eleve lernen sollte, nur Unfug getrieben, sogar bei Onkel Reinhold Preiß. Opapa dachte, daß diese energische junge Dame ihn wohl zähmen würde. Männe und Mafalda trafen sich an der anderen Oderseite, ritten und jagten zusammen und Männe wußte sehr bald, ohne Ehering ging bei diesem Mädchen nichts. Also hielt er um ihre Hand an. Sie hatten große Pläne, wollten nach Afrika gehen und sich dort eine Farm kaufen. Baron Trütschler gefiel dieser Gedanke und er überredete Opa, ihnen das Geld dafür zu geben. Jeder Vater eine Hälfte. Es fand eine schöne Hochzeit statt und das Paar erfüllte sich den Traum aller jungen Leute der damaligen Zeit. Sie reisten nach Deutsch-Süd-West."

Auf dem Teppich tobte inzwischen der Kampf zwischen feindlichen und verbündeten Truppen so laut, daß Muttis Stimme beinahe unterging. Eliane schrie: „Könnt Ihr nicht ein wenig leiser schießen!"

Mutti fuhr fort: „Männe überredete Mafalda, zuerst eine Safari mitzumachen, um das Land besser kennen zu lernen. Sie engagierten einen Führer und gingen auf Löwenjagd. Eines Nachts, sie kampierten in Zelten, (so hat er es uns immer wieder erzählt) kam der schwarze Boy und weckte die Männer: „Massa,- Löwen!"

Da sie schon des öfteren Fehlalarm erlebt hatten, weckte Männe Mafalda nicht. Allein mit dem Boy schlich er in die Nacht. Sie pirschten sich an einem Hang entlang, und plötzlich deutete der Junge auf einen Hügel. Ein großer Mähnenlöwe stand dort hoch aufgerichtet. Näher und näher krochen die Jäger. Der Wind stand günstig. Dann schoß Männe und der Löwe tauchte ab. Sie blieben lange liegen, denn ein angeschossener Löwe ist sehr gefährlich. Und wirklich, nach einer Weile erhob er sich von neuem und witterte in den Wind. Männe schoß ein zweites Mal und nun hatte er das sichere Gefühl getroffen zu haben. Auch dieses Mal warteten sie fast bis zum Morgengrauen, dann erst stiegen sie auf die Anhöhe und sahen: er hatte nicht nur einen Löwen erlegt sondern zwei!"

Eliane kannte diese Geschichte schon, aber was hatte das mit Marion und Opapas Zorn zu tun?

Als Männe glückstrahlend mit seiner Beute zurückkehrte, traf er seine Frau rasend vor Wut an. In seinem Rucksack befand sich ein Bündel Briefe, Liebesbriefe, von einer Frau aus Breslau, absolut eindeutige Beweise nicht nur für seine Untreue, sondern auch für Absichten, die er in der Zukunft mit dieser Person plante.

Mafalda verpflichtete den deutschen Safariführer als Zeugen, nahm ihr Geld, ihr Gepäck und reiste zurück, um heimzukehren. Das dauerte damals natürlich Wochen. Inzwischen waren Männe's Trophäen in Nährschütz angekommen und Ellynor hängte sie, nachdem sie präpariert worden waren, stolz überall auf. Männe jedoch blieb in Afrika und jagte. Einige Monate danach erschien der alte Baron Trütschler bei Opa. Im Herrenzimmer fand eine Unterredung zwischen den beiden Männern statt, die sich nicht nur schätzten, sondern auch gern hatten: Der Baron erzählte: „Vor ein paar Tagen stand Mafalda völlig unerwartet, weinend vor unserem Haus und sagte, sie habe Männe verlassen. Er reichte Opa die Liebesbriefe einer Opernsängerin aus Breslau. In einem stand wörtlich geschrieben: „Reiß dem goldenen Vögelchen die Federn aus und komme dann zu mir zurück, mein geliebter Chouchou!" Ernst Walter Strach (Männe) hatte während der Safari an jeder Poststation anhalten lassen und Briefe empfangen und abgeschickt.

Opapa las entsetzt, was diese ihm total Unbekannte geschrieben hatte und Baron Trütschler sagte nur: „Das reicht doch wohl!" Mafalda reichte umgehend die Scheidung ein. Männe setzte die Safari fort. Alle exotischen Trophäen, die Du hier siehst, stammen von dieser Reise. Es gehörte auch ein Elefantenfuß dazu, den man als Papierkorb nutzte." Mama schwieg erbost in ihre Erinnerungen vertieft: „Als er an die Küste zurückkehrte, gab er noch ein großes Fest für seine Jägerfreunde, danach hatte er kein Geld mehr für die Überfahrt auf See und mußte seine Gewehre verkaufen. Opapa hat Zeit seines Lebens Marion nie in seinem Hause empfangen, auch Männe erhielt von da ab Hausverbot, was Omama aber immer wieder hintertrieb."

Solche Gespräche gab es nun manchmal zwischen Mutter und Tochter und sie setzten sich im späteren Leben der beiden auch fort.

Nun aber mußten die kleineren Geschwister ins Bett gebracht werden und der große Haushalt verlangte tätige Mithilfe. Abends im Bett, das Gewitter war abgeklungen und hatte die Natur erfrischt, fiel Eliane eine Episode, die sie im Hause der Großeltern erlebt hatte, wieder ein. Sie war damals noch sehr klein, saß in einem Hochstühlchen mit den Großeltern beim Frühstückstisch. Opapa war schon auf den Feldern gewesen. Omama trug eine frisch gestärkte Bluse, duftete nach Lavendel und erschien dem Kind als sehr elegant und liebenswert.

Es gab frische Brötchen, kalte Butter, herrliche Marmelade, Tee, Kaffee und für Eliane warmen Kakao. Opapa aß zum Frühstück immer eine Schüssel mit saurer Milch, schüttete geknackte Nüsse und etwas Zucker hinein. Aus einer der Fensternischen erhob sich plötzlich Lody der Hund. Er brummte böse, sein Fell sträubte sich. Opapa warf die Serviette neben den Teller und schrie: „Er ist wieder da. Ich sah seinen Wagen hinten am Park. Ich rieche seine englischen Zigarette im Haus, mein Hund haßt seinen Hund und das Personal und Du machen mich zum Popanz. Alles ist Lug und Trug in diesem Haus und Du, meine Frau, verstößt gegen meine Anordnungen!" Aber nicht doch Fritz, Du erschreckst ja das Kind!" Erst jetzt, viele Jahre später, begriff Eliane die Zusammenhänge und forschte weiter.

Das Hotel Monopol

Auf der Gartenstraße in Breslau, neben der Oper, steht das ehemals wunderschöne Hotel Monopol. (es existiert heute noch)- Große Bogenfenster bis zur Erde umgeben den Empfangssaal. Damals, als Männe Marion kennen lernte, war es das eleganteste und teuerste der Stadt. Es gab noch das Nordhotel am Bahnhof und das Hotel Vier-Jahreszeiten. Im Monopol traf man sich zu großen Bällen, Konferenzen und übernachtete nach einem Opernbesuch. Hier verabredete sich Männe vor seiner Hochzeit ohne seine Braut, um mit seinen Kameraden und Freunden Abschied vom Junggesellenleben zu feiern. Vorher waren sie alle in die Oper gegangen, um besonders eine in Breslau gefeierte Diva zu bewundern. Auch Männe hatte eine Schwäche für sie. Sie war Französin, stammte aus dem Elsass, war jung, hübsch, hatte ein schmales feines Gesicht und ihre Stimme füllte den ganzen Raum mit klarem, hellem Sopran, was nicht viel heißen sollte, denn die Oper war nicht sehr groß und Breslau noch eine Provinzstadt. Nach der Aufführung trafen sich die ehemaligen Offiziere im Monopol, wo Männe seine Abschiedsfeier vorher arrangiert hatte, natürlich ohne Damen. Kurz darauf aber erschien das gesamte Ensemble der Oper in den großzügigen Räumen des Hotels und natürlich hatten die Herren nichts dagegen, daß die Damen sich ihnen zugesellten. Der Sekt floß in Strömen und irgend wann hatte Männe die begehrteste junge Opernsängerin auf seinem Schoß.- Auch am nächsten Morgen fand er sie in seinem Bett.- Sie war Französin und er hatte wohl noch nie eine ähnliche Nacht erlebt. Männe sagte niemals, wann er in Nährschütz wieder erscheinen würde, die Hochzeit mit Mafalda, der berechnenden Kühlen, die ohne Ehering keine Gunst erwies, konnte er jedoch nicht mehr absagen. Also machte er mit Marion Curs Pläne. Drei Tage und drei Nächte festigte sich ihre Leidenschaft. Arme kleine, fesche Mafalda. Opapa hatte ganz recht. Es war Betrug! Der Höhepunkt dieser Eskapade bestand aber noch darin, daß nach der Abreise des jungen Ehepaares nach Afrika eine Rechnung von 1.800,- R-Mark , abgesandt vom Hotel Monopol, gerichtet an Herrn Fritz Strach auf Schloßgut Nährschütz eintrudelte.

Omama's Liebe aber galt weiterhin diesem einzig geliebten Stiefsohn. Sie hatte ihn als Neugeborenen übernommen, liebevoll gepflegt und großgezogen und noch, nachdem er Marion Curs geheiratet hatte, stopfte sie, trotz der Empörung ihrer Töchter dessen Strümpfe, nahm ihn immer wiederholt heimlich in Nährschütz auf, ließ ihn die besten Böcke schießen und vereidigte sogar den Förster, der darüber gar nicht entzückt war, sowie das gesamte Personal zu schweigen. Er war Zeit Lebens immer mehr als ein Sohn für sie. Von all dem wußten seine Neffen Falkenhausen natürlich nichts, denn ihre Liebe und Verehrung zu diesem Onkel war über seinen Tod hinaus unbegrenzt.

Um ihm gerecht zu werden muß jedoch gesagt werden: Gemeinsam mit seinem älteren Bruder hatte man ihn ab seinem zehnten Lebensjahr in einer Kadettenanstalt erzogen. Dort wurde den Kindern nicht nur Bildungswissen vermittelt, sondern sie wurden wie kleine Soldaten gedrillt. Als sie neunzehn Jahre alt waren, begann der unselige erste Weltkrieg, den beide als Offiziere überlebten. Nachdem der Krieg verloren war, hatte das Vaterland keine Verwendung mehr für sie, und sie wurden gezwungen einen zivilen Beruf zu erlernen. Erst durften sie Befehle erteilen, nun sollten sie sich als Lehrjungen unterordnen. Das war sicherlich nicht leicht. Die Zeiten waren schlecht, Deutschland total verarmt. Es herrschte Arbeitslosigkeit und Güter, Fabriken, Firmen sogar Banken gingen pleite. Geld war knapp. Männe war ein sehr emotionaler, hochbegabter und romantischer Mensch. Er schrieb wundervolle Gedichte, (Jagdgedichte) erzählte humorvoll die fantastischen Geschichten und liebte Nährschütz über alles.

Der Krieg gegen das westliche Europa

Onkel Fred, Mutters ältester Bruder, lebte in Berlin. In Berlin fielen 1940 die Bomben. Wenn er nicht in Töschwitz weilte, war er in Nährschütz. Onkel Fred war ein dünner, meist griesgrämiger Hagestolz, über Politik sehr informiert. Bei Jettel, seiner ersten Kinderfrau, hatte er sich einmal vor langer Zeit an TBC angesteckt. Er mußte zwar den Militärdienst im ersten Weltkrieg erleiden, war aber nun zu alt und nicht tauglich befunden. Die Kinder von Ilse gingen ihm nach Möglichkeit aus dem Wege. Doch Großmama, die allen Strachs, vor allem jenen aus der ersten Ehe ihres Mannes, gerecht werden wollte, duldete seine oft monatelangen Besuche mit Gleichmut. Onkel Fred hörte nachts, wenn alle schliefen in Opapa's, es war immer noch Opapa's Herrenzimmer, an dem Volksempfänger, den englischen Sender BBC.- Das war streng verboten, wie alle wußten. Es gab Gerüchte, wonach Menschen, die diesen Sender abhörten, angezeigt wurden und dann verschwunden waren.
Um Mitternacht, nach unendlichem Gedrehe auf fremden Frequenzen und nervigem Gequietsche, ortete er das typische Sendezeichen „da-da-da-daam", das sinniger Weise dem Anfangstakt von Beethovens wundervoller Fünfter Symphonie nachempfunden war. Dann wußte der Onkel: „Ich habe ihn!" Immer wieder gezielt überlagert von deutschen Störsendern vernahm man dann die unverkennbare Stimme des BBC-Sprechers in Deutscher Sprache. Vorläufig aber verriet sie nur die tatsächlichen Verluste an Menschen, an Panzern, an Waffen, oder wie weit die deutschen Truppen gekommen waren. Nachdem Polen überrannt worden war, überschlugen sich die deutschen Siegesmeldungen:

Am 2. April 1940 besetzten deutsche Truppen Norwegen.
Am 9. April Dänemark,
Am 10. Mai Holland
Am 11. Mai Luxemburg
Am 22. Juni schon war Frankreich geschlagen.

Es herrschte eine geradezu euphorische Stimmung im Land, die alle Skeptiker zum Schweigen brachte. Nicht so Onkel Fred.
Fräulein Rau lehrte alte deutsche Geschichte, sprach von den Germanen und ihren geheimnisvollen Mythen, beschrieb deren Götterglauben und laut Lehrplan die Übermacht und Stärke der Römer. In Literatur deklamierten die älteren Schüler die Balladen der großen deutschen Dichter-Fürsten, aber auch die der Romantiker. Sie vermittelte Heimatgeschichte, Liebe zu Schlesien und dessen Landschaft.
Inzwischen waren auch Wolf und Ernst in ihre Schule aufgenommen worden und später dann, pfiffig und viel zu früh, auch Hans.
Der Sommer 1942 offenbarte sich heiß und lang. Im Juni waren die Kirschen reif. Vom Gruftberg nach Köben hatte Großvater vor vierzig Jahren eine Kirschallee gepflanzt. Dicke gelbe und rote Kirschen hingen reif an den Zweigen. Seit 1935 gehörte die Allee zu Köben, Die Felder aber rechts und links der Chaussee noch zum Nährschützer Gut. Von Nährschütz nach Köben waren es zwei Kilometer und zur Schule noch einmal einen halben Kilometer um das Städtchen bzw. um den Köbener Schloßpark herum.
Die Versuchung, sich die Taschen mit Kirschen voll zu stopfen war einfach zu groß. Schon Waldemar Niesler hatte vor Jahren Eliane als Wachposten mitten auf die Straße gestellt, um für sie beide die herrlichen Früchte zu mausen. Die beste Sicht hatte man oben auf dem Berg, und dort standen auch die ergiebigsten Bäume: Fünf Buben kletterten in den Zweigen umher und warfen den Mädchen die Kirschen in die Dirndlschürzen und Schulranzen. Da erschien unten im Tal der Straßenwärter auf seinem Rad.
Ein Schrei. „Er kommt!" und alle sprangen auf ihre Räder und sausten nach Hause. Unterwegs riß Elianes Schultaschenriemen. Sie mußte anhalten, zurückgehen und die Tasche aufheben. Wäre sie nun schnurstracks, wie ihre Brüder durch das große Tor zum Schloß gefahren, so hätte der Verfolger, der gerade die Kuppe des Hügels erreicht hatte, das gesehen und gewußt wo die Diebe zu finden sind. Also bog sie vor dem Dreianger um die Ecke und verschwand im alten Park. Doch der Straßenwärter wußte sehr genau, wer die Diebe nur sein konnten. Schon am nächsten Tag erschien, ganz dick, in Uniform, der Wachtmeister Schmitt in der Schule. Er wohnte im gleichen Haus wie Fräulein Rau und zwar unter ihr. In seiner Eigenschaft als Gesetzeshüter sprach er sehr ernst: „Wer von Euch hat gestern die Kirschbäume geplündert? Es können nur die Nährschützer Schüler in Frage

kommen, die diese Schule besuchen und ein Rad haben. Nicht zögernd, mit einem Ruck, stand der größte Teil aller Schüler in diesem Klassenzimmer auf, außer Magdalena Schwarz, die Tochter des Kolonialwarenladens. Sie war sehr fromm und hatte wirklich nicht mitgemacht. Der Dicke, in seiner grünen Uniform, schien beeindruckt. Er nahm ein Protokoll auf, worin allein viermal der Name Falkenhausen vorkam. Otto Ruhe etc. Die Köbener Kinder grinsten, denn sie waren ja nicht in Versuchung geführt und so auch nicht straffällig geworden, Wachtmeister Schmitt drohte hohe Geldstrafen an und damit selbstverständlich die Information der Eltern Fräulein Rau schüttelte entsetzt den Kopf und sah, als der Polizist gegangen war, ihre Schäfchen mißbilligend an. Danach fuhr sie im Unterricht fort. Zufällig war Papa auf Kurzurlaub in Nährschütz als der Wachtmeister am nächsten Nachmittag im Schloß erschien. Die Kinder hatten sich schnell aus dem Staub gemacht, verstreut in alle Winde. Auch Mutti ließ sich nicht sehen, schon gar nicht Omama, obwohl die Erwachsenen alle noch völlig im Unklaren waren. Die Polizei im Haus zu jener Zeit, das bedeutete nichts Gutes.

Baron Hans Heinrich v. Falkenhausen

Falk war ein Mensch, der in kritischen Situationen meist absolute Ruhe bewahrte, so als stände er über den Dingen. Er wirkte selbstbewußt, liebenswürdig und absolut souverän. Dies hatte und hat er immer wieder bewiesen. Herr Schmitt trug sein Anliegen mit gemessenem Respekt dem alten hohen Offizier vor und war keineswegs erstaunt als Papa lachte:

„Aber Herr Wachtmeister"! rief er amüsiert. „Ich werde meine Rasselbande natürlich entsprechend ins Gebet nehmen, aber haben Sie als Kind nicht auch . . . manchmal . . . ?
Auch Herr Schmitt mußte lächeln: „Ach Herr Baron, Sie sind gerade auf Urlaub, und den möchte ich Ihnen nicht vermiesen. Wir alle kämpfen für das Großdeutsche Reich. Wir alle tun nur unsere Pflicht."
Besonders Du, dachte Papa, und sie einigten sich auf eine Verwarnung.
Eliane hatte dem Disput gelauscht und als das Auge des Gesetzes auf seinem Radel verschwunden war, hängte sie sich an Papas Hals und küßte ihn vor Freude lachend: „Oh, Du warst toll, Paps!"

Die Oder

Die großen Ferien verbrachten die Kinder schon nach dem Mittagessen an der Oder. In Läskau, keinen Kilometer entfernt, floß der breite Strom in einer weiten Kehre. Dort hatte das Flußbauamt, verantwortlich für die Schifffahrt, in den immer wieder über die Ufer tretenden Strom eine mehr als 800 Meter lang gestreckte Insel gebaut, um die Fahrrinne der Schiffe tief genug zu halten. Ein breiter gepflasterter Weg führte auf diese Insel. Dieser Steg teilte das Wasser in zwei Becken. Auf der anderen Seite der etwa 100 Meter breiten Inseln entstand so eine tiefe Fahrrinne für die Schifffahrt. Die Oder entspringt im Odergebirge, der ehemaligen Mährischen Senke in den Sudeten. Südöstlich noch schmal und unbedeutend erreicht sie Oberschlesien, ein Kohlenbergbaugebiet. Hier spendet ihr Wasser schon Stromkraft, doch dann durcheilt sie, von vielen Nebenflüssen gespeist, immer schneller und immer tiefer eine ganz und gar sandige Gegend. Goldgelben Sand spült sie vor sich her, verteilt ihn an Buhnen und an befestigten Deichen, spült ihn über Hänge, weite Wiesen und den angrenzenden Wald bei Überschwemmungen und hatte so die Insel in Läskau zum Seesandparadies gemacht. Nur Reetgras und ein paar Büschel Weiden wuchsen dort. Die beiden Seen, die durch die Abgrenzung entstanden waren bargen klares blaues Wasser. Ein Eldorado, schöner als an der Ostsee bot sich hier allen Schwimmern.
Hoch über der Flußniederung lagen die wenigen Häuschen von Läskau entlang der alten Steinauer- Strasse, die seit Urzeiten von Köben nach Zechelwitz, parallel den Fluß entlang führte. Im Flußbett hinter der Insel zogen die Oderkähne pausenlos mit schwerer Kohle,- Holz- und Getreidelast ihren Weg nach der Ostsee. Östlich, auf der anderen Seite des Flusses gab es bewaldete Höhen, bewachsen mit Eichen, Buchen und Erlen, die dem Überschwemmungswasser keine Chance ließen. Auf der westlichen Seite trat jedes Jahr nach der Schneeschmelze das Wasser seine Herrschaft an und überschwemmte die weiten Wiesen bis zum Wilhelminenthal, bis zur Försterei. Im Mai dann, als habe

die Oder ihre Macht nun erprobt, zog sie sich in ihr eigentliches Flußbett zurück, hinterließ aber Brackwasser und Tümpel, in denen Frösche, Krebse und Fische vor allem aber Tausende von Mückenlarven zu neuem Leben unter der Sonne erwachten. Auf der Insel wehte stets ein kühlender Wind. Wer weiß warum. Vielleicht hatte der schnell dahin fließende Strom ihn bewirkt, Mücken gab es da kaum.

In winzigen Badeanzügen tummelten sich hier Eliane, Wolf, Ernst, Hans und Angela mit ihren Freunden. Papa hatte ihnen wohlweislich Korkgürtel geschenkt, weil er ahnte wie wagemutig sie waren und er ihren Schwimmkünsten nicht traute. Waldemar, drei Jahre älter, verachtete die kleinen Hasenfüße und versuchte immer wieder die Schleifchen der Korkgürtel am Rücken der Spielgefährten zu öffnen. Mama und Papa begleiteten die Kinder nie dorthin. Mama war wasserscheu und Papa selten zuhause. Sie hatten also keine Ahnung was dort geschah. Als die großen Kinder sich schwimmtauglich fühlten, sprangen sie tollkühn in den reißenden Strom, schwammen an die Oderkähne heran und hieften sich in eines der Beiboote. Dann ließen sie sich weit stromaufwärts ziehen fast bis nach Zechelwitz, dem drei Kilometer entfernt liegenden Dorf, hüpften hier wieder ins Wasser und wurden nun stromabwärts getragen. Man mußte kaum noch schwimmen. Manchmal ergaben sich nette Gespräche mit einzelnen Schiffern, die eine Abwechslung genossen und den kleinen Wasserratten ihre Kähne zeigten. Angela, das Küken wurde dazu verdonnert auf die Kleider aufzupassen. Und wenn die Geschwister endlich zurückkehrten, saß sie heulend und verlassen neben den Kleiderbündeln.

Gegen den Strom flußaufwärts fuhren Schaufelraddampfer mit vielen Kähnen. Man nannte das einen Schleppzug. Die Dampfer hatten ein oder zwei Schornsteine. Sie schnaubten und prusteten, tuteten und keuchten und machten Wellen im Wasser und am Strand. Sie führten zahlreiche leere Kähne mit sich bis nach Oberschlesien, wie die Kinder wußten, die dann dort mit Kohle, Holz, Getreide usw. beladen wurden. Schlesien war ein reiches Land. Hatte Maria Theresia, ehe sie Schlesien Friedrich dem Großen überlassen mußte, nicht ausgerufen: „Schlesien ist die Kornkammer Österreichs!"

Omama und Ilse wollten immer so gerne verreisen. Sie sprachen oft von Reisen, die sie vor dem Krieg gemacht hatten. Die Kinder aber schüttelten den Kopf. Schönere Ferien konnten sie sich nicht vorstellen. Im Herbst spielten sie Tennis. Hinten im alten Park neben der Spargelplantage befand sich der Tennisplatz. Auch wenn Großmama es nicht gerne sah, luden sie Waldemar in den Park zum Tennis ein. Er war ein rotblonder schlanker Junge, hatte zahlreiche Sommersprossen und eine runde Nase. Aber er konnte einfach alles. Tennisspielen hatte er Eliane schon mit neun Jahren beigebracht, das Schwimmen ohne Korkgürtel listig erzwungen, als er ihr das Schnürchen mitten in der Oder am Rücken löste und sie einfach weiter schwamm, ohne es zu merken. Er war der beste Schlittschuhläufer, lief Ski und setzte sich einfach hinter den Rodel, um mit ihr in unvorstellbar schnellem Tempo den Gruftberg hinab zu sausen. Er hatte ihr die Geheimnisse von Algebra und Geometrie beigebracht und spielte die Ziehharmonika in der Vollendung. Wenn die Schloßkinder, wie man sie nannte, durchs Dorf gingen, erwartete Waldemar sie auf seinem Rad. Zog einen Kamm aus seiner Lederhose und kämmte seinen rotblonden Schopf. Er war ein eitler Jüngling und sehr ehrgeizig.

Ernst, Wolf und Hans aber hatten jüngere Freunde. Da war der Kynast Schorschl, der Ruhe Otto, der kleine Rohr, die Eitner-Buben und nicht zuletzt der Taschner Bulle. Sie spielten Geländespiele auf dem Gruftberg Indianer im Park oder an der Oder. Treffpunkt war immer der Dreianger. Am Dreianger gabelten sich drei Straßen. Nach Norden zum Gruftberg hoch, nach Osten durch das lang gestreckte Dorf nach Läskau und nach Westen entlang der Gutsgebäude, vorbei am großen Dorfteich in Richtung Gurkau bzw. Guhren.

Schloßkinder mußten nicht nur gewaschen und frisch gekleidet um sieben Uhr am Abend zu Tisch erscheinen, sie mußten auch um acht im Bett liegen.

Eine ferne westliche Sonne beleuchtete an Sommerabenden noch den Gruftberg, die Hausaufgaben waren gerade hingehauen, man legte das Heft unter das Kopfkissen, weil dann die Weisheit über Nacht ins Hirn eindrang. Vom nahen Dorfweiher, er war kreisrund und schilfumwachsen, ertönte Froschkonzert. Die Vögel, auch die lebhaften Sprosser, die es in Nährschütz zu Hunderten gab, verstummten allmählich und die Vogelwelt wartete auf ihre Königin. Die aber ließ sich Zeit.

Die Kinder saßen an den Fenstern hoch oben am Giebel im alten Schloß, beobachteten das Dämmerlicht und sehnten sich hinaus. Der Abendwind wehte den Duft von Jasmin und Flieder , später war es der Duft der Linden, bis zu ihnen herauf, und als die Sehnsucht frei zu sein, sie ganz beherrschte, da spielte Waldemar am Fenster der Brauereiwohnung alte schöne Melodien: „Am Brunnen vor dem Tore, da steht ein Lindenbaum," oder „Meine Liebe, deine Liebe, die sind einerlei," das „Heideröslein" und „Willst in die Fremde Du wandern, mußt` mit der Liebsten gehen," aber er ließ sich auch von einem Idealismus für das „Dritte Reich" hinreißen und spielte Märsche und Wanderlieder, wie sie bei der Hitlerjungend üblich waren.

Dann, um jemanden zu versöhnen, spielte er Löns. „Heidemarie" und „In einem kühlen Grunde, da geht ein Mühlenrad". Er beendete sein Spiel, wenn die Nachtigall zu hören war. Das geschah erst bei tiefer Dunkelheit und begann mit einem seltsam einsamen Schluchzen der Vogelstimme. Auch das Froschkonzert war bereits verstummt. Eliane hatte ihrem Freund gesagt: „Ich sitze am Fenster wenn Du spielst, aber bitte störe nicht die Nachtigall".

Hans rackerte und die Brüder schimpften ihn nebenan. Sie hörte ihre Stimmen aus dem Nebenzimmer und lauschte dem Gesang der Nachtigall irgendwo aus einem sumpfigen Unterholz, so schön und so fern und dann schlief sie ein in ihrem Himmelbett.

Hitler hatte inzwischen den Russlandfeldzug befohlen und Zehntausende von jungen Männern waren eingezogen worden. Waldemars Eltern zogen fort auf ein Gut, daß einem Herrn von Moltrecht gehörte, wo Waldemars Vater als Brennmeister eine neue Anstellung fand.

Mutti fuhr mit Papa nach Polen, nach Tschenstochau, wo Onkel Männe stationiert war.
Fritzel machte ganz kleine Fortschritte. Erst begann er zu sitzen, nun konnte er sogar schon in seinem Bettchen stehen. Er hat aber nie gesprochen.
Einmal im Monat waren die Nährschützer in Töschwitz bei Tante Erna eingeladen und ein andermal kamen die Töschwitzer nach Nährschütz. Auch im Winter. Es war so Tradition. Man hielt auf Tradition. Wenn Falk da war, arrangierte Omama Musikabende. Sie spielte den Flügel und er die Geige. Beide wirklich in Perfektion. Manchmal übten sie vorher nur eine Stunde miteinander. Wenn die Gnädige Frau jedoch am Tag auf ihrem Steinway-Flügel spielte, im roten Salon und bei offenem Fenster, dann stand ein sommersprossiger Dorfjunge mit seinem Rad an den Pfosten des Tores gelehnt und lauschte.
Man besuchte sich mit Kutschen. Der Kutscher Krause aus Töschwitz stellte die Pferde in den Nährschützer Stall und verbrachte den Abend bei Peusel in der Küche oder in der Kutscherwohnung. Erst war es Kühn, der den Strachs die Landwirtschaft führte. Er wurde aber nach Talbendorf, das zweite Gut von Onkel Reinhold abgeworben, durch eben solche Kutschergespräche mit Paul Krause, dem langjährigen Chauffeur und Butler der Familie Preiß. Deshalb kam die Familie Langer nach Nährschütz. Langer weigerte sich zwar zu servieren, war aber zu den Kindern lieb und vor allem zu den Pferden. Oft schmollte er und sträubte sich, während der harten Erntemonate die Pferde auch noch am Sonntag zu bewegen. Es gab damals in Nährschütz nur noch drei Pferde, die anderen hatte die Wehrmacht eingezogen. Vorher hielt Opa ein Reitpferd, zwei Kutschpferde und zwei Zugpferde vor allem auch wegen des Waldes. Im Winter mußten sie das geschlagene Holz nach Köben auf die Kähne transportieren. Omama nannte den Wald, besonders die Eichen im Wilhelminenthal, ihre Sparbüchse.
Eines Tages kam eine Kommission und es wurde auf dem Gutshof eine für alle Bauern und Siedler des Dorfes Pferdeschau abgehalten. Sie beschlagnahmten das Reitpferd, einen roten überaus sensiblen Fuchs und die stärkeren Ackergäule. Auch den Bauern nahmen sie (wie sie meinten) alle entbehrlichen Pferde weg, die für den Rußland-Feldzug tauglich schienen, beließen ihnen oft nur ein Gespann oder auch nur einen Gaul, je nach Größe des Betriebes.
Göbels Karl Heinz, erst zehn, erzählte uns Kindern hinter vorgehaltener Hand später, sein Vater habe seinem besten Pferd am Abend vorher einen Nagel in den Huf geschlagen, so daß es erbärmlich lahmte und es behalten dürfen.

Der Schloßherrschaft ließ man nur ein Fohlen und zwei Kutschpferde. Viel zu schmal und edel, um die schwere Landwirtschaft zu bewältigen. Besonders scharf war der junge Kommissär mit SS Emblemen auf seiner Uniform, auf Strach's Reitpferd. „Das hol ich mir selber!" hatte er dem Kutscher verkündet. Langer, der immer sehr schlicht auftrat, der sein Licht aus Schüchternheit meist unter den Scheffel stellte, erzählte der Gnädigen, was er gehört hatte. Natürlich war keiner der Herrschaften bei dieser demütigenden Enteignung im Gutshof zugegen.
In Köben wurden die Pferde zusammen getrieben, mit der Fähre über die Oder gebracht, dort am Bahnhof in Viehwaggons verladen und nach Rußland gekarrt.
Der Kommissär erschien ein paar Tage später persönlich im Schloß, bat Frau Strach zu sprechen, hob ihr den Einzugsbefehl des Pferdes unter die Nase, auf dem die Beschlagnahmung der Tiere für militärische Zwecke dokumentiert war, ließ von seinem Adjutanten aus dem Kofferraum seines Autos einen überaus neuen Sattel heben und stolzierte zum Stall.
Das hämische Grinsen des Kutschers übersah er, denn schon vorher war es unmöglich gewesen, das schwierige Pferd in einem Pferdeanhänger zu befördern. Es weigerte sich hineinzugehen. Als seine Leute abgefahren waren, schwang der junge Mann sich schneidig auf den nun gesattelten Fuchs.
Langer behauptete später, er habe dem Pferd mit der Gerte noch schnell eins übergezogen, aber das schien den Kennern des Tieres gar nicht notwendig gewesen zu sein. Auf jeden Fall ging der Hengst erst einmal vorne hoch, um den Ballast, „fremder Mensch" abzuwerfen. Und als das nicht gelang, preschte er wie von Furien gejagt durch den Hof, vor dem Schloß vorbei, wo Omama mit der gesamten Familie, Kindern und dem Besuch standen, durch das Parktor auf die Strasse, den Gruftberg hoch. Lachend, aber ängstlich verhalten, lauschten die Enteigneten dem wilden Aufschlag der Pferdehufe auf dem Asphalt.
Etwa eine halbe Stunde später kam ein Rübenfuhrwerk den Gruftberg herunter und der Bauer Hensel hielt schmunzelnd, das nun ganz zahme liebe Pferd am Zaum.
Die Familie saß vor dem Haus unter den Linden beim Nachmittagskaffee: „Um alles", rief Omama entsetzt, „was ist mit dem Reiter geschehen?" „Den brauchen sie nicht zu bedauern, Frau Strach, der liegt im Straßengraben und zählt seine Knochen. Mir hat er auch zwei Pferde genommen, wie soll ich mit nur einem alten Klepper nun noch pflügen?" und er gab Wolf das schaumbedeckte Reitpferd, das sich nun gerne zum Stall führen ließ, wo noch einmal Langer seine Freude hatte. Aber die Nazibehörden haben ihn dann doch noch geholt und alle nahmen von ihm Abschied wie von einem alten guten Freund.
Langer grollte. Wie sollte er mit nur zwei Pferden nicht nur die Landwirtschaft schaffen, sondern auch die vielen schweren und aufwendigen

Abfahrten von Holz bewältigen; schließlich war Nährschütz ein Forstgut und das ganze Jahr über auch im Winter galt es Holz abzufahren.

Auch Papa litt, allerdings nun in Abwesenheit. Erst beschlagnahmte man die Reifen seines Autos, dann holten sie den Motor. In der Remise, wo noch die großen Kutschen standen und die Kinder so gerne Prinz und Prinzessin spielten, einmal im Halbgedeckten, dann in der Prunkkarosse mit den großen Rädern, dann im Coupé oder gar in den vielen Schlitten, die es dort gab, die eingespannt wurden, wenn es im Winter nach Köben in die Kirche ging, oder nach Töschwitz, oder Klieschau oder Guhren, dort, neben dem Einspänner mit den zwei Deichseln stand das Auto wie ein beinloser Kriegsveteran, denn auch diese hatten die Kinder schon gesehen. „Warum haben sie eigentlich nicht gleich das ganze Auto mitgenommen?" wollte Ernst wissen. Worauf niemand eine Antwort wußte.

Sie spielten im Heu. - Die Scheune war voll. Es war Spätherbst. Das Heu war bis zum First gelagert, in Ballen. Auf einem Ballen sitzend rutschte man kreischend drei vier Meter tiefer. Plötzlich war Hans weg! Es dauerte eine Weile bis die anderen es bemerkten. Ernst erfaßte sofort die Lage und rief: „Hans, wo bist Du?" Aus dumpfer Tiefe kam ein erstickter Laut. Er der Kleinste war in ein Heuloch gefallen. Solche Spiele waren sowieso verboten! Nun galt es ihn zu befreien. Schwitzend versuchten sie das Heu abzutragen. Immerzu sein jammerndes Geheul als Orientierung im Ohr. Endlich hieften die Geschwister ihn hoch. Ein Schuh blieb dort unten: „Das macht nichts," meinte Wolf und sah die Schwester an: „Wir lassen den zweiten einfach auch verschwinden." Schuhe waren damals fast unersetzlich und Mutti rang die Hände: „Ich weiß nicht was dieses Kind immer macht? Er verliert alles, macht seine Kleidung nicht nur schmutzig, sondern kaputt und nun fehlen sogar seine Schuhe. Was soll ich nur mit ihm tun?" Eliane tröstete sie: „Aber Mutti, er bekommt doch immer nur die abgelegten Sachen seiner Brüder. Sie waren doch schon alt, ich meine die Schuhe." Und wieder wurde Mama bewußt, daß diese ihre Kinder immer zusammen hielten, nie einander verpetzten, keine Zank und Hassgefühle gegeneinander hegten, was sie alleine auf ihre streng religiöse Erziehung zurückführte.

Im Park gurrten im Sommer die wilden Tauben. Als ihre Enkelkinder noch klein waren, saß Omama einmal mit Wolf und Eliane in der grünen Laube im alten Park und sie sang, damals mit noch tadelloser Stimme, das Lied vom Tauber. Es ist von Löns und sie hat es oft am Flügel wiederholt:

„Weißt Du wie der Täuber macht? Gru, gru, gruu,
Und die kleine Taube hört ihm freundlich zu…."

Ernst, schon von Wilkau her von einer vererbten, nicht zu bremsenden Jagdleidenschaft beseelt, erklärte den Geschwistern: „Es gibt viel zu viele Wildtauben in diesem Gebiet. Schau mal Wolf, hier oben in der Tanne ist ein Nest mit vier jungen Tauben. Die holen wir uns!"

Hans, Eliane, Wolf, Fritz, Ernst, Mutter Ilse, Angela - wartend auf den Vater!

Eliane, im Angedenken an Omamas sentimentale Liebe zu diesen Tieren fragte: „Und dann, was wollt ihr dann mit ihnen machen?" Hans, der wie alle Geschwister darunter litt, nie ein Taschengeld zu bekommen rief: „Die verkaufen wir!" „Aber an wen?" fragte Wolf. Da fielen Eliane unglücklicher Weise Pfarrer Mauls ein, die stets kleine Gaben aus Nährschütz zu honorieren wußten. Ernst stieg hoch in die Tanne, warf Wolf vier junge fast ausgewachsene Tauben herab, die dieser fachgerecht tötete. Ernst schwang sich auf sein Rad und fuhr nach Köben ins Pfarrhaus.

Tante Margarete von Rahden, Pfarrers Schwester, inzwischen Mamas intime Freundin, (Mama liebte es intime Freundinnen zu haben), schien entzückt, und der Pfarrer zog seine Börse und spendete für jede Taube eine Mark. Danach geschah etwas, womit niemand gerechnet hatte. Der Herr Pfarrer hängte sich ans Telefon und bedankte sich bei Omama für die Tauben. Omama, empört über die Rohheit ihrer Enkelkinder, rannte durchs Haus bis sie endlich Ilse fand.

Diese hatte gerade eine frühere Haustochter zu Besuch und erzählte, wie schwer und belastend ihr Leben sei, nachdem ihr Mann beim Militär, die Dienstboten alle unfähig, das kleine Kind so krank und die großen unbeaufsichtigt so viel Unfug trieben. Als die Geschwister zum Abendessen das Haus betraten, kochte Mutters Wut. Sie nahm einen Teppichklopfer und verdrosch erst Eliane, dann die drei Buben unter entsetzlichem Geschrei ihrerseits. Eliane flüchtete, denn der Tag war noch nicht beendet, zu ihrer Freundin Irmgard Wuttke.

Irmgard lebte mit ihrer Mutter und ihrem großen Bruder Kurt am Ende des Dorfes in einem Bauernhof. Sie kannten sich seit frühester Kindheit. Irmgard mußte Kühe hüten an diesem denkwürdigen Tag. Eliane voller Empörung, sie verkraftete einfach nicht die Schmach, mit zwölf Jahren noch verprügelt zu werden, wäre am liebsten bei Irmgard über Nacht geblieben. Aber auch Irmgard hatte eine etwas unberechenbare Mutter. Sie saßen also auf der Anhöhe zum Gruftberg, bewachten die grasenden Kühe, beobachteten den Sonnenuntergang und klagten einander ihr Leid. Später, nach Einbruch der Dunkelheit, schlich Eliane sich durch den Keller des alten Hauses, die Kellertür wurde stets als letzte geschlossen, über den Küchentrakt bis hinauf ins Dachgeschoß. Ihre drei Brüder lagen zerknirscht schon in den Betten, ohne Abendbrot natürlich: „He", flüsterte sie tröstend, "ihr wisst doch, sie rastet ab und zu völlig aus."
Wolf, der Älteste der Brüder richtete sich auf und nickte: „Ja, Du hast so recht. Aber eigentlich weiß ich meist schon vorher, wann es kommt und mach` mich aus dem Staub."
Die Schwester betrachtete ihn interessiert: Er war der Schönste von ihnen allen. Ihn hatte Mutti immer am meisten geliebt. Er war dunkel und sehr schmal, fast ein ätherisches Kind mit einem Gesicht wie eine Madonna. Wolf war sehr still, aber wie die Geschwister wußten, der Tapferste von ihnen allen, denn er hatte einst als einziger die Mutprobe bestanden und war aus Opas Herrenzimmerfenster in den Garten gesprungen.
„Es ist nur wegen der Ziege, die sie da zu Besuch hat. Wartet nur ab! Ich bin zu alt, um mit einem Teppichklopfer verprügelt zu werden. Ich zeig`s ihr! Ich rede kein Wort die nächsten Tage mit ihr." Damit ging sie in ihr Zimmer und weinte vor Wut.
Am nächsten Tag kamen die Geschwister zwischen zwölf und eins aus der Schule von Fräulein Rau. Alle saßen beim Mittagessen unter den Linden vor dem Haus und Mutter tat, als ob nichts geschehen sei. Das machte sie immer so. Antworten auf ihre freundlichen Fragen aber bekam sie nicht. Omama war verständlicherweise noch Wochen lang beleidigt.
Nicht nur Eliane schwieg, ging ihrer Wege, sagte nicht wo sie gewesen sei, auch Mutters andere Kinder benahmen sich ähnlich und Ilse muß wohl gespürt haben, hier bin ich zu weit gegangen. Ihre Kinder nabelten sich von ihr, ihrer Mutter ab. Allmählich wurde es ihr unheimlich wie sie zusammenhielten. Wolf war es, ihr Herzepünktel, wie Falk immer sagte, der auch die kleine Schwester Angela in seine Spiele mit einbezog. Beide sehr dünn, aßen ungern. Ihre ganze Leidenschaft galt Früchten: Omama's Beeren, Äpfel, Pflaumen im alten Garten je Jahreszeit, schmeckten viel besser als das gekochte Essen bei Tisch. Ihre kleinen Mägen waren schon gefüllt ehe die gemeinsame Mahlzeit begann. Einmal überraschte sie Mutti unter einem Apfelbaum. Wolf flocht Angela ein Kränzchen aus Gänseblümchen und

sagte: „Siehst Du, und jetzt bist Du eine Blumenfee." Beide labten sich später in der Himbeerplantage, als Helene, Omama's Mädchen sie dort entdeckte. Helene lief ins Haus und benachrichtigte die Gnädige Frau. Omama eilte, den nicht gerade nahen Weg über die Straße, die Buchenallee entlang bis in den hinteren Teil des Parks und rief:
„Wolf, Angela, kommt sofort heraus! Ihr wißt ganz genau, daß die Himbeeren nicht für Euch bestimmt sind!" Omama machte Marmelade und Kompott davon und der Rest wurde verkauft, brachte Geld:„Ich weiß genau, daß ihr da drin seid! Die Zweige bewegen sich!" Nichts geschah. Tief verborgen in einer Hecke saßen sie ängstlich Hand in Hand. Omama schimpfte weiter und begann, um keine Zeit zu vergeuden, Himbeeren zu pflücken. Die Zeit verrann. Großmutters Monolog hörte nicht auf, ihre Stimme kam den Übeltätern immer näher. Da hielt Angela die unerträgliche Spannung nicht mehr aus und rief: „Wo wir doch gar nicht da sind!" Darauf wußte Omama nichts mehr zu erwidern und die kleinen Strolche trollten sich immer noch in der Annahme, nicht gesehen worden zu sein.

Hitlers Truppen marschierten in Eilmärschen durch Rußlands Westen.

Ein Viertel Jahr später stand Waldemar Niesler vor dem Schloß. Da Dorfkindern der Zutritt zum Haus nicht gestattet war, bat er ein Dienstmädchen, Eliane zu rufen. Sie freute sich, ihn zu sehen. Er nahm sie wie früher an der Hand und sie gingen in den alten Park:
„Ich habe mich freiwillig gemeldet! Sie haben mich sofort genommen. Zuerst einmal zur Infanterie. Mein Abitur in der Tasche werde ich nach der Grundausbildung sofort Offizier."
Sie gingen um das Wäldchen am Teich, da wo im Frühling die vielen Veilchen blühten, doch es war Spätherbst. Sie sagte nichts. „Weißt Du noch, wie wir Tennis spielten?" Sie nickte. „Einmal spielten wir und Backhaus kam, unser Bannführer." (Ein Bannführer war die höchste Führungsposition bei der Hitlerjugend). „Ich hatte meiner Mutter gesagt, sie solle ihm ausrichten, ich wäre am Tennisplatz mit Dir, dort könne er mich sprechen. – Und er kam! Weißt Du`s noch? Na, der hat geschaut." Sie nickte und ihre langen Zöpfe fielen ihr über die Brust: „Das war auch das einzige Mal, wo Du mich hast gewinnen lassen." Sie war so tief traurig, so entsetzt und konnte es ihm nicht sagen. Er würde in diesen mörderischen Krieg gehen. Warum, warum hatte er das getan? „Ich werde Offizier! Und wenn ich zurückkomme, dann komme ich zu Dir zurück, nur zu Dir. Dann bin ich Deiner Wert. Wir werden siegen, wie wir Deutschen überall bisher gesiegt haben. Das ist meine Chance, verstehst Du?" Als sie ins Haus zurückgekehrt war, voller Verwirrung und Gewissensbisse, obwohl nichts zwischen ihnen geschehen war, sie hatte ihm nur das Versprechen gegeben ihm ins Feld zu schreiben, überfiel es sie wie eine Vision. Sie würde ihn nie wieder sehen. Noch war es ihr fremd, das sehn-

suchtsvolle Gefühl der Liebe. Sie ahnte nur, daß er so für sie empfand, denn einmal hatte er ihr einen unbeholfenen Kuß gegeben.
Da hörte sie Omama's Stimme. Sie klang wie zerbrochen. Sie hatte den Telefonhörer gerade wieder eingehängt. Es war das altmodische Telefon an der Wand in der Halle. Omama saß vor dem hohen Biedermeierspiegel und wiegte sich vor und zurück: „Eberhard, nein doch nicht Eberhard!"
Eliane eilte auf sie zu und kniete nieder: Erst kürzlich war er doch auf Fronturlaub zuhause in Töschwitz gewesen und Tante Erna hatte allen erzählt, in welch entsetzlichen Zustand ihr geliebter Sohn sich befunden hatte. In einer viel zu kleinen Uniform, in zu engen Stiefeln, die ihm unendliche Qualen während der langen Fußmärsche bereiteten, völlig erschöpft, grau im Gesicht und unterernährt hatte er nur ein paar Tage Zeit gehabt, um sich zu erholen.
Eberhard erzählte schreckliche Dinge von dem in den Zeitungen und im Radio so hoch gepriesenen Feldzug durch Rußland:
„Wir waten durch Schlamm und Morast. Die meisten Dörfer sind leer, die Menschen geflohen, die Ernte vernichtet. Die Räder der Fahrzeuge versinken im Schlamm. Sie peitschen die Pferde, die hier eingesetzt werden zu Tode. Dann aus dem Hinterhalt erscheinen plötzlich russische Geschützfeuer, schießen wild um sich und verschwinden wieder, oder sie kommen zu Tausenden plötzlich über die Hügel, schreien: „Urräh, Urräh!" und werden von unseren Maschinengewehren einfach hingemäht, wie Getreide. Es ist alles so wahnwitzig, so irrsinnig, so entsetzlich! Sie jagen ihre eigenen Leute, kaum bewaffnet in den sicheren Tod. Gefangene werden gar nicht mehr gemacht. Menschen, die in den Dörfern zurückgeblieben sind werden auf Befehl erschossen. Der Nachschub trifft nie rechtzeitig ein, uns aber jagt man vorwärts, immer vorwärts." Tante Erna badete ihren Sohn, hüllte ihn in weiche Kleidung. Frau Krause bereitete das beste Essen für ihn. Sie versuchten eine größere Uniform für ihn zu bekommen und passende Stiefel. Am Abend saß er mit seinen Schwestern zusammen und redete sich sein Entsetzen von der Seele. Doch dann mußte er schon wieder zurück in das Inferno, von dem wir Daheimgebliebenen nicht einmal eine Ahnung hatten. Und nun war der Erbe von Töschwitz tot! Eine Granate hatte seine Brust zerfetzt. Omama lief laut klagend die Treppe hoch, um Mutti zu finden.

Aus allen Ecken, Winkeln und Nischen des Hauses kroch Dunkelheit und die Trauer um einen geliebten, so wertvollen, so bescheidenen und stillen jungen Mann, einen vorzüglichen Reiter und Landwirt, beherrschte wochenlang alle Gemüter. Eberhard war der fünfte Vetter der Familie, den es nicht mehr gab. Zwei Falkenhausens, zwei Chiaries und nun er. Die dunkle Trauer, die sich über Nährschütz legte, verbot sogar den Kindern im Haus das Lachen. Am Abend nach dem Nachtgebet fragte Wolf Mutti: „Ist Ebi jetzt im Himml, mit

all seinen Pferden?" Sie aber weinte so sehr, daß er darauf keine Antwort erhielt. Wolf hatte Ebi immer als sein Vorbild betrachtet.
Arme Tante Erna! Der Schmerz, den viele Mütter jetzt durchfuhr, den sie erleiden mußten ohne aufbegehren zu dürfen in einer großen Empörung, er machte ihr Haar weiß und ihre immerwährende Fröhlichkeit versiegte. Onkel Reinhold aber umgab sich mit einer Nacht, die seinen Verstand umnebelte.
Mama war jetzt ein Pflichtjahrmädchen zugesprochen worden. Alle Mädchen, die nicht in der Rüstungsindustrie untergebracht worden waren, mußten in kinderreichen Familien ein Haushaltsjahr absolvieren. Sie hieß Gerda und war ein patentes Ding, nur fror sie wie alle anderen im Haus so entsetzlich, weshalb sie wenigstens in der Küche jeden Morgen das Backrohr des elektrischen Herdes anstellte, ehe sie die Kinder vor der Schule abfütterte und auf den Weg schickte. Die Elektrorechnung stieg ins Immense.
Die Kinder trugen Überfallhosen aus alten Decken und Vorhängen genäht. Und Kaninchenfelljacken. Über den Gruftberg pfiff der Wind von Osten, von der Oder her. Zwischen Hose und Stiefel gab es eine Stelle wo nur Strümpfe, hundert male geflickt, hervorschauten. Alle erfroren sich die Fesseln und ahnten ungefähr, was die armen Soldaten in Rußland nun durchmachten. In Wochenschauen konnte man sehen, wie das Heer bei Eis und Schneesturm sich vorwärts kämpfte.
Es gab ein Poster, damals nannte man diese Plakate noch nicht so, mit einer schwarzen gebückten Gestalt, die einen Sack auf dem Rücken trug: „Der Kohlenklau geht um!" stand darunter. Ein anderes Emblem zeigte einen Eisenbahnzug mit vielen Waggons. „Alle Räder rollen für den Sieg!"
Kinder aus den großen Städten erzählten, wie es in Bombenbunkern zugeht, von jemandem, der Luftschutzwart war, und jeden denunzierte, der nicht im Keller erschien. Hänschen beschrieb den Buben, wie die Wände wackeln, wenn die Bomben fallen und sich alle aneinander kuscheln und es doch immer wieder Alte gäbe, die darüber ihre Späßchen machten.
In der Wochenschau sah man Unterseeboote und ihre Besatzungen, die atemlos lauschend in der Enge hockten während Wasserbomben rechts und links detonierten. Denn manchmal durften die Kinder in die Nachmittagsvorstellungen ins Kino gehen. Das Kino war im Gasthaus Hain in Köben. Aber jeder Winter, der auch Schönes brachte mit Schlittenfahrten und Eishockeyspielen, ging einmal vorüber.

Tschenstochau

Ilse, in ihrer großen Frömmigkeit, betrachtete eine Reise nach Tschenstochau als eine Wallfahrt zur wundertätigen Madonna und sah ihr erwartungsvoll entgegen.
Papa hatte dafür Urlaub erwirkt, obwohl auch schon in Leipzig Bombenalarm

zur Nachtübung gehörte. Onkel Männe regierte als Kommandant in dem besetzten Tschenstochau angeblich nicht schlecht. Er bewohnte mit seinem Stab eine Villa und hatte einen Adjutanten, der für sein und der Crew leibliches Wohl ausreichend sorgte. Auf dem schwarzen Markt war besonders in Polen alles zu bekommen. Mama besuchte die Kathedrale und betete nicht nur für Fritzel's Genesung vor der Ikone der schwarzen Madonna.

In einem offenen Dienstwagen fuhr Männe mit Ilse und Falk durch die Stadt, unkluger weise auch durch das Ghetto. Entsetzliche menschliche Not und schreiendes Unrecht verbarg sich hier hinter grauen Fassaden. Menschliche Wracks schleppten sich stumm durch die Straßen, völlig verhungerte Kinder, in Lumpen gehüllt, wagten nicht einmal bettelnd die Hände zu heben. Ilse war so erschüttert, daß sie sofort abzureisen wünschte. Männe verlangte noch Versprechen, nicht darüber zu reden, weil auch er dadurch in Schwierigkeiten kommen würde, weshalb sie später einfach nicht über diese Reise sprachen. Mama war noch wochenlang tief bedrückt, rannte immer wieder in die Kirche, auch zur Frühmesse bei bitterer Kälte zu Fuß oder mit dem Rad bis nach Köben, wohin sie Eliane begleiten mußte. Einmal fiel sie vor der Kirche in Ohnmacht. Eliane geleitete sie zu Doktor Schmitt, der sie liebevoll wieder aufrichtete und zu dem Kind meinte: „Es ist die Andacht und der Weihrauch", obwohl sie ja die Kirche noch gar nicht betreten hatten.

Papa war längst wieder in Leipzig. Je länger der Rußlandfeldzug dauerte, um so bedrohlicher gestaltete sich die Lage im Land. Es gab keine Kohle mehr zu kaufen. Das große Haus wurde immer eisiger. Die Damen liefen nur noch in Pelzen umher. An den Mauern der Gewölbe in Hallen und Treppen glitzerte das Eis, in den Waschkrügen gefror das Wasser in den Schlafzimmern. Sie heizten mit nassem Holz und nasses Holz erwärmt Kachelöfen nicht. Eine Schneiderin wurde gerufen. Sie nähte aus den Samtvorhängen, die im Speicher in Kisten aufbewahrt wurden Kleider und Anzüge für die Kinder. Manchmal bekamen sie auch aus Töschwitz abgelegte Pullover. Schlimm stand es um die Strümpfe, denn inzwischen gab es auch keine Wolle mehr um welche zu stricken. Der einzig warme Ort im Haus war Opas Herrenzimmer. Oma verstand es meisterlich den großen grünen Kachelofen Tag und Nacht zu heizen, weshalb ein Aufenthalt in diesem Raum, obwohl so groß, erträglich war. Doch auch dieser Kriegswinter ging vorbei.

Ein Loch in der Decke des Klassenzimmers

Es war an einem herrlichen Tag im Mai. Die Wiesen vor dem Fenster des Schulgebäudes in Köben leuchteten golden, über und über von blühenden Maiblumen bewachsen. Die älteren Schüler lasen englische Lektüre. Das Buch hieß: „Little Women". Man las einen Absatz und übersetzte dann.

Fräulein Rau pflegte außerdem durch eine andere sehr erfolgreiche Methode den Sprachunterricht zu beleben. Jeder Schüler, auch die Sextaner, durfte über ein Erlebnis des Vortages in englischer Sprache berichten. Die Kleinen legten sich am Anfang aus den Vokabeln, die sie kannten, einen Satz zurecht: „Ich habe die Enten gefüttert." Der nächste sagte: „Ich habe die Kühe gehütet." Fehlte dem Erzähler ein Wort, so ergänzte es die Lehrerin. Die Viertklässler (Untertertia) sprachen in ganzen Absätzen von ihren Erlebnissen. So erfuhr Fräulein Rau ohne neugierig zu erscheinen, eine Menge über das Familienleben jedes Kindes und die Kinder gewöhnten sich sehr bald an, ohne Scheu diese Sprache zu gebrauchen. Sie rügte nie fehlendes Vokabular sondern half. Alle lauschten gespannt den Erlebnissen der anderen. Man redete in Englisch über Geburtstagsfeste oder ein Ereignis wie das Überqueren der Oder mit der Fähre, über Fischen oder Jagen mit den Vätern, über Besuch, der aus den Großstädten gekommen war, wo die Bomben fielen, über Sport oder die Hitlerjugend.

Während der Lektüre von „Little Women" läutete Fräulein Raus Telefon, was selten vorkam. Sie verließ also den Klassenraum und blieb nicht nur einige Minuten, sondern eine ganze Weile weg. Allmählich wurden die Buben unruhig. Ernst nahm den Zeigestock und fuchtelte damit in der Gegend herum. Jochen Ottow zeigte an die Decke, wo eine kleine Delle war, so als wäre dort einmal ein Sektkorken hingeknallt: „Ziel mal, ich wette Du triffst die Delle nicht!" Er traf mit der Spitze des Stockes, wie zu erwarten war, haargenau. Hans, der vor dem Bruder saß, half ihm und sie drehten den Stock immer tiefer in den Plafond, bis Mörtel und später Stroh auf die Bänke rieselte. Die unscheinbare Vertiefung war nun ein rundes tiefes Loch geworden. Schnell, ehe Fräulein Rau wieder erschien, wischten alle den Putz und den Staub von den Bänken und sie wunderte sich, ihre Schäflein so brav auf ihren Plätzen vorzufinden, als sie das Klassenzimmer wieder betrat.

Bis zum Ende des Unterrichts, ohne Unterbrechung, geschah an diesem Tag nichts. Niemand wagte es etwa verräterisch hoch zu blicken. Fräulein Rau, geistig noch mit ihrem Telefonat beschäftigt, bemerkte nichts. Aber am nächsten Tag brach mit ungeheurer Vehemenz das Unglück über die Klasse herein. Noch nie hatten die Schüler ihre sanfte Lehrerin so ungehalten erlebt: „Wer hat das Loch in die Decke gebohrt?" Schweigen im Klassenzimmer. Petzen war nicht. Nur Ernst wurde wie meist, wenn er sich schuldig fühlte, leichenblass. Aber er meldete sich nicht.

Die Sextaner erschienen erst um neun zum Unterricht und Fräulein Rau wartete die fünf Schüler geduldig ab, bis sie noch einmal die entscheidende Frage stellte. Hans bekannte sich sofort zu seiner Tat, nicht ahnend, daß Ernst das nicht getan hatte. Eine erschreckend harte Strafpredigt ergoß sich über sein Haupt. Wie ein kleiner reuiger Sünder stand er neben Fräulein

Raus Pult und je länger sie schimpfte, um so mehr schwand Ernst Mut sich auch noch, so verspätet, zu dieser Missetat zu bekennen: „Narrenhände beschädigen Tisch und Wände!" rief die Lehrerin empört und wies ihm die Tür.- Ja, wahrhaftig, sie sagte: „Geh, ich will Dich nie wieder sehen! Mach daß Du raus kommst!" Hans warf Eliane und dann Ernst einen Hilfe suchenden Blick zu, aber sie hatte die Tür schon weit geöffnet und bugsierte ihn samt seinem Ranzen durch den Flur aus ihrer Wohnung. Zu Eliane sagte sie: „Und Du wirst zu Hause mitteilen was hier geschah." Es war schrecklich. Wenn Hans nicht mehr hier zur Schule gehen durfte, kam er in ein Internat, so jung wie er war. Langsam und quälend verstrich dieser Vormittag besonders für Ernst. In der Pause unten auf dem Hof blickten die Mädchen ihn strafend an und Hubertus Kindler sagte: „Ich dachte immer, ich sei nicht sehr mutig, aber Du bist ja das Letzte." Worauf sie sich prügelten und Eliane dazwischen gehen mußte, wobei sie von Fräulein Rau erwischt wurde, so als habe sie sich mit Hubertus geprügelt. Es war kein guter Tag, obwohl die Sonne schien und die Wiese nie so golden leuchtete. Auf dem Heimweg, oben am Gruftberg, im Straßengraben, saß Hans. Den ganzen Vormittag hatte er hier im Gras verbracht. Seine Geschwister stiegen vom Rad und setzten sich zu ihm. Er heulte, legte seinen Kopf in Elianes Schoß und wischte die Tränen mit ihrer Dirndlschürze ab. „Ich hab mir schon etwas überlegt!" sagte die große Schwester und die Brüder hoben die Köpfe: „Wir sagen zuhause gar nichts! Hans Du kommst morgen wie immer um neun zum Unterricht und bittest weinend - Du mußt aber richtige Tränen vergießen- Fräulein Rau um Verzeihung." Alle atmeten auf und Ernst meinte erleichtert: „Am besten Du bringst ihr einen großen Blumenstrauß aus dem Garten mit. Ich pflücke ihn Dir vor der Schule und lege ihn in die grüne Laube im alten Park. Dort kannst Du ihn holen, ehe Du losfährst." Nun muß man Fräulein Rau zu Gute halten, auch sie petzte nicht, obwohl auch sie, wie Pfarrer Mauls, in Nährschütz ab und zu eingeladen wurde. Meist um Tennis zu spielen. Sie spielte gern und gut. Hans, mit dem Eliane den Wortlaut des Reuebekenntnisses geübt hatte, wirkte in seiner Rolle am nächsten Morgen sehr überzeugend, sodaß Fräulein Rau`s gutes Herz zu erweichen war. Sie fragte aber Eliane noch streng: „Was hat Eure Mutter getan?" und Eliane schluckte und flüsterte, verzweifelt wegen der Lüge: „Sie hat ihn verhauen!"

Nun hofften die Kinder, die Sache würde im Sande verlaufen.

Ein paar Tage später rief Tante Erna aus Töschwitz bei Omama an und sagte: „Na, Deine Enkelkinder haben sich in Fräulein Rau`s Schule ja wieder etwas geleistet. Ich sage Dir, der ganze Landkreis spricht davon. Sogar der Schulrat hat davon Wind bekommen."

„Ach ja, was ist denn passiert?" Inzwischen war Omama ja allerhand gewöhnt. „Sie haben ein Loch in die Decke des Klassenzimmers gebohrt, da

soll jetzt der blaue Himmel herein scheinen."
Oma instruierte Ilse. Ilse knöpfte sich die Rasselbande vor. Eliane blickte Wolf an, denn noch immer war er Mutters Liebling. Wolf erklärte ganz kühl: „Ja weißt Du Mutti, eigentlich waren wir es alle. Ich habe auch an dem Stock gedreht, - es ist nur ein ganz kleines Loch, nicht viel größer als ein Finger."
„Und weshalb wurde nur Hans bestraft?"„Aber so ist es doch viel besser. Du müßtest uns alle in ein Internat geben und das wäre doch schrecklich. Der Hans hat allein alles abgekriegt und weil es so klein ist, hat sie ihn rauswerfen können." Mutti, tief gerührt, nahm Hans in die Arme, lobte ihn ob seines Mutes und alles war wieder gut. Omama bat Fräulein Rau am nächsten Sonntag zum Tee und schickte einen Mann, der das Loch wieder zugipste. Eliane und Ernst aber überlegten, wie Tante Erna, die gerne alles ausschmückte und übertrieb, wohl bis nach Töschwitz zu dieser Information gekommen sein konnte. Es gab nur eine Erklärung: Rosel Preiß war auch in Fräulein Rau`s Schule gewesen und seit damals mit der Schwester von Hubertus Kindler befreundet. Kindlers, wohnten in einer schönen Villa in Läskau, denn der Vater war Forstmeister. Ihr Sohn Hubertus hatte sicherlich von der Geschichte mit dem Loch zu Hause geplaudert und seine Schwester dies als humorvolle Anekdote, während eines Telefongesprächs an Rosel weitergegeben.Schon vor Jahren nannte Opapa seine älteste Tochter Erna schmunzelnd: „Die Kreistrompete."

Besucher in Nährschütz

Omama, seit 1938 Witwe und Vorerbin von Nährschütz, liebte Besuch. Das Haus war zu Kriegszeiten immer voll davon. Es gab Logierbesuche, wie Tante Margot mit ihrem Sohn Bubi, Tante Marion, Onkel Fred und später Onkel Edgar, ein hochdekorierter Luftwaffenoffizier, der Witwer war. Die Kinder kümmerten sich wenig um den Besuch. Sie sagten artig guten Tag und gingen dann ihrer Wege.
An einem dieser Sommertage lud Omama Pfarrers ein. Zufällig, es war wirklich reiner Zufall, stieg Eliane die Treppe hoch, um sich oben in ihrem Zimmer die Tennisklamotten anzuziehen. Da hörte sie die Stimme des Pfarrers aus dem Teezimmer. Die Treppe, die von der Halle in die oberen Räume führte war mit einem roten Sisalläufer belegt und darüber lag noch ein weißer Leinenläufer, der jeder Zeit gewaschen werden konnte. Messingstangen in Ösen hielt das ganze in Form. Vom Teezimmer, ganz Biedermeier, führte ein kleines Treppchen mit einer Tür zum Treppenaufgang. Nicht seine Stimme, sondern was er sagte, ließ sie in ihrem eiligen Lauf innehalten:

„Ja wissen Sie gnädige Frau, wenn ein Kind bei der Frage, nach den göttlichen Werken der Barmherzigkeit mir im Unterricht : „Glaube, Hoffnung und Liebe „ nennt, dann muß ich wohl annehmen, es habe weder dem Unterricht gefolgt, noch seinen Katechismus gelernt."

Wut überkam die Lauschende. Sie hatte in der Verwirrung, als sie aufgerufen wurde, die Göttlichen Tugenden mit den Werken der Barmherzigkeit verwechselt, weil Ernst hinter ihr ihre Zöpfe an die Stuhllehne gebunden hatte, der nun als sie aufstand umkippte. Der Pfarrer drehte zwar Ernsts Ohr zur Strafe zu einer schmerzenden Spirale, doch es war ihr gar nicht bewußt gewesen, etwas Falsches gesagt zu haben.

Im Garten am Tennisplatz warteten die Brüder und sie droschen ein Match, sprangen über das Tennisnetz und schworen, ewig zusammen zu halten gegen die Tyrannei der Erwachsenen. Auch hatten sie den Tennisplatz unkrautfrei in Ordnung zu halten, was sie auch jedes Frühjahr neu taten. Roter Kies wurde angefahren und mußte verteilt und gewalzt werden, wozu eine dicke schwere Walze zu bewegen war. Dann wurden Latten gelegt und die Kreidestriche gezogen, das Netz gespannt und wenn nötig geflickt.

Onkel Manfred und Tante Inge Chiarie kamen aus Mährisch-Schönberg. Sie waren passionierte Tennisspieler. Auch Ilse und Falk spielten ab und zu. Es war ein Sonntag, die Sonne schien und alle befanden sich fröhlich auf dem Tennisplatz. Wenn die Eltern spielten, war es natürlich die Aufgabe der Kinder die Bälle zu sammeln. Ernst wurde es bald langweilig und er kletterte auf eine Buche außerhalb des Zaunes, der den Tennisplatz umgab. Tante Inge, sehr beliebt bei den Kindern, weil sie immer lustig war und allen äußerst jung erschien, schließlich war sie elf Jahre jünger als Mutter, rief:

„Komm dort herunter Ernstel, ich kann das gar nicht mit ansehen", was natürlich ein absolut gegensätzliches Verhalten hervorrief. Er stieg noch höher herauf und schaukelte in der Krone des Baumes hin und her.

Man spielte ein Doppel. Mutti spielte mit Manfred und Inge, an der dem Baum abgewandten Seite, spielte mit Falk. Manfred schlug auf, Inge schlug den Ball zurück über das Netz, Ilse erwischte ihn und er landete ganz weit hinten, wo Falk ihn nicht mehr errreichte. Da krachte es in den Ästen der Buche und alle wandten sich erschrocken dem zu erwartenden Geschehen zu. Mit der Krone des 15 Meter hohen Baumes in der Hand sauste der Junge in seinem weißen Janker und den kurzen Hosen in den Abgrund. Es geschah für die entsetzt Zuschauenden wie im Zeitlupentempo. Die Äste des Baumes hielten den fallenden Körper immer wieder auf. Unter dem Baum lag vom Vorjahr ein riesiger Laubhaufen, über den der an dieser Stelle schon marode Drahtzaun sich geneigt hatte.

Immer schon wollte Omama, daß diese Zaunstelle wieder aufgerichtete werden sollte, aber sie hatte weder das Personal noch den Elan gefunden, solche unwesentlichen Mängel beheben zu lassen. Als Ernst erst auf den Zaun und

dann tief in den Laubhaufen fiel, kniete Mutti sich auf den roten Kies des Tennisplatzes und barg ihr Gesicht in den Händen. Alle Anwesenden ahnten es: sie betete. Papa und Wolf rannten zu der Unfallstelle, Tante Inge weinte und Onkel Manfred sprang über das Netz, um sie zu trösten.
Wolf kroch über den Zaun auf den Laubhaufen und grub seinen Bruder aus den feuchten Blättern. Er rüttelte ihn am Arm und am Kopf und rief hoffnungsvoll. „Mutti, bissel lebt er noch!"
Sofort war Onkel Manfred zur Stelle und hob das verletzte Kind auf. Er trug ihn vorsichtig, Ernst hatte eine blutende Wunde am Kopf und verschmutzte Onkels schneeweißen hocheleganten Anzug, durch den ganzen Park, über die Straße, durch die breite Einfahrt mit dem schmiedeeisernen Tor, die Treppen hinauf, durch die Halle bis in den ersten Stock in Mutters Schlafzimmer. Jemand hatte die Gegenwart, ein Handtuch über ihre Kopfkissen zu breiten. Die gesamte Familie war wie bei einer Prozession dem jungen Onkel mit seinem verletzten Opfer gefolgt. Tante Inge rief geistesgegenwärtig den Hausarzt an. Der aber war nicht da. „Da" war Doktor Ptock, den man vorher geschnitten hatte. Doktor Ptock kam. Er war ein sehr dynamischer schlanker junger Mann, mit, wie Oma und Mama oft angedeutet hatten, einem etwas leichten Lebenswandel. Eliane empfing ihn interessiert und geleitete ihn in Mamas grünes Schlafzimmer, wo Ernst noch immer ohnmächtig in ihrem Himmelbett lag.
Ohne die hochelegante besorgte Gesellschaft, deren Namen er von Kirchbesuchen her wusste, zu beachten, untersuchte er das Kind: „Fünfzehn Meter hoch, ein Sturz vom Baum, unten Laub und ein Zaun." Das Herz schlug, die Wunde am Kopf mußte genäht werden, wahrscheinlich eine Gehirnerschütterung. Innere Verletzungen konnte er nicht feststellen, besonders als der bildhübsche blonde Bursche sich aufrichtete und rief: „Was macht Ihr denn mit mir!" Alle atmeten auf. Doktor Ptock verschrieb Bettruhe, einige Medikamente, verlangte eine Schere und schnitt sein Haar kreisrund um die Wunde am Kopf ab, desinfizierte und nähte sie und machte wie zur Schau einen dicken Verband. Tante Inge, Onkel Manfred und Falk genehmigten sich im Herrenzimmer einen Cognac und Mama überließ es ihrer Mutter, Ellynor, den Arzt dankbar für die positive Diagnose hinauszubegleiten. In der Halle standen die Geschwister als der Arzt an ihnen vorbei ging. Er blickte Eliane in ihr besorgtes Gesicht und sagte: „Keine Angst kleine Schwester, in zwei Wochen schon ist er genau so wild wie immer."

Der Schulrat kommt

Eines Tages wurde in der Schule der Schulrat erwartet. Fräulein Rau schien viel aufgeregter als die Kinder. Schließlich ging es in dieser von den

„Braunen" regierten Zeit, um ihre Existenz. Ihre Hände zitterten, als es an der Wohnungstür klingelte.

Der Schulrat war ein sehr großer stattlicher älterer Herr, mit einem gewinnenden Lächeln. Interessiert betrachtete er die Schüler und sprach mit Fräulein Rau über die Lehrpläne der einzelnen Klassen, machte ein paar Stichproben. Besonderen Wert schien er auf Deutsch und Geschichte zu legen. Die Antworten fielen befriedigend aus bis er fragte: „Wer sagt mir die sechste Strophe von Schiller's Glocke auf?" Die Wahl fiel auf Eliane. Krampfhaft suchte sie nach dem Anfang der sechsten Strophe, bis Fräulein Rau ihr einsagte, dann allerdings ging es wie am Schnürchen. Dann fragte der freundliche Herr: „Wer von Euch liest Karl May?" Alle lasen sie Karl May, in dankbarer Erinnerung an Hänschen aus Berlin, der ihnen die Lektüre und die damit verbundenen herrlichen Indianerspiele auf dem Gruftberg beschert hatte. Aber, wie sie glaubten, wurde Karl May lesen, besonders die Nächte hindurch mit einer Taschenlampe unter der Zudecke, von den Erwachsenen nicht so gerne gesehen. Nur einer der Buben erhob sich, nämlich Jochen Ottow. Der Schulrat schüttelte den Kopf und meinte: „Das wundert mich aber. Ich habe Karl Mays Bücher in Eurem Alter verschlungen. Er schreibt ein sehr gutes Deutsch! Lest nur seine Bücher!" Alle begannen zu grinsen und zu prusten und er erriet die Ursache des Verschweigens und fragte: „Welches ist sein bestes Werk?" Alle Finger gingen hoch. Und nun waren sie nicht mehr zu halten und der Rest der Prüfung gipfelte im Austausch von Winnetou's, Old Shatterhand's und Old Wapple's Prärieabenteuern. Der Schulrat, das wußten sie jetzt, war Fräulein Rau und ihrer Schülerschar nur wohl gesonnen, obwohl Karl May in Fräulein Raus Klassenzimmer bisher nie erwähnt worden war. Als die Kinder von der eindrucksvollen Prüfung daheim berichteten nickte Omama: „Es ist bekannt, unter der Hand natürlich, der Schulrat ist kein Parteimitglied." Von da ab wußten die Kinder, daß die Menschen in zweierlei Kategorien eingeteilt wurden: In Parteimitglieder und Nicht-Parteimitglieder. Vor den ersteren mußte man sich in Acht nehmen, die letzteren galten als die Sympathischeren.

Warum weinst Du kleine Baroness?

„Warum weinst Du kleine Baroness?" fragte der Förster Kolodczig, der sie im Wald auf einem der Baumstämme traf. Baroness hatten sie bisher nur zwei Menschen genannt: der alte Schneider, der seit seiner Pensionierung nur noch unter dem Torbogen saß, der einmal Ackerkutscher bei Großvater gewesen war und dessen Knochen ganz verkrümmt schienen, die Jeschken und jetzt der Förster. Dabei hatte sie angenommen, hier ganz allein zu sein. „Ich muß ins Internat, Kolo, in ein Kloster, ich muß fort von Nährschütz." Der alte

Waidmann, der voller Sorge dieses Kind schon so oft im Wald ganz allein beobachtet hatte, wußte über solchen Schmerz gar keinen Rat: „Hör mal", begann er hoffnungsvoll, „der Mann, dem Du und ich, immer Lebensmittel gebracht haben, hat mir eine Karte aus der Schweiz geschickt." Sie legte wie voller Schreck die Hand vor den Mund und starrte in sein Gesicht: „Kolo, Du wußtest davon?" Er nickte nur. „Sonst hätte er doch nicht so lange im Jagdhaus leben können." Ihre Tränen versiegten, ihr Blick wurde wieder hell: „Hast Du die Karte dabei?" Er schüttelte den Kopf: „Ich habe sie gleich verbrannt." Sie nickte verständnisvoll: „Du hast ihm also auch geholfen?"
„Errr ist frei, gerrrettet, ist das nicht schön?" Kolo rollte vor Freude die Rs. Lächelnd betrachtete Eliane ihn. Sie kannten sich schon so lange. Schon als Opapa noch rüstig war gab es ihn: „Ist gut Kolo, es ist gut, das zu wissen. Es ist sehr wunderbar, daß ich nun weiß, wo Du stehst. Nun sind wir Verbündete für alle Zeiten." Sie reichte ihm die Hand.
Und dann ging sie weg, wie jemand der eine schwere Last zu tragen hatte, und er dachte: „Das kann doch nicht sein, dieses gute Kind, so warm, so beliebt. Was machen die eigentlich mit ihren Kindern?" Denn er erinnerte sich noch genau wie unglücklich die Inge in dem Internat war.

Im Jahre 1938, Eliane war damals neunjährig, kurz nach Großvaters Tod, hatte Ellynor gebeten, ihr dieses Kind eine Weile zu schicken. Es wurde gerade Frühling, und Frühling in Nährschütz erschien Eliane immer ein großes Erlebnis. Opa hatte ihr vor Jahren ein Fahrrad geschenkt, damals ein Ereignis. Damit strolchte sie durch Feld und Wald, fuhr bis nach Läskau über die trokkenen Oderwiesen, vorbei an den Kopfweiden, die aussahen wie alte Weiblein, in denen die Reiher nisteten und versteckte ihr Rad in irgendwelchen Büschen. Dann kletterte sie über den Damm, um den Fluß mit seinen großen Schiffen zu beobachten. Im Gras in der Sonne lag ein Mann. Er trug einfache, fast zerlumpte Kleider, hatte einen Dreitagebart und sah sehr erschrocken aus, als sie plötzlich auftauchte, so, daß sie lachen mußte. Sie nahm einen ihrer langen Zöpfe in die Hand und spielte mit ihm. „Hast Du keine Angst, so allein hier?" fragte sie der Fremde. Sie schüttelte den Kopf: „Ich bin doch hier zuhause, ich kenne mich aus. Was hast Du da in der Hand?" Er hielt eine kleine selbst geschnitzte Flöte in den Händen und, um das Kind abzulenken, begann er darauf zu spielen. Es war ein leiser süßer Ton, der allmählich zu einer Melodie wurde. Sie schwebte über das Gras und das Wasser, wurde immer lebhafter, es gab hohe und tiefe Töne, so als ob Elfen über eine Wiese huschen und erstarb dann. Sie setzte sich neben ihn: „Hast Du die Flöte selbst gemacht?" Er nickte. „Kannst du mir auch eine machen?" „Vielleicht." „Kannst Du mir beibringen, wie man spielt?" „Ach, das ist ganz leicht, versuch es einmal." Er wischte das Mundstück an seiner Jacke ab und reichte ihr das aus einem Weidenzweig geschnitzte kleine Instrument. Bei ihr aber ertönten nur schreckliche Fieplaute und beide mußten sie lachen.„Wenn Du mir auch so ein Pfeifchen machst, schenk ich Dir auch etwas von mir. Was möchtest Du haben?" Er betrachtete sie immer noch skeptisch, obwohl das Lachen zwei Menschen ja verbindet:„Wohnst Du hier im Dorf?" „Ich wohne in Nährschütz." „Wo ist das?" „Da hinten. Mit dem Rad ist es nicht weit." „Und wie heißt Du, ich meine dein ganzer Name?" Sie sagte es ihm und er legte sich zurück ins Gras und sagte: „Was für ein Name!"

Ein großer Dampfer kam flußaufwärts und der Mann betrachtete ihn überlegend. „Machst Du mir auch so ein Pfeifchen?" Wie aus weiter Ferne kehrten seine Gedanken zu ihr zurück: „Wenn Du mir etwas zu Essen bringst, dann mache ich Dir das schönste Pfeifchen, das es gibt, aber Du darfst es niemandem verraten, auch nicht Deiner Mama."

Sie lachte: „Die ist gar nicht hier. Ich wohne bei der Omama, denn sie ist traurig, weil Opapa gestorben ist." „Auch der Omama darfst Du nicht verraten, daß ich Dir ein Pfeifchen schnitze." Sie nickte: „Ich weiß schon, sonst ist der Zauber weg, weg wie weggeblasen."

So fing ihre Freundschaft an. Er war ein politisch verfolgter Flüchtling. Verbarg sich in den Wäldern, schlief ein paar Nächte im Jagdhaus, wo der Förster ihn aufspürte und nicht verriet und sogar fütterte. Eliane stahl in Peusels Küche, wenn diese ihre Mittagspause hatte, in der sie bis drei Uhr nach Hause ging, Brot, Wurst, Butter und ab und zu Reste eines warmen Essens. Der Fremde fragte den Förster nach dem seltsamen Kind und erfuhr wer sie war. Doch eines Tages, als sie aus der Schule kam, war großer Aufruhr in Nährschütz. Ein Lastwagen mit Feldjägern fuhr durchs Dorf in Richtung Wald, die Polizei hatte alle verhört. Kolodczik stand in Jägertracht vor dem Schloß: „Was ist los?" fragte Eliane eines der Mädchen: „Sie suchen einen Mörder, einen Schwerverbrecher, der soll sich hier aufhalten, wahrscheinlich im Wald." Plötzlich stand Kolo neben ihr. Er nahm ihr das Rad ab, stellte es an die alte Linde vor dem Kellereingang und sagte: „Kleine Mädchen haben mit all dem nichts zu tun, rein garrrnichts. Du gehst jetzt zu Omama. Die wartet mit dem Essen auf Dich und im Wald will ich Dich eine weile nicht sehen!" Mißtrauisch blickte sie ihn an. Noch nie hatte er so drohend mit ihr gesprochen. Bald darauf mußte sie zurück nach Wilkau. Das Pfeifchen lag in seinem Versteck in einem Weidenbaum im Wilhelminenthal, fast hätte sie schon eine kleine Melodie darauf spielen können.

An den Mann hatte sie noch oft denken müssen und nun wußte Kolo die ganze Geschichte, und - er war gerettet.

Im Kloster

Das Ursulinenkloster in Breslau stand mitten in der Stadt, auf einer der Inseln, um die sich die Oder schlängelte. Früher befand sich das Kloster in Carlowitz, einem Vorort von Breslau, war umgeben von einem Park, in dem es Tennisplätze, Rasen für Krokettspiele, hohe rauschende Bäume und einen See gab. Hier in der Stadt schien das Kloster alles an Trostlosigkeit zu überbieten, was ein Landkind, eingesperrt in die Mauern der Großstadt je erwartet hatte. Aus vergitterten Fenstern schaute man hinaus auf einen einzigen traurigen Baum am Ufer des Flusses, der unter den Mauern dahinströmte.
In den breiten Gängen durften die Schülerinnen nur rechts und links an den Wänden schweigend entlanggehen. Früh um sechs, noch vor der Schule, begann die Messe, dann war Frühstück in einem großen Eßsaal, danach mußte man sein Kämmerchen, eine im Schlafsaal durch weiße Tücher abgegrenzte winzige Privatsphäre, in der lediglich ein Bett, ein Waschtisch und ein Stuhl standen, in Ordnung bringen.
Alle Schülerinnen, so hatten es die Nationalsozialisten bestimmt, besuchten öffentliche Schulen. Eliane kam ins KHW, König Wilhelm Oberschule, Obertertia. Sie sollte zwei Jahre Latein nachholen, es fehlte ihr auch noch ein Jahr Französisch und die Mathematik war in dieser Schule schon wesentlich weiter. Die Tage vergingen in dem Bemühen, einigermaßen dem Unterricht und den Hausaufgaben gerecht zu werden und in verschiedenen Nachhilfestunden neues Wissen zu speichern, Frühmesse, Abendandachten und quälend sich hinziehende Rekreationsstunden, in denen angeblich Erholung angeboten wurde. Das Essen war eine Katastrophe und die meisten anderen Pensionärinnen entsetzliche Ziegen. Bald merkte sie auch, daß Mater Jutta, die betreuende Nonne ihrer Gruppe von immerhin 25 Mädchen, sie nicht besonders mochte. Bei Mater Jutta war schon Rosel Preiß in Ungnade gefallen und Mutti tat das ihre dazu. Sie schrieb Eliane sehr strenge Briefe, in denen sie immer wieder betonte, sie wüßte, Eliane sei kein sehr frommes Kind und nun sollte sie ihr Gewissen dahingehend prüfen und sich mit Gott intensiv auseinandersetzen. Alle Briefe, die abgehenden und die die man empfing, wurden von den Nonnen gelesen.
Aber Eliane, vom Schicksal mit einem sehr positiven Naturell ausgestattet, entdeckte sehr bald, daß nicht alle Mitschülerinnen Ziegen waren. Neben ihrem Klapp-Pult stand Dodos Pult. Sie war eine geborene Comtess Oppersdorf, eine Nichte von Franz, der damals in Glauche Vaters Zorn entfacht hatte. Schon Ilse war mit Dodos Mutter vor Jahren in Carolowitz bei den Ursulinerinnen erzogen worden. Dodo besaß das faszinierendste Gesicht, das Eliane je gesehen hatte. Es war ganz schmal und lang. Braune wallende Locken umrahmten es und was besonders auffiel, waren ihre schlitzartigen, schrägen, tiefbraunen Augen. Slawische Augen in einem von einer römischen

Nase beherrschten Gesicht. Dodo hatte den Körper einer fünfzehnjährigen, schlank mit enger Taille, voll entwickelt. Sie war weder schön, noch häßlich, sie war einfach faszinierend anders, und so benahm sie sich auch. Sie besuchte keine öffentliche Schule, bekam nur von den Nonnen Privatunterricht und genoß aus einem unerfindlichen nicht zu ergründenden Grund, Freiheiten, die anderen nicht gestattet waren. Sie war Polin, aus einem alten Geschlecht und die Nonnen schützten sie, was Eliane nicht wußte. Nie sprach sie über ihren Vater.

Jeden Donnerstag durfte Dodo in die Stadt gehen, kaufte ein, obwohl es außer Postkarten kaum noch etwas einzukaufen gab, traf sich mit irgendwelchen Tanten oder Onkels, betrat die großen Hotels, als wäre sie dort zu Hause und wartete im Foyer auf ihre Mutter, oder Tante Putti oder Tante Tutti, wurde mit Keksen und Tee gefüttert und wieder ins Kloster zurückgeschickt.

Für Elianes Nöte hatte sie immer ein Lächeln und mit ihrer Frömmigkeit war es auch nicht weit her. Mutti schrieb aus Nährschütz, wie kalt es sei. Das große Haus ohne Kohle war kaum noch zu heizen. Es gab nur noch zwei Zimmer, die einigermaßen warm wurden, Großmutters Herrenzimmer und Mutters Salon. Die Schlafzimmer hingegen waren richtige Eispaläste. Wolf und Ernst kamen auch in ein Internat, nach Lähn. Hans, der als besonders begabt galt, wurde in Liegnitz in der Ritterakademie aufgenommen. Mutti glaubte, daß in Internaten geheizt würde, womit sie aber im Irrtum war und alle Kinder hätten gerne die Kälte in Nährschütz ertragen, wenn sie nur wieder daheim sein durften.

An Wochenenden fuhren viele der Internatsschüler nach Hause. Eliane durfte nicht. Es gab nur einen Trost. Dodo fuhr niemals irgendwohin und Eliane dachte manchmal, sie hat vielleicht gar kein Zuhause. Aber die immer fröhliche Dodo hätte das nie zugegeben.

Manchmal, völlig überraschend, kam Mutti nach Breslau mit einem Koffer voller Eier, Speck und Würsten. Sie tauschte diese Kostbarkeiten bei der Mater Oberin in Zucker um, erkundigte sich, ob ihre Tochter auch brav sei, verschwand in der Kapelle, um mit ihrem Kind zu beten und fuhr dann wieder ab. Selten blieb eine kleine Leberwurst in Elianes Händen zurück.

Es gab aber Kinder, wie Traudel Kamrad aus Tiemendorf, nahe von Töschwitz, die einen Klumpen Butter, selbstgemachte Marmelade und andere Herrlichkeiten von zu Hause mitbrachte, die sie aber nie teilte. Das war verboten und Schwester Gertrudis, die Ordnungsschwester, wachte streng über dieses Gebot bei Tisch. Traudel war ein hübsches blondes etwas dickliches Mädchen, wurde von allen geliebt, nur Dodo sagte manchmal: „Die lebt wie die Made im Speck!" und Eliane konterte: „Selber essen macht fett!" Es gab ein Mädchen, dessen Eltern eine Textilfabrik hatten. Alle Backfische umschwärmten sie bis Dodo herausfand, daß sie seidene Unterwäsche und Pulloverchen mitbrachte und sie gegen Lebensmittel eintauschte.

Dodo und Eliane hatten nichts einzutauschen, auch war ihnen seidene Unterwäsche schnurz egal. Eliane trug die abgelegten selbstgestrickten Pullover ihrer Töschwitzer Cousinen und dicke Röcke dazu, denn Hosen waren verboten. Auch Dodos Garderobe war keineswegs der letzte Schrei.
Früher, als Tante Inge im Kloster war, trugen alle gemeinsam eine Art Uniform. Matrosenblusen und Faltenröcke. Tante Inge erzählte: „So gekleidet gingen wir in Reih und Glied über eine der Oderbrücken. Entgegen kam uns eine Abteilung junger Männer vom Arbeitsdienst. Ein plötzlicher Windstoss von unten wehte den Mädchen die Röcke über die Köpfe und die Arbeitsdienstmänner johlten vor Entzücken. Am schockiertesten war die die Mädchengruppe begleitende Schwester." Eliane und Dodo aber standen einer Uniformierung aller nicht ganz ablehnend gegenüber. Dann hätte die alberne Modenschau der Mitschülerinnen nicht stattgefunden. Alles drehte sich um dieses Thema, besonders auch, weil es diese Dinge schon lange nicht mehr zu kaufen gab.
Im Februar brach eine Grippe-Epedemie aus. Eliane bekam ihren immerwährenden Husten. Die erst Zeit verbrachte sie im Krankenstübchen, wo Mater Jutta sie sogar besuchte. Sie ignorierte des Kindes haßerfüllten Blick und sprach in salbungsvollem Ton von dem Willen wieder gesund zu werden.- Aber da war das Heimweh und ein kranker Körper, in dem eine kranke Seele nur das eine wollte: weg hier, bloß weg.
Als man Eliane wieder in den Schlafsaal entließ, wurde der Husten ihr zum Verbündeten. Sie hustete und hustete und wußte ganz genau, daß nur Doktor Schmitt ein Mittel dagegen hatte, es hieß Kodein.
Der Baum vor dem vergitterten Fenster bekam Blätter, in Nährschütz kehrten jetzt die Zugvögel zurück. Oma stellte die Palmen ins Freie, die Silberpappel würde ihr Knospen entfalten und der Wind überall weiße Flöckchen auf die Wege streuen. Langer schnitt mit der Sense die erste Luzerne früh am Morgen, wenn noch der Tau auf den Wiesen lag und die rote Sonne im Osten über der Oder aufging. Er würde bald den Sommerweizen sähen und die Kartoffeln legen.
Eliane hustete, sie hustete sich die Lunge aus dem Leib. Sie konnte den schrecklichen Pamps, den sie hier kochten nicht mehr behalten, die rote Rüben-Marmelade auf Graubrot ohne Butter ohne Margarine, nicht mehr riechen. Sie störte den Ablauf eines geordneten Geschehens. Verärgert schickte die Schule sie ins Internat zurück, verärgert beschlossen die Nonnen. „Sie muß nach Hause!" Omama war entsetzt, als sie das Kind zu Gesicht bekam. So dünn, so durchsichtig, so krank. Und endlich hatte auch Mutti so etwas wie Einsicht.- „Man sperrt nicht einen freien Vogel in ein Bauer", flüsterte Peusel die alte Köchin der gnädigen Frau zu, die ähnliches mit Inge erlebt hatte. Aber sie beide hatten darüber nicht zu befinden.
Hahn Karle kroch jeden Morgen bis hinauf in Elianes Zimmer, holte Asche

aus dem erloschenen Ofen und entzündete ihn neu mit Holz und Spänen. Er lauschte ihrem bellenden Husten und meinte: „Du mußt es nähren, Du mußt es hüten!" und meinte das Feuer. So lernte sie, wie ihre Großmutter, ihren Kachelofen auch mit nassem Holz, denn was anderes gab es nicht, in Glut zu halten. Aber es war ja Frühling und sie wußte ihn zu nutzen, in Nährschütz. Doktor Schmitt in Köben, zu dessen Praxis sie mit dem Rad hinfuhr, gab ihr Kodein. „Es macht Dich müde, benommen, nimm es vorsichtig, wenn es geht nur vor dem Schlafen", dann lachte er. „Hast Dir was Feines ausgesucht, um dem Kloster zu entkommen, aber gib acht, sonst schicken sie Dich gleich wieder dorthin zurück." „Doktor, Sie müssen mir helfen!" Er nickte: „Werd`s ein bissel dramatisieren, kleine Lady, woll`n doch nicht, daß Du unglücklich bist."

Ein Sommer, ein ganzer herrlicher Sommer lag vor ihr in Nährschütz. Mutters ablehnende Haltung wich bald einer distanzierten Freundlichkeit, besonders als sie merkte, wie nützlich dieses Kind sein konnte. Ilse war nämlich so gerne im Kloster gewesen. Das Leben dort war ihren religiösen Neigungen sehr entgegen gekommen, weshalb sie weder ihrer Schwester Inges noch ihrer Tochter Abneigung verstehen wollte.

Sie nahm Eliane mit nach Zechelwitz. Dort verkaufte ihr der Besitzer des Gutes zwei Schafe. Bei einbrechender Dunkelheit trieben sie die Tiere drei Kilometer durch den Wald, immer parallel zur Birkenallee, die Opa einst gepflanzt hatte und die nun prachtvoll die neue Steinauer Straße säumte. Hinten ums Dorf herum trieben sie die dummen Tiere und gelangten ungesehen durch den neuen Park bis zum Eiskeller. Dort entließ Mama Eliane mit der Bitte, doch Onkel Edgar Bescheid zu sagen. Onkel Edgar, gerade auf Urlaub, erschien mit seiner Dienstpistole, tötete die armen aber immerhin fremden Tiere. Als sie ausgeblutet waren, kam Onkel etwas blaß um die Nase und schickte Eliane erneut an den Ort des brutalen Geschehens. Die Schafe hingen an großen Haken und Mama zeigte ihrer Tochter, wie man sie entbalgt. Es war ähnlich wie beim Hasen abziehen. Mit einem scharfen Messer ging es schnell. Sie öffneten die Bäuche und vergruben die Innereien, die nicht verwertet werden konnten hinter dem Teehaus. Im Eiskeller war es bitter kalt und beide trugen alte Pelze. „Wir sehen aus wie Waldschratts", bemerkte Ilse fröhlich. In einer anderen Nacht zerteilten sie das Fleisch. Legten Schlegel und Läufe auf Eis und kochten das andere Fleisch, um es durch den Wolf zu drehen. Einen Schlegel bekam der Mörderonkel, einen Lauf erhielten Pfarrers, einen gab es am Sonntag zu Mittag und in den Weckgläsern wurden zukünftige Hammelbraten eingeweckt und haltbar gemacht. Sie kochten in Muttis Küche, Peusel herrschte im Gartenzimmer. Die Küchen hatte man von Anfang an getrennt. Fragte jemand, so sagte Mama, es handle sich um Wild. Rastlos arbeitete Ilses Geist, denn in Nährschütz tauchten immer mehr verhungerte Städter auf. Im Stall waren Schweine und Ferkel gezählt.

Onkel Männe hatte spontan, wie es seine Art war, ein weiteres Pferd untergestellt. Ein noch sehr junges und nicht eingefahrenes Tier. Auf einer ersten Probefahrt kutschierten es die Damen nach Köben. Erst trabte es gehorsam und sehr schnell, nur verstand es nicht, daß die Menschen auch anhalten mußten um auszusteigen. Schon das Einsteigen geschah unter abenteuerlicher Akrobatik. In Köben, Mama wollte einkaufen, mußte sie sehr schnell das Gefährt verlassen und rasch beiseite springen, weil das Tier nicht stille stand. Dann raste der Dogcard mit Eliane über das Kopfsteinpflaster pausenlos um den Ring. Eisenbeschlagene Räder machen auf Kopfsteinpflaster einen fürchterlichen Lärm. In dem sonst so stillen Städtchen traten die Geschäftsleute und die Bürger vor ihre Türen. Mutti eilte das Treppchen hoch zu Willy Schild. Schuster Gans und seine Frau guckten durch die Scheiben, Karl Schilds Töchter standen lachend vor ihrer Ladentür, der Fleischer, die Bäckerin, ja sogar der Apotheker alle glaubten die Falkenhausens machen sich wieder einmal besonders wichtig, denn Frau Strach aus Nährschütz, hätte solchen Unsinn sicherlich nie zugelassen. Das Pferdchen aber trabte und trabte wie von Furien gejagt um das Rathaus und die evangelische Kirche herum. Als Mama ihre Einkäufe so schnell es ging getätigt hatte, erschien lachend der Viehhändler Handtke, jener, den Opa einen Halsabschneider einst genannt hatte. Er erfaßte die Situation und ehe Mama wieder einsteigen durfte, hatte er mit vielem „Ho ho, ruhig, ganz ruhig", endlich das Vieh zum Stehen gebracht. Ilse stieg schnell ein, winkte und grüßte alle und sie rasten wieder nach Nährschütz zurück.

Dies aber sollte erst der Auftakt für viele aufregende Exkursionen sein. Endlich hatte Mama ein Gefährt für sich allein zur Verfügung. Ganz allmählich begriff auch Eliane, warum es Ilse ein so großes Anliegen war, Onkel Edgar dazuhaben. Und er kam gern und oft, denn er aß mit viel Appetit. Onkel Edgar hatte auf eine sehr tragische Weise seine Frau verloren und bei ihm in Berlin saßen zwei kleine Töchter mit einer Haushälterin. Wenn Edgar, oft nur für ein paar Tage erschien umarmte er Mama und flüsterte: „Ach Ilschen, machen wir doch wieder ein Harakiri!" Eines Morgens sagte Ilse zu ihrer Tochter: „Wir fahren heute nach Töschwitz!" „Doch nicht mit dem Dogcard und dem rasenden Vieh?"
„Doch", nickte Ilse, die, wenn sie sich etwas in den Kopf gesetzt hatte, davon nicht abzubringen war. Frau Langer fütterte gerade die Schweine: „Frau Langer, ich nehme ein Ferkel mit nach Töschwitz. Mein Schwager will es zur Zucht. Bitte helfen Sie mir doch, den kleinen Eber dort zu fangen." Sie steckten das quiekende Tierchen in einen Sack und hieften es auf den Wagen. Frau Langer hielt das unruhige Pferd, bis die Damen eingestiegen waren und blickte dem Einspänner mit gemischten Gefühlen nach: „Du hast doch bei Langer ewig das Kutschieren geübt", sagte Ilse zu ihrer Tochter. „Nun zeig, was Du

kannst!" Erst ging das nervöse Tier ihr fast durch. Sie besann sich aller Tricks: sanfte Zügelführung, gutes Zureden, Peitsche weg. Nun waren es bis Töschwitz immerhin 14 Kilometer weit und schon auf halber Strecke wurde der kleine Wildling fügsamer und vor allem langsamer. Als sie in Töschwitz ankamen, war er zwar schweißbedeckt aber lammfromm. Paul Krause nahm den Damen die Sorge für das Tier für eine Weile ab. Was ein guter Pferdemann ist, der weiß es zu beruhigen. Er gab ihm eine Schütte Heu und lauwarmes Wasser, rieb es ab und stellte es in eine leere Box.
Aus Talbendorf kam ein Junge mit einem Wagen voller Stroh. Obenauf lag ein dicker Sack, in dem ein etwa ein Zentner schweres Schwein gefangen lag. Die Schweine wurden ausgetauscht und, als die Damen nach der Kaffeestunde wieder abfuhren, war der Inhalt ihres Sackes um etwa siebzig Pfund schwerer. Die Schweinezahl in Töschwitz stimmte, falls eine Kontrolle kommen würde. „Wie willst Du das verheimlichen?" fragte Eliane auf der Heimfahrt. „Wie wollt Ihr das kaschieren?" „Pst", flüsterte Ilse, obwohl sie niemand hören konnte. „Ein kleines Ferkel kann doch eingehen. Kein Mensch käme heutzutage auf die Idee, ein Milchferkel zu schlachten." Doch beiden war durchaus klar, welche Gefahr ihr wagemutiges Unternehmen barg. Zuchthaus drohte jedem Schwarzschlachter. In Töschwitz war die ganze Zeit kein Wort über die Transaktion gefallen. Tante Erna hatte nur über Eberhards letzten Urlaub gesprochen. Sie beschrieb die viel zu kleine Uniform:
„Seine Arme ragten weit aus den Ärmeln. Auch die Stiefel waren zu klein. Es sah ganz schmal und verhungert aus. In Eilmärschen schreiten sie vorwärts durch das schreckliche Russland. Die Dörfer sind verbrannt, nirgends finden sie etwas Eßbares, die Bevölkerung geflohen. Es hapert am Nachschub. Noch sind die Straßen und Wege versumpft, voller tiefer Furchen und Morast. Ilse, er hat so geweint. Ich habe ihn gebadet und gefüttert und gepflegt, aber er hat immer wieder gesagt: „Weißt Du Mutti, das Furchtbarste ist, wie sie mit den Pferden umgehen."Rosel weinte. Sie führte jetzt mit ihrem alten Vater gemeinsam mit einem Herrn Gorka die Güter. Das Schloss Töschwitz war groß und bequem, sehr schön eingerichtet und es gab Zentralheizung im ganzen Haus. Tante Ernas älteste Tochter Judith war in Bayern verheiratet. Ellynor, genannt Ellu, befand sich gerade in Berlin und Rosels jüngster Bruder Fritz machte in der Ritterakademie in Liegnitz sein Abitur. Alle waren so tief traurig, denn die Erinnerung an den Abschied von Eberhard, der wieder in den mörderischen Krieg zog, und gleich darauf sein so gewaltsamer Tod lag wie ein Leichentuch über ihrem Leben.
Wieder auf dem Heimweg, anscheinend hatte das Pferd jetzt kapiert, wie es sich verhalten sollte, wählten sie nicht öffentliche Straßen sondern fuhren über Feldwege und versteckte Dörfchen. Es dämmerte bereits als sie zuhause ankamen und Eliane lenkte den Dogcart um das Schloß herum vor den Eiskeller. Dort stand schon Onkel Edgar. Zu dritt trugen sie das Schwein in

die eisige Tiefe des Kellers unter die Scheune. Eliane war froh, daß es nun ihre Aufgabe war, das Pferd zu versorgen. Der Kutscher Langer half ihr beim Ausschirren und fragte: „Wie war es denn?" Sie wiegte den Kopf und führte das Tier schnell in den Stall, denn sie hatte Angst, daß die Kutscherleute vielleicht den Schuß vernehmen würden. Diese Sorge aber war unnötig, denn das geschah erst zu später Stunde.

„Erst war der Gaul ganz von Sinnen vor Angst, das hat sich aber allmählich gegeben", lachte sie. „Ich glaube, ich habe ihn eingefahren."

Spät in der Nacht, ein heller Mond stand am Himmel, vielleicht würde es noch einmal kalt werden, alle anderen waren schon zur Ruhe gegangen im Haus, schlichen sich Mama und Edgar zum Eiskeller. Eliane war befohlen worden später nachzukommen: „Wenn ich nicht wüßte, was sie vorhaben, könnte man meinen, sie seien ein Liebespaar" dachte das junge Mädchen: „Ich brauche Dich, Du weißt ja wie er ist, zwar stark aber so schrecklich unpraktisch. Blut kann er nicht sehen, da wird ihm übel." Aber schießen konnte der Luftwaffenoffizier und schießen konnten sie nicht. Das Schwein hing tot mit den Hinterbeinen an einem Haken an der Decke, an denen schon seit Jahrhunder-ten Tiere aller Art aufgehängt wurde. Die Eisschollen, im Winter ringsum im Raum bis zur Plafond aufgestapelt, waren fast weggeschmolzen. Mama nahm tapfer ein Messer und schnitt dem toten Schwein die Kehle durch. Darunter stand ein irdener Topf, in den das Blut lief. Der Onkel hielt sich ein Taschentuch vor die Nase und entschwand.

„Jetzt braucht er sicherlich einen Cognac", sagte Mutti herzlos, aber eigentlich hätte sie selbst auch gerne einen gehabt. „Muß ich das Blut nicht rühren?" fragte Eliane, die beim erlaubten Schweineschlachten oft zugesehen hatte. „Nein, Blutwurst machen wir nicht, das würde zu sehr auffallen. Auch die Därme vergraben wir, wie bei den Schafen. Wir pökeln das Fleisch ein und machen Leberwurst in Weckkrausen. Eliane sandte ihrer Mutter einen bewundernden Blick zu. Sie, die nie kochen gelernt hatte, weil Peusel das nicht wollte, entwickelte sich zur Expertin. Während das Tier ausblutete betrachteten sie es. „Es hat schon so lange Borsten!"

„Wir müssen es zerteilen, in die Küche tragen, dort brühen und die Schwarte abschaben." Sie arbeiteten die ganze Nacht. Als aber die Nacht vorüber war und Frau Langer mit der Milch durch den Keller in die Küche trat, war alles erledigt. Die Kutschersfrau, verwundert, die Damen schon so früh in der Küche vorzufinden sagte: „Nein Frau Baronin, wie es hier riecht, wie beim Schweineschlachten!" und Mama, die gerade emsig im Feuer des Herdes stocherte, antwortete: „Nicht wahr Frau Langer, wie man sich doch so täuschen kann."Eliane wusch gerade neue Weckgläser aus. Die Gummis wurden knapp und Gummis gab es nicht mehr zu kaufen. In großen Tontöpfen schleppten sie das eingepökelte Fleisch samt Sole in den obersten Stock und schoben die Töpfe unter die Betten im nun nicht bewohnten Kinderzimmer der Brüder.

Dies taten sie natürlich in erster Linie für sich selbst, für Papa in Leipzig, für die vielen Besucher, die niemals Lebensmittelmarken abgeben mußten, für Oma und ihre zahllosen Feldpostpäckchen und für die vielen hungernden Städter, denen sie mit einem Weckglas Leberwurst, einem Stück Speck oder ausgelassenem Fett mit Apfel und Zwiebel fast das Überleben ermöglichten. Wären sie erwischt worden, so wäre Mama sicherlich ins Gefängnis gekommen. Es war klar, so etwas konnte man nur mit einer sehr verschwiegenen, praktisch veranlagten Tochter tun. Eliane wußte, daß Langers es wußten, aber sie hatte auch bei Langers einen Klumpen Butter auf dem Tisch gesehen und mit davon gegessen. Außerdem war Langer ihr Freund.

Manchmal, spät in der Nacht, ging Ilse in den Schloßkeller, wo die Abendmilch zum Abtransport in die Molkerei kühl stand und schöpfte Sahne ab um Butter zu machen. Frau Langer zweigte einen Teil der Morgenmilch ab, um für sich Sahne und damit Butter zu machen und fütterte ihr Deputatschwein von der Magermilch. Es dauerte lange bis ein warnendes Schreiben aus der Molkerei Tiemendorf von Herrn Kamrat, Traudels Vater, gerichtet an die ahnungslose Omama, kam: Prüfungen hatten ergeben, daß die Milch aus Schloßgut Nährschütz zu wenig Fettwerte enthalte. Wenn sich das im Laufe des Sommers nicht ändere, würde eine Kommission eine Untersuchung des Viehbestandes und der Milchwerte vornehmen. Oma Strach, immer ängstlich bemüht allen Nazivorschriften gerecht zu werden, rastete sofort aus. In ihrem großen Herrenzimmer unter den zwei Löwen, die an den Wänden hingen, stand der Kutscher Langer wie ein begossener Pudel und ließ sich vorbeten, was geschehen würde, wenn man in ihrem, gerade ihrem Betrieb, eine Unkorrektheit entdecken würde. „Sie wissen doch wie sparsam ich meinen Haushalt betreibe, nur und wirklich nur mit dem was die Behörden über die Lebensmittelmarken erlauben. Fragen Sie Frau Peuser!" Langer stammelte etwas von schlechter Fütterung, zu altem Viehbestand und versprach ihr, nun erst recht darauf zu achten, daß die Tiere genug zu fressen bekämen. Wieder im Stall berichtete er Eliane von der Unterredung. Sie saßen auf der Futterkiste.

Gespräche auf der Futterkiste

Langer war kein Mann der langen Reden. Eliane wollte melken lernen und deshalb saß sie unter einer Kuh und die Langern predigte: „Du mußt nicht nur alle Finger den Strang entlang gleiten lassen, sondern vor allem den kleinen Finger zuletzt kräftig bewegen, dann erst kommt der große Strahl. Sie hatte es versucht, schon so oft, und der Eimer war auch schon halbvoll, aber der kleine Finger tat nach einer Weile wirklich sehr weh und die Langern mußte jede Kuh nachmelken. „Ich lern' das nie", bekannte sie resigniert, stand auf und blickte in das zerfurchte, bekümmerte Gesicht des Kutschers. Er war so dünn, so schmal, so blond und sehr verarbeitet. „Was war? Was wollte Omama von Ihnen?" Inzwischen redete Eliane die Leute mit Sie an. Ellynor hatte das anbefohlen. Es war besser so, es hielt Distance, wie sie meinte. Langer betrachtete das Kind und erzählte dann von dem Schreiben der Molkerei und der Drohung der Behörden.

Die Langer goß ärgerlich die gemolkene Milch in die große silberne Blechkanne, in der sie am nächsten Morgen abtransportiert wurde und rief: „Eliane, Deine Mutter ist einfach zu unvorsichtig. Du bist die einzige, die Bescheid weiß und mußt es ihr sagen!" Im Stall, jetzt am Abend, herrschte eine Atmosphäre der Ruhe. Die Zähne der Tiere malten das Heu, Ketten rasselten, ein Schweif schlug, ein erschöpftes Tier seufzte. Es duftete nach Heu und den Pferden. Eines schnaubte und wandte den Kopf nach den Menschen. Die Stallgasse war sauber gefegt. Zu dritt hieften sie die schweren Kannen auf die zweirädrige Karre, mit der die Langers sie zum Schloß fuhren.

Eliane setzte sich auf die Futterkiste, weil sie wußte, der Kutscher würde zurückkommen, um zu sehen, ob alles im Stall in Ordnung ist. Oben im Gebälk des Heubodens brütete eine schwarze Ente. Ausgerechnet hier hatte sie sich ihr Nest gemacht. Die geschlüpften Entchen würden alle von dem Balken herunterfallen, wenn man da nicht aufpaßte. Aber vorerst dauerte es noch eine Weile. Als sie die Schritte des Mannes hörte, baumelte sie mit den Beinen. „Hat die Oma Sie sehr geschimpft, Langer?" Er setzte sich neben sie und schüttelte den Kopf: „Sie hat halt Angst!" Spitzbübisch schaute sie ihn an: „Dabei weiß sie von nichts, Langer. Niemand ahnt etwas."

Der Mann zündete sich eine Pfeife an und sog lange bis sie endlich brannte: „Weißt Du, ich überlege mir immer, was sie in die vielen Pakete tut, die sie täglich zur Post bringt."

Eliane lachte schallend und dachte: „Ja, es war wirklich seltsam. Immer wenn Oma Pakete packte, (Mama haßte es Pakete zu packen, nicht einmal ihre Kinder bekamen etwas geschickt), entspann sich eine etwas gestelzte Unterhaltung, in der Ellynor die Bedürftigkeit des jeweiligen Empfängers zum Inhalt des Gesprächs machte, worauf Mama in den Keller verschwand, der natürlich abgeschlossen war, um dann Omama, obendrauf sozusagen, etwas Verborgenes in das Paket, oder auch in zwei oder drei zu legen. Diese Handlungsweise aber oblag ganz Ilses Ermessen. Für Marion, Onkel Männe's Frau, oder gar Tante Margot, Omas Schwester, die ja dauernd in Nährschütz aufkreuzten, hätte sie nie etwas rausgerückt.

Langer, auf der Futterkiste sinnierte weiter:

„Weiß'te, manchmal denke ich, der Hitler ist gar nicht so unrecht. Auf jeden Fall sorgt er sich um uns arme Leute." Eliane schlenkerte mit den Beinen: „Langer, mit dem Kühn, Ihrem Vorgänger, habe ich auch einmal hier gesessen. Er war auch nicht zufrieden mit seinem Los. Sie hatten uns gerade eines der schönsten Pferde weggenommen, damals als der Krieg begann. Ich heulte um das Pferd und er sagte nur: „Aber es ist doch nur ein Tier." Vier Wochen später war sein Herbert tot. Herbert war achtzehn und Gärtner bei uns. Sie haben nur den kleinen Norbert und selber brauchen Sie nicht in den Krieg." „Du weißt nicht wie es ist, immer arm zu sein. Es ist so demütigend." Sie nickte: „Es kommen sicherlich auch wieder andere Zeiten. Und wenn Sie früh aufs Feld fahren, dann sind Sie doch ihr eigener Herr, und hier im Stall haben nur Sie das Sagen." Er aber schüttelte den Kopf: „Sogar die westfälischen Siedler auf ihren Klitschen sehen auf mich herab und Ida liegt mir täglich in den Ohren, daß sie so nicht weiter leben will." „Aber Langer, wenn Sie uns verlassen, wissen Sie, was dann passiert? Man wird Sie sofort zum Militär holen und dann ist Ida und ihr kleiner Norbert Sie los. Wollen Sie denn Soldat werden?" In dem Moment kam seine Frau in den Stall und schimpfte: „Wills'te hier festwachsen? Das Essen ist fertig. Es ist Zeit!" Beschämt entfernte sich Eliane, denn sie hatte das Gefühl, die Frau war womöglich eifersüchtig.

Es kam der 20. April, Hitlers Geburtstag. Ein Feiertag. In Nährschütz mußte die Hakenkreuzfahne aus einem der oberen Fenster gehängt werden. In Lähn, wo Ernst und Wolf seit einiger Zeit Internatsschüler waren, wurde in der kleinen Stadt wie jedes Jahr ein Umzug veranstaltet. Augenscheinlich gab es besonders viele Parteigenossen in Lähn. Auch die Schüler des Internats und ihre Lehrer nahmen an diesem Umzug teil. Ernst und Wolf waren in der Hitlerjugend dort noch nicht aufgenommen worden, weil sie noch zu neu waren und sich niemand darum gekümmert hatte. Also nutzten sie die Gelegenheit aus und blieben heimlich dem ganzen Spektakel fern. Erzieher waren zu jener Zeit in derartigen Schulen total überfordert, es gab viel zu wenige und die es gab waren meist zu alt. Während der Aufmarsch der braun gekleideten Uniformierten mit den Hakenkreuzbinden am Ärmel unter dem Internatsgebäude, mit viel Tschingderassassa vorbeimarschierte, Fahnen wehten, Stiefel stampften, Trompeten Märsche posaunten und alle den feierlichen Augenblick genossen, ergoß sich plötzlich, ausgerechnet auf die Fahnenträger und später auch über den hochdekorierten Bürgermeister, aus einem Fenster der Erziehungsanstalt Wasser. Nicht eine Kanne, die ja auf den Waschtischen im Schlafsaal standen, sondern viele Kannen, immer wieder neu.
Man schrie, man protestierte, der ganze Zug kam in Verzug, niemand wollte naß werden.
Die Aufregung wurde bedrohlich, bis der Direktor, von dem Ereignis benachrichtigt, die braunen Reihen hastig verließ, um die Sünder festzustellen. Das war für Wolf und Ernst das Ende ihrer Internatszeit in Lähn. Danach, ohne Erbarmen, kamen sie in ein Internat nach Glogau. Wolf, der gehofft hatte, nun

sei die Qual der Schulzeit beendet, sah sich entsetzlich getäuscht und verweigerte jede Teilnahme an menschlicher Gemeinschaft. Er aß nicht mehr, was ihm nicht schwer fiel, er war immer ein schlechter Esser gewesen. Er nahm am Unterricht nicht teil, er weigerte sich zu sprechen, er befand sich in einem absoluten Streik. Die guten Patres, denn Glogau war ein Kloster, die immerhin ein wenig Ahnung von Psychologie hatten, rieten Mama, ihr Lieblingskind besser nach Hause zu nehmen, um ihm seinen Wunsch zu erfüllen und Landwirt zu werden. Er war bereits vierzehn und die Schulpflicht vorbei. Wahrlich, Ilse hatte es mit ihren Sprösslingen nicht leicht. Nach Töschwitz wollte sie ihn nicht geben. Dort hatte Männe als Eleve schon Schiffbruch erlitten, was gewiss nicht an seinem Schwager Reinhold Preiß lag. In Nährschütz wäre er neben Langer fehl am Platz gewesen, weil auch Oma das nicht befürwortete. Also fuhr Ilse nach Zechelwitz, zu einem Mann, dem sie schon wegen der Schafgeschichte trauen konnte und der als ein hervorragender Landwirt galt. Und so, wie sie ihre Geschichte vorbrachte, hatte sie Erfolg. Wolf begann also ein landwirtschaftliches Praktikum in Zechelwitz.
Um Eliane nicht jede schulische Weiterbildung zu verbauen, bat Mutti den Volksschullehrer aus Kammelwitz, der nun auch in der Schule in Nährschütz drei Mal die Woche unterrichtete, weil Herr Lehrer Schönfelder eingezogen worden war, Eliane zwei mal in der Woche Unterricht zu geben. Herr Gehrmann war ein schmaler kleiner Mann in den Vierzigern. Der Nationalsozialismus war nicht ganz spurlos an ihm vorüber gegangen. Doch die Chance, natürlich als Nebenverdienst, nahm er bereitwillig an. Er war ein sehr musikalischer Mann und Mutti versicherte ihm, daß auch die musikalische Fortbildung ihrer Tochter ihr, besonders aber ihrer Großmutter, sehr am Herzen liege.
Als erstes betrat er überwältigt das große Haus, schritt mit Mama die breiten Stufen hoch, durch die obere Halle, den Gang entlang bis in Mutters goldenen Salon. Dort stand der alte Steinwayflügel. Vor einem Marmortisch mit Heften und Büchern belegt, saß ein Kind, das längst kein Kind mehr war. Blond, mit langen Zöpfen, unbefangen. Sie war es, die ihm seine Befangenheit nahm. Sie weihte ihn in die Materie der höheren Mathematik ein, die ihr als Pensum in Breslau vorgeschrieben worden war. Sie erklärte ihm die Schwierigkeiten der Grammatik in drei verschiedenen Fremdsprachen und sagte dann rund heraus: „Latein, kann ich nicht, Herr Gehrmann, und werde es auch nicht mehr lernen, denn eigentlich ist es mir total egal. Ich habe gehört Sie sind ein Musiker?" „So geht das nicht, Baroness!" wandte er sofort ein. „Ich bin hier engagiert worden, damit wir das Pensum ihrer Schule in Breslau durchnehmen und das sollten wir doch wenigstens versuchen, damit Sie nicht zu viel versäumen." Sie betrachtete ihren neuen Lehrer mit den fliegenden Haaren und dachte. „Na gut, probier ich's halt aus. Er wird mich schon nicht mit französischer Grammatik notzüchtigen. Sie ackerten die

verschiedenen Fächer notdürftig durch. Nach zwei Stunden erschien Mama, mit einem Tablett mit Tee und Brötchen. Nachdem sie sich gelabt und über die Lücken gesprochen hatten, die Eliane nun schon durch eine so lange versäumte Zeit habe, fragte der Lehrer, ob er den Damen, auf dem herrlichen Flügel etwas vorspielen dürfe. Und dann spielte er. Und das war sein Metier. Er war wirklich ein Musiker der spielen konnte, nicht nur die Gitarre mit seinen Schülern. Er spielte anders, vielleicht weniger seelenvoll wie Ellynor, aber auch er spielte in der Vollendung.
Die Schulstunden brachten Eliane nicht viel. Sie merkte bald, daß ihr Lehrer die Materie nicht beherrschte, weshalb sie oft abschweifte, über Literatur sprachen, über deutsche Dichter, besonders über die Romantiker und ihn bat ihr die alten Lieder von Schumann, Schubert und Löns vorzuspielen, die sie dann gemeinsam sangen.
Einmal besann er sich ernsthaft seiner Aufgabe und gab ihr als Hausarbeit auf, einen Aufsatz zu schreiben, mit dem Titel: „Der Deutsche Wald". Auch hörte er englische, französische und lateinische Vokabeln ab. Wobei sie bei den englischen keine Schwierigkeiten hatte, die französischen falsch buchstabierte und ihm rund heraus erklärte, die lateinischen habe sie nicht gelernt. Den Aufsatz über den Deutschen Wald nahm er mit heim. Er gab ihn ihr erst Wochen später wieder und hatte nichts als eine 1 darunter geschrieben.
Seit dem Beginn des Krieges stand Mama zur Hilfe im Haushalt, wie erwähnt, ein Pflichtjahrmädchen zu. Sie wechselten jedoch Jahr für Jahr.
Als Frankreich von den deutschen Truppen überrannt worden war, wurden den Bauersfrauen, deren Männer im Feld waren, französische Kriegsgefangene zugeteilt. Sie schliefen zwar in Baracken in Köben, mußten aber jeden Morgen ihren Dienst antreten und machten ihre Sache sehr gut. In eine der kinderreichsten Familien im Dorf hatte man einen angehenden katholischen Geistlichen abkommandiert. Da die Bäuerin jedoch eine fromme Katholikin war, ertrug er sein Los mit Demut und Geduld und arbeitete wie ein Knecht. An Sonntagen ministrierte er in der Frühmesse. Pfarrer Maul kannte fast alle Franzosen der Gegend. Er hörte Beichte in französischer Sprache.
Einer von ihnen verliebte sich in die schöne Bauerstochter Änne. Änne, die täglich mit ihm arbeitete, Brüder und Vater waren im Krieg, erwiderte seine Liebe. Aber es war für den Gefangenen sowohl als auch für Änne ein großes Risiko. Nicht einmal die Mutter ahnte etwas davon.
Eines Sonntags fuhr Änne mit der Fähre über die Oder. Ein Trupp Gefangener nutzte den schönen Tag ebenfalls zu einem Ausflug. Sie deckten den Kameraden und er traf sich mit seiner Liebsten in tiefster Einsamkeit. Auf der linken Seite des Flusses war es besonders schön. Es gab dichte Erlen und Weidenwäldchen, kleine Seen mit Seerosen, viel Schilf und Moor, weil die alte Oder hier eine Schleife machte. Irgend jemand schöpfte Verdacht und zeigte das Liebespaar an. Beide wurden verhaftet und getrennt verhört. Der

Beamte legte dem jungen Mädchen sozusagen die Aussage vor: „Nicht wahr, er hat Dich verführt. Ein so braves frommes deutsches Mädchen! Wir kennen doch Deinen guten Ruf." Für den Franzosen bedeutete das ein Todesurteil. Änne war schlank, trug ihre blonden Zöpfe um den Kopf gelegt, wie die Frau von Hermann Göring, war beim BDM gewesen, wie alle damals, aber sie ging auch jeden Sonntag in die Messe, einmal im Monat zur Beichte und Kommunion. Natürlich wußte Pfarrer Maul von ihrer Not. „Nein", sagte sie, „er hat mich nicht verführt." „Wer dann", fragte der Nazi. „Es war ein anderer?" Sie wußten, daß sie nicht mehr unschuldig war. „Das ist schon sehr lange her." „Wir werden es herausfinden, besonders auch wenn Du lügst. Sollte der Mann im Krieg sein, wir finden es heraus." Er drohte ihr, sie sperrten sie ein, quälten sie mit zahllosen Verhören, bis sie heraus bekamen, daß sie als Kind vom Kantor der katholischen Schule, bei dem sie Religionsunterricht gehabt hatte, mißbraucht worden war. Sie hatte dem Franzosen das Leben gerettet. Nun aber rollte eine Lawine an und der Kantor, ein schmieriger alter Lüstling, der unter dem harmlosen und gütigen Pfarrer Schirdewan als Organist und Religionslehrer angestellt worden war, wurde verhaftet. Andere Zeugen traten auf. Väter, deren Töchter sich bitter über ihn beklagt hatten und auch Eliane erinnerte sich, daß er Magdalena Schwarz und ihr während des Unterrichts immer so eklig übers Gesicht gestrichen war. In jener Zeit wurden solche Delikte sehr hart bestraft.

Nach Schloß Nährschütz in den kinderreichen Haushalt wurde ein polnisches Mädchen als Dienstmädchen abkommandiert. Sie hieß Tolla. Tolla war verständlicher Weise voller Hass.

Sie wohnte nicht im Schloß, was sie mit Genugtuung aufnahm, sondern gemeinsam mit anderen Angestellten in der ehemaligen Wohnung von Jeschkes. Die gute Jeschken war ganz kurzfristig an Krebs gestorben. Mutti führte noch Professor Rahm an ihr Sterbebett. Er verschrieb ihr schmerzlindernde Medikamente und sagte damals traurig: „Da kann niemand mehr etwas tun." Der alte Jeschke zog nach dem Tod seiner Frau in ein Heim. So war die Wohnung frei. Omama hatte es endlich durchgesetzt, daß man auch Langer eine landwirtschaftliche Hilfskraft zubilligte. Man schickte ihm einen fünfzehnjährigen Polen, der wie Eliane bald herausfand, nicht ganz richtig im Kopf war. Heute würde man sagen, er war schwer gestört. Langer hatte keine Freude an ihm und Tollas Einfluß war nicht der beste. Beide lernten sehr schnell deutsch, verstanden aber nur was sie verstehen wollten.

Ilse war immer sehr gut zum Personal. Sie schenkte Tolla Kleidungsstücke, sie bekam das gleiche Essen wie die Herrschaft, sie mußte die Zimmer in Ordnung halten und in der Küche helfen. Als die deutschen Truppen bis nach Weißrußland (in Eilmärschen) wie wir wissen, vorgedrungen waren und Kiew fiel, überflutete Deutschland ganze Eisenbahnwaggons mit russischen Gefangenen. Man steckte sie meist in Rüstungsindustrien. Einige der

Mädchen aber kamen in Haushalte. Mutti bekam Olienka. Ein zartes Russenmädchen mit blonden Zöpfen, die einem bunt bestickten Russenkittel aus weißem Leinen trug. Sie kniete vor Mama nieder und küßte ihren Rocksaum. Ein hübsches, fleißiges und liebenswertes Ding. Mama kleidete auch sie neu ein.

Wenn Besuch kam, trugen die Mädchen weiße Schürzchen und ein gestärktes Spitzenband im Haar. Olienka, die dürr wie ein Hering gekommen war, wurde rund und rosig und war willig, obwohl Tolla und der verrückte Janek, sie sicherlich aufhetzten. Nach Wochen hatte Langer die Aufsässigkeit des polnischen Jungen satt. Anstatt ihn zu verprügeln, machte er Meldung beim Ortsbauernführer Kynast. Kynast kam mit dem Wachtmeister Schmitt, um den Jungen erst einmal zu verwarnen. Der aber führte sich auf wie ein Verrückter, ging auf den Hüter des Gesetzes los, trat und prügelte sich mit dem Beamten. Etwas derartiges war noch nie vorgekommen. Unter entsetzlichem Geschrei führten sie ihn ab, über den Gruftberg nach Köben ins Gefängnis.

Omama und Eliane verfolgten die Szene vom Salonfenster aus. Ellynor Strach war ganz blaß. Sie machte sich Vorwürfe, konnte aber überhaupt nichts dafür. Zuletzt hatte sie ihn in der Gärtnerei eingesetzt. Da es aber dort keine Aufsicht mehr gab, tat er nichts, legte sich unter einen Baum und lauerte auf Eliane.-

Mittags kam er zum Essen in die Küche und verbreitete nur Häme. Niemand, aber auch niemand mochte ihn. Während eines Gewitters, die Gewitter in Schlesien kommen ganz plötzlich, meist während einer sehr heißen Periode, alle hatten sich bereits ins Haus geflüchtet, hörte Eliane einen fürchterlichen Schrei, der aus dem Keller kam. Blitze zuckten, Donner grollte, es knallte wie bei einer Explosion. Eliane stand oben vor der Küche und schaute zu einem der in die Bogentür gefaßten Fensterchen in den Keller, sah den Jungen wie von Sinnen die breite Ziegeltreppe hinauf eilen, hinter ihm rollte ein Kugelblitz und zerbarst an der untersten Stufe in einem Funkenregen. Schnell öffnete sie die Tür, um den zu Tode erschreckten einzulassen. Er zitterte und heulte wie ein kleiner Junge und sie tröstete ihn und geleitete ihn in Großmutters Küche, wo beim Nachmittagskaffee Peusel und Helene, Omamas Mädchen, saßen. Dort erzählte sie, was sie gesehen hatte, und daß er eben dem Tode entronnen sei. Die andern aber reagierten gelassen: „Siehst Du Janek, jetzt haste es sogar beim lieben Gott verschissen, dem Du den ganzen langen Tag die Zeit stiehlst."

Janek war in Köben im Gefängnis. Eliane hatte nicht einmal gewußt, daß es in Köben so etwas gab. Janek sollte noch nach dem Krieg eine rachedürstende, sehr gefährliche Rolle spielen.

Letzter Sommer

„Hans hat Geburtstag", sagte Mama. „Wir werden einen Kuchen backen. Ich habe eine neue Hose für ihn und Socken und ein Hemd. Du wirst nach Liegnitz fahren und es ihm bringen." Angeblich konnte Mama von Fritzel nicht weg, der endlich erste Schritte tat. Fritzel sah ganz normal aus. Er war dunkelblond, hatte große braune Augen aber er redete nicht, brummte nur. Schlug sich mit der Faust oder einem Stöckchen dauernd an den Kopf und brummte dazu. Seine Gesichtszüge waren klar und nicht entstellt, die Krämpfe hatten sich gegeben und nichts deutete äußerlich darauf hin, warum er stumm blieb. Mama hoffte immer noch auf ein Wunder. Eliane backte einen Kuchen und fuhr mit dem Zug nach Liegnitz. Man mußte zwei Mal umsteigen, es war ein Samstag und als sie die Ritterakademie endlich gefunden hatte, befanden sich alle Schüler im HJ-Dienst. Nur ein großer Junge empfing sie, kein Lehrer, sonst niemand. Hans hatte ihr erzählt, wie sehr sie ihn hier quälten. Erzieher wurden von Schülern ersetzt und einer hatte versucht, ihn mit einem Kopfkis-sen zu ersticken.
Der Junge zeigte ihr den Studiersaal und sie packte das Paket aus und stellte die Torte auf sein Pult, die wenigen Geschenke legte sie dazu und sagte: „Er hat heute Geburtstag! Mach ihm das Lichtchen an, damit er weiß, daß ich hier gewesen bin." Sie konnte nicht warten, die Buben kamen erst am Abend zurück.
Später, als Hans dann zu Ferien nach Hause kam, erzählte er ihr: „Du, das war unser Stubenältester und der hat den anderen gesagt: „Mensch, der Hans hat aber eine hübsche Schwester, die war hier und sein Vater soll Major sein im Krieg . . ." und ab da wurde ihm mehr Anerkennung entgegen gebracht. Die Torte aber haben sie ihm trotzdem weggegessen.
Fritz Preiß, Tante Ernas Jüngster, verließ die Ritterakademie nachdem er sein Abitur gemacht hatte und wurde sofort zum Militärdienst eingezogen. Es gab von dieser Abiturklasse (24 Schüler) ein Klassenfoto. Fritz war ein sehr gut aussehender, selbstbewußter junger Mann mit nie versiegendem Humor. Auf Grund seiner Erziehung, Tante Erna, nicht autoritär, hatte ihre Kinder nicht mit Benimmregeln oder gar mit religiösen Schuldgefühlen belastet. Wenn eines ihrer Kinder die Beine eines Möbelstücks zerkratzte, dann sagte sie: „Mach ruhig weiter so. Wenn Du es einmal erben solltest, wird es Dir leid tun."
Fritz Preiß'ens Leben verlief auch in der Ritterakademie reibungslos. Während seiner militärischen Grundausbildung geriet er jedoch an einen Ausbilder (Spieß), der die jungen Rekruten innerhalb von sechs Wochen fronttauglich machen sollte. Dieser Unteroffizier, ein ganz primitiver Kerl, vertrat die Auffassung, gerade Abiturienten besonders hart anfassen zu müssen. Fritz konnte seine Klappe nicht halten und gab ihm freche Antworten.

Das veranlaßte den Mann, den Rekruten Preiß am Sonntag morgen, strafexerzieren zu lassen, bis derjenige im Staub zusammenbrach und nicht mehr im Stande war aufzustehen. Auf einer Bahre mußten seine Kameraden ihn wegtragen. Der Militärarzt stellte einen schweren Herzfehler fest und nach wochenlangem Lazarettaufenthalt schickte man ihn mit dem Vermerk „dienstuntauglich" nach Hause. Fritz, der fröhliche junge Vetter, war todkrank. Mit einer früheren Mitschülerin Magdalene Schwarz gingen viele Jugendlich am Abend zu einem Jugendabend in der Pfarrei nach Köben. Auf dem Weg dorthin, erzählte Magdalena traurig, ihr Bruder Johannes sei gefallen. Eliane aber wollte es genauer wissen. Sie hatte Johannes besonders gemocht. In einer lauen Sommernacht hatte er ihr im neuen Schloßpark das Küssen beigebracht, wurde ihr aber untreu, weil es eine hübsche junge Witwe im Dorfe gab, die sehr viel mehr Erfahrung im Wiederküssen hatte. Später erzählte Pfarrer Maul die wahre Tragödie um Johannes Tod. Er hatte sich geweigert, in Jugoslawien wehrlose Frauen und Kinder zu erschießen und war deshalb standrechtlich sofort hingerichtet worden.
Von Waldemar Niesler hatte sie seit einiger Zeit keine Post mehr bekommen, was sie sehr beunruhigte, weil sie sich doch versprochen hatten zu schreiben. Die Zeitungen waren voll von schwarzumrandeten Todesanzeigen. Jeden Tag schlug man mit bangen Gefühlen die letzten Seiten auf und fand immer wieder einen ihnen bekannten Namen. Im Dorf waren bereits sieben junge Männer gefallen und in Köben auch viele Familienväter.
Fritz Preiß zeigte ein Klassenfoto aus der Ritterakademie herum und sagte: „Schaut mal von allen 24 Mitschülern leben nur zwei, ich und der hier."
Die Linden blühten. Sie sandten ihren betörenden Duft durchs ganze Haus, durch den Park und den Gruftberg hinauf. Omama wanderte täglich zu Opapa's Grab, stellte Blumen hin und zündete ein Lichtlein an. Auch dort oben blühte der Flieder und der Jasmin. Später dann begannen die Akazien auf dem Sportplatz hinter dem alten Park ihre tropfenden Blütentrauben zu öffnen. Wenn der Wind von Westen kam, trug er ihren Duft über den Galgenberg bis beinahe nach Köben. Im Park entfalteten Großmutters Rosenbäumchen Blütenknospen unter den Herrenzimmerfenstern. Sie spielte nun hier auf ihrem Flügel, den man im Winter hierher getragen hatte, weil es in den anderen Räumen zu kalt war.

Ein junges Mädchen, Ina Gräfin Zedlitz, machte in Nährschütz ein landwirtschaftliches Praktikum. Sie sollte einmal ein Gut bewirtschaften und entging so dem demütigenden Arbeitsdienst für deutsche Maiden. Um es ihr leicht zu machen, begleitete Eliane sie oft, wenn sie Langer zur Hand gehen mußte. Für Eliane war es wie ein Sport. Sie konnte schon die Pferde einspannen und kutschieren, konnte eggen und jetzt galt es früh morgens Luzerne aufzuladen, Heu mit der Gabel zu wenden, Kartoffeln zu legen, zu melken und die

Stallgase zu kehren. In ihrem Eifer merkte sie gar nicht wie sie Langers, die sich befangen fühlten, half, dieses vornehme Mädchen wie einen Knecht anzulernen.

Das Haus war voller Besuch. Im Kavalierhaus wohnte eine ausgebombte Familie aus Köln, die fröhliche Abende mit Musik feierten. Sie hatten eine dreizehnjährige Tochter Evchen, die besonders gern einen Stepptanz auf Omas Mahagonitisch vollführte. Gut, daß Omama das nicht wußte. Eines Tages folgte Eliane einem Impuls und besuchte ihre ehemalige Lehrerin Fräulein Rau. Diese freute sich sehr. Als sie die Stufen ihrer ehemaligen Schule herab stieg begegnete sie Jock. Er war der Stiefsohn vom Wachtmeister Schmitt und nun ein gut aussehender Abiturient. Eigentlich hatten sie ihn nie wirklich wahrgenommen, und er sie sicherlich nur am Rande. Aber diese ihre Begegnung, sie fünfzehn, er siebzehn, schlug ein wie ein Blitz. „Ich habe Euch oft beobachtet, hier unten im Hof, wenn ihr Pause hattet und ich mal zu Hause war. Und manchmal kam ich auch herunter. Weißt du das nicht mehr? Einmal schüttete der Niesler Deine Tasche aus und fand darin deinen Beichtzettel. Du merktest es gar nicht." Oh Gott, an diese Blamage konnte sie sich noch gut erinnern und sie wurde rot. Was Jock entzückt bemerkte. Sie aber hoffte nur, daß er sich nicht mehr an den Inhalt des Beichtzettels erinnerte, denn darin stand geschrieben: „ich habe Unkeusches gedacht." Worüber die Mitschüler in abscheuliches Gelächter ausgebrochen waren, bis Magdalena ihnen den Zettel empört entriß und sie schrecklich beschimpfte. Am heutigen Tag aber, auf dem Treppenabsatz hatte Jock nur einen Wunsch: „Ich begleite Dich noch ein Stück, um den Köbener Schloßpark herum." Und sie sprachen von anderen Dingen. Er fuhr täglich nach Steinau in die Aufbauschule und hoffte nicht vor dem Abi eingezogen zu werden. Von da ab wurde er öfter in Nährschütz gesichtet. Das erste Mal kam er mit einem Freund, Kurt Ulbrich. Ulbrich hatte in Fräulein Raus Schule am Nachmittag eine Zeit lang den Mathematikunterricht der Untertertia gehalten. Auch war er als Schiedsrichter bei den Kreisjugendspielen tätig. An einem für Eliane denkwürdigen Tag, stoppte er ihren 75 Meterlauf mit 9,3 Sekunden. Noch nie war sie so schnell gelaufen. Es wurden mehrere Disziplinen geprüft: Hochsprung, Weitsprung, Werfen und u. a. eben auch Laufen. Sie gewann die Medaille, zu ihrer Überraschung, aber ihre Freude dauerte nicht lange. Danach wurde sie ins Köbner Schulhaus gebeten, wo die Bannführerin Gerda, sie in Gegenwart von Bannführer Bachhaus ins Gebet nahm:„Auch wenn Du heute die Spiele gewonnen hast, muß ich Dir als Jungmädchenführerin einen Verweis erteilen: Erstens ist bekannt geworden, daß ihr in Nährschütz den Dienst gemeinsam mit den Jungen abhaltet." „Aber es gibt doch nur einen Raum, nämlich die Volksschule."

Immer am Mittwoch nachmittag war Dienst und an einem der Tage regnete es in Strömen. Außerdem wußte Eliane durchaus nicht, was sie mit den

Mädchen, die sie zur Führerin gewählt hatten an einem solchen Tag machen sollte. Eine entsprechende Schulung hatte sie nie mitgemacht. Sie plante irgend welche Spiele zu spielen. Als sie den Schulraum betraten, war dort schon Waldemar mit seinen Pimpfen. Sie schreckte zurück und rief: „Ach ja, das geht wohl nicht." „Und ob das geht", konterte er lachend und die Mädchen setzten sich auf die eine Seite der Bänke, die Buben saßen auf der anderen Seite. Waldemar holte seine Quetsche heraus, machte Musik und alle sangen fröhlich mit. Sie spielten Teekesselraten und andere Spiele. Natürlich mit unerhörtem Erfolg. Auch Karl Heinz Göbel war dabei, Norbert Rohr, Georg Kynast, die Eitner-Buben und Taschners Jungen.

„Ihr spielt auch bei schönem Wetter nur Geländespiele", fuhr Gerda mit ihrer Strafpredigt fort „und das wiederum auch mit dem Jungvolk, habe ich mir sagen lassen. Dazu kommt Deine Weigerung, kurzfristig von Haus zu Haus zu fahren, um die Mädels zu einem Sonntagsappell zu bestellen. Beim letzten Appell fehlte Deine Gruppe." Es war nach neun Uhr abends als ich den Befehl über das Telefon erhielt, und nach neun Uhr darf ich nicht mehr aus dem Haus." Mama, der die Hitlerjugend ein Greuel war, besonders weil sie ihren Dienst meist am Sonntag morgen zur Kirchgehezeiten ansetzten, hatte empört dieser Order eine entsprechende Abfuhr erteilt. Sie nannte die gefürchtete Gerda: „So ein arrogantes Gör!" Während dieser heftig geführten peinlichen Unterredung, stand Kurt Backhaus als Zeuge abgewandt am Fenster. Gerda nahm Eliane die Führerinnenkordel, genannt Affenschaukel, von der Bluse und erklärte ihr, man werde jetzt jemand Würdigeren ernennen. Eliane verließ das Klassenzimmer nicht ohne sich noch einmal umzudrehen, um Backhaus anzusehen. Er machte ein mehr bekümmertes Gesicht und es fiel ihr wieder ein, wann sie sich das erste Mal begegnet waren. Am Tennisplatz, an dem Tag als Waldemar sie gewinnen ließ. Das alles war jedoch schon eine Weile her und hatte den Vorteil, daß sie sich nun gar nicht mehr dem Jungvolkverein zugehörig fühlte. Mama nahm die Nachricht damals mit Genugtuung auf und führte sie auf ihr diplomatisches Geschick zurück.

An all das dachte Eliane, als sie nun viel älter, reifer und trauriger Jock mit seinem Freund am Dreianger warten sah. Und wunderte sich, daß da noch jemand übrig war, den dieser schreckliche Krieg nicht verschlungen hatte.

Hühner gehen bekanntlich mit dem Dunkelwerden in den Stall. Der Hühnerstall mit Elianes Zwerghühnern befand sich nun mal ganz hinten im alten Park. Die Klappe mußte täglich geschlossen werden, sonst kam der Fuchs. Wollte man in den alten Park gelangen, mußte man durch das Tor über die Straße, vorbei am Dreianger, über das Brückchen gehen. Natürlich fühlten sich die jungen Kavaliere bemüßigt, vor allem da es dunkel wurde, eine junge Dame zu begleiten. Am nächsten Abend kam Jock ohne Kurt. Er war-

Toreinfahrt

tete verborgen in der grünen Laube. Sie lachten viel mit einander. Beide wußten, daß ihre Mutter und sein Stiefvater nicht die freundlichsten Gefühle füreinander hegten, sich tunlichst aus dem Wege gingen und nie miteinander sprachen. Jock konnte so wundervoll küssen. Er hob seine langen Arme, drängte sie an die Bretter des Hühnerstalls und versuchte es erst ganz zart, ganz sanft, nie wurde er zudringlich, nie redeten sie viel. Irgendwann entwandt sie sich ihm und eilte nach Hause.
Es war der 21 Juli 1944. Onkel Fred, der die halbe Nacht am Radio gedreht hatte, sah aus, als wäre er gar nicht schlafen gewesen. Ina saß dann oft auch noch spät im Herrenzimmer. Immer wieder bat sie Eliane dabei zu sein. Politisch braute sich etwas zusammen. Der englische Sender nannte zahllose Verluste an Panzern, an Menschen, an Gefechten in denen deutsche Truppen zurückgedrängt worden waren. An allen Fronten, in Afrika, in Jugoslawien, am Kaukasus befanden sich deutsche Einheiten im Rückmarsch.
Es war als ob der grätige Onkel in Inas Gegenwart aufblühe. Er wurde gesprächig und beschrieb den Mädchen immer wieder, was für ein Verbrecher dieser Hitler eigentlich sei.
Am Morgen des 21. Juli, einem wunderschönen Tag, betrat Eliane die Halle durch den Park. Sie sah ihre Mutter die Treppe hinab eilen und den Onkel in der Doppeltür stehen. Mama stürzte in die Arme ihres Bruders und er rief: „Oh Ilse, es ist mißlungen! Sie haben es nicht geschafft. Der Teufel hält gerade im Rundfunk eine Rede." Sie hörte noch Hitlers bekannte krächzende Stimme mit dem harten R, als wäre er Ausländer durch den häßlichen Volksempfänger

Die Grüne Laube - Der Teepavillion im neuen Park

schallen und dann hörte sie Mama weinen, während die Türen sich schlossen.
Was nach dem mißlungenen Attentat auf Hitler geschah, wissen alle.
Schlesiens Adel, die Tapfersten, Klügsten und Edelsten wurden nach einem schauerlichen Prozess hingerichtet, an Fleischerhaken aufgehängt und ihre Witwen und Kinder enteignet und interniert. Viele von ihnen kannten Ellynor und Ilse persönlich. Angst herrschte, denn niemand wußte, wer als nächstes verhaftet werden würde. Onkel Fred reiste kurzfristig ab.
Janek, der polnische Junge beobachtete tückisch die so verabscheuungswürdigen reichen Deutschen und verkündete: „Die Russen werden kommen. Sie werden Euch alle erschießen!"
Und Tolla meinte hämisch: „Um Eliane ist es schade, um Frau Baronin bissel schade, aber Frau Strach. Kopf ab." Sie mochte Oma nicht, die viel strenger regierte als Mama.
Die Kinder verbrachten herrliche Sommerferien an der Oder, begleitet oft von Besuch.
Im Herbst ging Hans mit Papa auf die Pirsch und sie schossen einen Rehbock, den Hans aus einem Sumpfloch in Wilhelminenthal ziehen mußte, wobei er tief im Morast versank, was er sein Leben lang nicht vergessen würde. Tausende von Mücken machten den Menschen das Leben in diesem Spätsommer schwer. Die Buben trafen sich am Dreianger und spielten mit ihren Freunden auf dem Gruftberg. Mama und Eliane schlachteten ein zweites Schwein und hatten nächtelang Angst, einer der Dienstboten würde sie erwischen. Diesmal vermischten sie das Schweinefleisch mit Rehfleisch und

Rehleber und den im Vorjahr so zahlreich gefundenen getrockneten oder eingeweckten Pilzen. Es wurde eine delikat schmeckende Pastete. Da die Angestellten außerhalb des Schlosses schliefen, bemerkten sie jedoch nichts. Herr Gehrmann, Elianes Lehrer, der sie mit so viel Feingefühl und Hingabe unterrichtete, bekam einen Einberufungsbefehl. Wie ein Häufchen Elend saß er vor den Damen in der oberen Halle und zeigte ihnen den Wisch. Alle waren tief betrübt und Eliane rannte davon, um nicht zu zeigen wie leid ihr das tat.
Der letzte Sommer ging zu Ende und Eliane mußte zurück ins Kloster nach Breslau. Sie wechselte die Schule und traf hier andere Klassenkameradinnen, die auch im Kloster im Internat waren, nur in einer anderen Abteilung. Ab und an wurde auch in Breslau Bombenalarm gegeben. Da aber nie eine Bombe fiel, kehrten die Mädchen von der Schule nicht sofort zurück ins Kloster, sondern besuchten unterwegs ein kleines Kaffee. In diesem stand ein Klavier und Ite, eine Mitschülerin spielte lustige Schlager. Wenn Entwarnung kam, kehrten die Mädchen zurück in ihr Gefängnis.
In den Herbstferien erwartete Eliane ein großes Ereignis. In Töschwitz heiratete ihr Vetter Fritz Preiß eine wunderhübsche junge Witwe, die Tochter von Frau Greipel aus Breslau. Frau Greipel war Inhaberin des teuersten und elegantesten Restaurants der Stadt, des Restaurants HANSEN. Wer in Breslau ausging, wer gut Essen wollte, oder wie Papa sich mit Verwandten oder Kriegskameraden verabredete, bestellte einen Tisch im Hansen. Die Tochter von Frau Greipel hatte sehr früh geheiratet und ihr Mann, ein junger Offizier, war sofort gefallen. Annemie bekam einen kleinen Sohn. Um sich von ihrem großen Schmerz zu erholen, lud Tante Erna Annemie und das Kind nach Töschwitz ein. Sie wohnte im Inspektorhaus. Sehr zart und immer hochelegant, dunkle Locken umrahmten das Gesicht einer Madonna, war sie bald in der Gruppe junger Menschen, die das Schloß bevölkerten beliebt. Rosemarie, die mit Hilfe von Herrn Gorka das Gut verwaltete, Ellu, die nach dem ihr erster Verlobter gefallen war, (das Brautkleid hing schon im Schrank) später einen Doktor Nachtigall geheiratet hatte und ebenfalls ein neugeborenes Kindchen besorgte, Fritz, der seine Herzkrankheit auszukurieren versuchte, sowie Freunde, die dem Bombenhagel und dem Hunger der Großstädte entfliehen wollten. Alle fanden sie in Töschwitz Schutz und freundliche Aufnahme in Tante Ernas gastlichem Haus. Die Zeiten waren schnellebig, die Furcht vor einer ungewissen Zukunft groß. Ab und an kam Frau Greipel, um ihre Tochter und ihr Enkelkind zu besuchen. Auch Fritz, der nicht arbeiten durfte, besuchte die junge Witwe gern und spielte mit dem kleinen Horsti. Bald wußten es alle, Fritzchen's krankes Herz stand in Flammen. Niemand wagte dem kranken, nun wieder fröhlichen jungen Mann seinen Herzenswunsch zu verwehren. Obwohl alle nur noch von Tod und Angst und Schrecken beseelt waren.
Eberhard war gefallen, Onkel Reinhold war gestorben und in Rußland tobte die entsetzliche Schlacht bei Stalingrad.

Onkel Fred stellte die schauerlichsten Prognosen für die Zukunft. Pfarrer Maul berichtete von Greueltaten der SS. Wer aber öffentlich irgend etwas gegen das Regime sagte, wurde verhaftet. Als Falk, zum Oberstleutnant befördert, um seinen Abschied bat, erhielt er ihn auch auf Grund seines Alters. Lange genug hatte Mama ihm in den Ohren gelegen. Sie drohte mit Scheidung.
Papa aber war in Leipzig sehr glücklich gewesen. Er sprach oft von seinen drei Feldwebeln, die eigentlich alle Bahnbeamte waren und ohne die er einen so wichtigen Bahnknotenpunkt mitten in Deutschland in diesen turbulenten Zeiten nie hätte leiten können. Alle fünf Minuten ging ein Zug an die Front. Züge mußten neu eingesetzt, Personenzugfahrpläne verändert, Sonderzüge mit hohen Bonzen berücksichtigt werden, hohe Offiziere begrüßt und weitergeleitet und Güterzüge mit Tausenden von Kriegsgefangenen transportiert und an geheime Orte dirigiert werden. In seiner Freizeit aber besuchte er, seit Beginn seiner Tätigkeit in Leipzig Kurse an der Kunstakademie und vervollständigte sich als Silberschmied. Er hämmerte wunderschöne Schalen und lernte das Emaillieren, fertigte Weihnachtsgeschenke für seine Lieben aus Silber und für Mutti aus Gold. Auch verkehrte er bei Verwandten von Omama, die er aus Nährschütz kannte. Diese Cousinen veranstalteten gemeinsam mit ihm Musikabende. Er spielte dann die Geige, Hanni Schaff das Klavier und eine Freundin der Tochter die Bratsche.
Ilse fuhr mehrmals im Jahr nach Leipzig. Omama betreute dann Fritzchen und Angela. Einmal durfte Eliane mitfahren. Papa holte sie in Leipzig nicht vom Zug ab, sondern ein älterer Soldat bat sie in Papas Kommandozentrale. Leipzig hatte einen großen Sackbahnhof und galt als einer der wichtigsten Verkehrsknotenpunkte. Sie schlängelten sich durch den Tumult unendlicher Menschenmassen. Dünne schlecht gekleidete Zivilisten schleppten riesige Koffer, Kinder schrien, mit Tornistern beladene graue Soldaten warteten auf den Abtransport an die Front, Schaffner pfiffen die Züge ab, an denen Trauben von Menschen bis auf den Plattformen hingen, blaubemützte Bahnbeamte eilten mit Listen hin und her, es herrschte ein unvorstellbarer Lärm.
Endlich dem allem entronnen führte sie der höfliche Mann einen Korridor entlang und öffnete eine Tür. Dahinter befand sich eine Schreibstube. Als die beiden Damen den Raum betraten, erschallte ein donnerndes „Achtung" und fünf oder sechs Soldaten sprangen hinter ihren Schreibtischen auf und salutierten. Eliane fand das zum lachen, sie konnte sich lange nicht daran gewöhnen, daß ihr Vater auch auf der Straße von jedem Uniformierten zackig gegrüßt wurde. Daß man aber auch seiner Frau die gleichen Ehren erwies, erschien ihr lächerlich. Papa, ihr gemütlicher, immer gütiger Vater, der selten seine Stimme erhob, herrschte hier wie der liebe Gott persönlich, trug seine Uniform mit Stolz und grüßte mehr oder weniger lässig mit militärischem Gruß.

Sie wohnten in einem wunderschönen altmodischen Hotel aus der Vorkriegszeit. Alles war aus rotem Plüsch. Papa führte sie in die Oper „Fidelio", Besonders beeindruckend zu jener Zeit war der Chor der Gefangenen. Danach aßen sie in teuren Restaurants. Papa lachte viel, Mama, sehr schlank und hochelegant, genoß das Stadtleben und Eliane trug, die von Fräulein Siedel aus alten Samtgardinen genähte Garderobe mit Stolz.
Papa zeigte ihnen die Stadt, das Völkerschlachtendenkmal, das Eliane nicht gefiel, erzählte vom Thomaner-Chor und führte sie in ein Kabarett, wo leichtgekleidete Mädchen keusch tanzten, einige Spaßmacher auftraten, die beileibe nicht politische Themen ansprachen, und was ihr besonders gefiel, eine junge Dame zu heißen Rhythmen steppte. Zu Tante Schaff führte Papa sie nicht und das hatte Gründe.
Wieder zu Hause, konnte Eliane Mamas Unmut gar nicht deuten, denn eigentlich war es eine sehr schöne Reise gewesen und sie wußte nun, daß Papa dort glücklich war, bis die ersten furchtbaren Bombenangriffe auch auf Leipzig einsetzten.
Inzwischen war Berlin bereits ein Trümmerfeld, Köln, Bonn, Hamburg Hannover und besonders Magdeburg wurden von Staffeln von sechshundert und mehr englischen und amerikanischen Flugzeugen Tag und Nacht bombardiert. Nach Schlesien rollten ganze Züge mit armen ausgebombten Menschen, die von den Ängsten und Greueln, die sie in den Kellern erlebt hatten, berichteten. Aus Berlin kam eine Familie Donald. Frau Donald dunkel und sehr hübsch, Herr Donald, Kriegsberichterstatter, war gelernter Fotograph. Sie hatten einen kleinen Sohn: Arnold, er war acht Jahre alt, und sehr lieb. Frau Donald machte sich sofort nützlich, kümmerte sich um Angela, half in der Küche und im Garten und gewann so Muttis Sympathie. Als Herr Donald einmal auf Kurzurlaub erschien, fotografierte er das Haus, den Park, die Oder, den Wald, die Alleen und die gesamte Familie und schenkte der Familie ein Album zum Abschied mit wunderschönen Fotos. Es waren gebildete Menschen und ihre Gegenwart wurde zum Gewinn. Das Fotoalbum wurde für sie später zur einzigen Erinnerung an eine unvergeßliche Kindheit. Eliane holte es aus der Schublade der Barockkommode im goldenen Salon ihrer Mutter und warf es in ihren Koffer, kurz ehe die Russen kamen.

Die Brüder

Da es keine Erzieher mehr gab, alle Männer waren im Krieg, schloß nicht nur das Internat in Glogau seine Pforten, auch die Ritterakademie in Liegnitz gab auf. Aufrecht erhalten blieb nur der Schulbetrieb im Jahre 1944, bestückt mit alten Lehrern oder Lehrerinnen. Ernst und Hans kamen in Liegnitz privat zu einem pensionierten Ehepaar. Der Mann sollte ihnen bei den Hausaufgaben

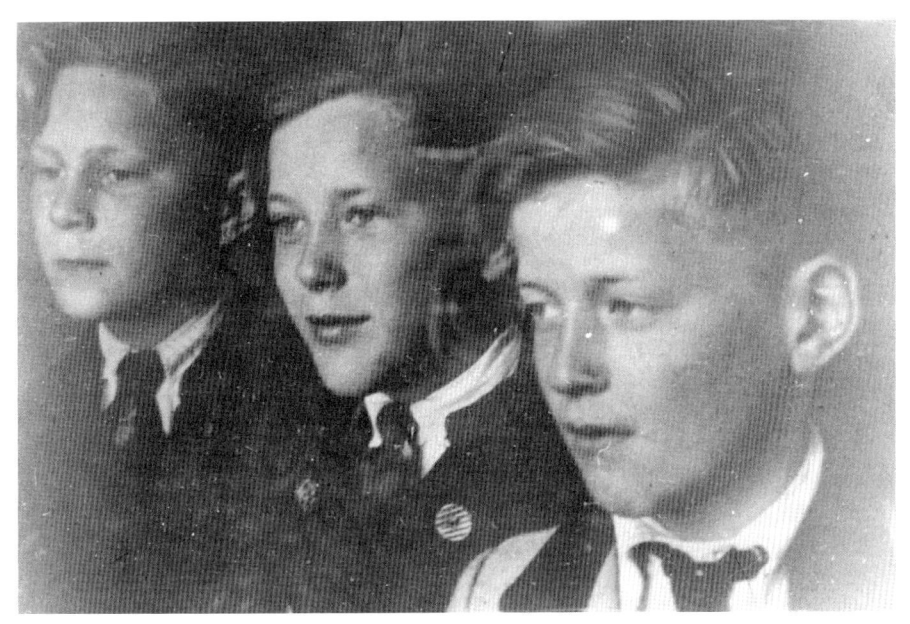

Ernst, Wolf, Hans

helfen, was sich aber als wenig erfolgreich herausstellte. Nachdem jeder der Buben mindesten acht mal die Schule gewechselt hatte und Mama keinen großen Wert auf schulische Leistungen legte, religiöse waren viel wichtiger, (im Geheimen hoffte sie, einer ihrer Söhne würde Geistlicher werden) schien ihnen das Lernen wenig erstrebenswert. Unlustig und hungrig wanderten sie täglich von der Wohnung der Leute ins Gymnasium, vorbei an einem Denkmal Friedrich des Großen, und fragten sich heimwehkrank, warum sie nicht zu Hause sein durften.
Eines Tages hatte ein ganz Mutiger auf den Sockel, des Denkmals des einzigen Aristokraten, der zu damaliger Zeit noch etwas galt und mit dem die Falkenhausens ja verwandt waren, geschrieben:

*„Komm herunter alter Streiter
dein Gefreiter weiß nicht weiter!"*

In Deutschland gingen seit Jahren die bissigsten Hitlerwitze um. Sogar die Schulkinder wußten, daß Adolf es im ersten Weltkrieg nur zum Gefreiten gebracht hatte. Hinter vorgehaltener Hand nannte man ihn nur den Teppichbeißer, weil er angeblich Epileptiker war. Und natürlich lachten Ernst und Hans über das Zitat und erzählten es zu Hause. Auch wußte niemand so genau, woher eigentlich Hitlers Familie stammte. Man hätte vielleicht auch sein Buch „Mein Kampf" lesen müssen, um zu erfahren weshalb er alles Jüdische so sehr haßte. Aber niemanden interessierte damals dieses angepriesene Geschreibsel eines Wahnsinnigen, wie man sagte. Als sich in Töschwitz

einmal jemand über den Luxus und die Exzesse von Göring negativ äußerte sagte Ellu: „Aber er ist der einzige Herr in dieser Runde."
Auch wenn niemand in der Familie von den schrecklichen Vernichtungsmethoden Hitlers auch nur eine Ahnung hatte, so war es allen jetzt klar, daß der Krieg verloren war.

Das letzte Fest

In den Herbstferien fand die Hochzeit vor Fritz und Annemie statt. Auch Eliane war eingeladen worden. Sie drehte ihr Haar in lange Locken und trug ein Kleid aus türkisgrünem Voile bis auf die Erde. Es war ein alter Gardinenstoff. Annemie sah wunderschön aus in ihrem weißen Kleid und einem Hütchen, verziert mit einem Schleier. Fritz schien sehr glücklich. Eine große Gesellschaft war geladen worden und Tante Erna, wie immer in viele Schleier gehüllt, beherrschte schon durch ihre Stimme und ihr liebes Gesicht das Ereignis. Ellu war da, mit ihrem winzigen Baby. Ihr Mann Dr. Nachtigall, weilte an vorderster Front. Rosemarie, schön, die ganze Gegend sprach von ihrer kühlen Schönheit, dirigierte das Personal. Vielleicht war auch Judith aus Bayern gekommen mit ihrem Mann, sicherlich war Onkel Männe zugegen und Marion und selbstverständlich Onkel Fred.
Aus Keller, Küche und Revier hatten die Töschwitzer gemeinsam mit Frau Greipel ein Festmahl zusammengestellt, das diesem Anlaß würdig schien.
Unter den Gästen befanden sich Nachbarn der umliegenden Güter, viele Offiziere, die man von früher her kannte und die gerade auf Urlaub waren. Freunde von Greipels waren gekommen und Rosels Freundinnen, zwei Schwestern Schmidt, deren Vater das Gut Mühlgast gehörte und deren Verlobte. Hier hatten zwei Brüder zwei Schwestern geheiratet. Inge und Marion Schmidt erschienen Eliane so elegant, wie sie nach Rosel noch keine junge Dame zu Gesicht bekommen hatte. Inge, weißblond und sehr schlank, bewegte sich wie ein Mannequin. Ihr Verlobter, ein Fliegeroffizier aber hatte ein ganz verbranntes Gesicht. Nach Absturz seiner Maschine war er durch die Kunst guter Ärzte gerettet worden. Sein Gesicht aber war nur noch eine Fratze. Alle zeigten höchsten Respekt vor ihm, waren besonders liebenswürdig und vermieden jedwedes Mitleid. Dieser Mann aber führte sich auf, als wäre er der Mittelpunkt der Gesellschaft und bald wurde sein fanatischer Glaube an Adolf Hitler offenkundig. Und das in diesem Haus!
Später durfte dann getanzt werden. Wie immer scharten sich junge Männer nicht um Rosel, die nicht verheiratet war, sondern um Ellu. Sie war nicht schön, weiß Gott nicht, aber sie sprühte nur so vor Einfällen und Charme. Beim Tanzen zeigte sie ihre in Silbersandalen steckenden Füßchen und rief: „Ich habe keine Strümpfe an. Es gibt ja keine Nylonstrümpfe mehr in diesen

siegreichen Zeiten". Sie wußte smarte Bemerkungen zu kontern und amüsierte. Außerdem tanzte niemand so perfekt, wie diese kleine zarte dunkle Person.

Fritz und Annemie hatten sich später erschöpft über der Tanzfläche, die in der Halle war, auf den ersten Stock zurückgezogen und beobachteten von dort hinunter schauend durch die Stäbe der Balustrade verliebt das Geschehen.

Vor der Eßzimmertür stand Rosel und äußerte, anscheinend von großen Bedenken geplagt, zu Onkel Männe und noch ein paar vertrauten Familienangehörigen: „Ausgerechnet Onkel Fred und dieser Fliegeroffizier haben sich dort drinnen zusammen gesetzt, um über Politik zu diskutieren. Das muß über kurz oder lang zu einer Katastrophe führen." Womit sie absolut Recht hatte. Also schickte man Onkel Männe hinein, um das Ärgste zu verhindern, denn schlimmere Kontrahenten konnte sich niemand vorstellen. Dann warteten die Eingeweihten bis Männe wieder fröhlich heraus kam: „Keine Bange", rief er lachend, „sie bedienen sich mit Greipel's Cognac und haben gerade Brüderschaft getrunken." Eliane saß in der Ecke einer Fensternische und beobachtete das alles. Es war ihr erstes großes Fest, das sie erlebte. Da trat ein blonder Herr auf sie zu, von dem sie wußte, daß es Herr Gorka war, der Güterdirektor und im Rahmen dieser Aufgabe auch Betreuer von Töschwitz. Er hatte selbst ein Gut und Frau und Kinder. Seine Frau war auch auf diesem Fest.

Er nahm sie an der Hand und sagte galant: „Kleine Baroness, darf ich bitten?" führte sie in die Mitte der Halle auf die Tanzfläche und flüsterte in ihr Ohr: „Du bist ein wunderschönes kleines Mädchen. Du solltest alles was Du hier siehst nie vergessen. Es ist der Tanz auf einen glühenden Vulkan." Dann schwenkte er sie herum und rief an Papa gewandt: „So leicht wie eine Feder, so süß wie eine Blume ..." und als er sie zurück führte sagte er leise: „Gib acht auf Dich, behüte Dich Gott." Sie hat dieses Fest, diesen Mann und diesen Augenblick nie mehr vergessen. Dann kam Papa und forderte sie ebenfalls auf zum Tanz.

Unternehmen Barthold

Amerikanische Truppen waren an der Westküste von Frankreich gelandet. Englische Einheiten überrollten die Niederlande. Russische Panzer drangen in Ostpreußen ein. Der Volkssturm wurde ausgehoben. Alle Männer, die nicht beim Militär waren, mußten zur Schanzenarbeit an die Oder.
Sie wurden einfach abkommandiert. Auch Papa und Onkel Fred.
Falk hat später noch darüber geschrieben. Sein handschriftlicher Bericht lautete in etwa dahingehend: „ . . . es erschien uns völlig sinnlos, diese schon befestigten Oderbunker noch zu verstärken, denn der Russe rückte mit schweren Waffen an und alle Nichtbewaffneten PG`s, so nannte er die Nazis, flohen als erste.

Die Strafe

In diesen Herbstferien wollte Eliane noch einmal Jock sehen. Sie hatte ihn sicherlich, ohne es zu wollen versetzt. An der Bushaltestelle stand Evchen Wühr, die Stepptänzerin aus Köln. Auch sie wollte einem ihrer Verehrer eine Nachricht in den Bus schmuggeln: „Evchen, könntest Du mir einen Gefallen tun und diesen Brief durch die Scheibe reichen?"
Es steht drauf, an wen er gerichtet ist." „Wieso weißt Du, ob er auch da drinnen ist?" „Ich weiß es einfach. Machst Du`s?" In solchen Dingen war Evchen kooperativ. Doch Mutti hatte das Manöver von einem der Salonfenster aus beobachtet und stürmte, ehe der Bus Nährschütz erreichte über die Straße auf Evchen zu und nötigte sie ihr den Brief, den Eliane ihr gerade gegeben hatte, auszuhändigen. Als Eliane aus dem alten Park zurückkehrte, warf Mama ihr den geöffneten Brief vor die Füße: „Erwarte Dich heute Abend!" An Georg Schmitt, Sohn des schlimmsten Nazis im Landkreis. - Mein Gott, war sie wütend! „Ich habe schon alles veranlaßt! Du packst sofort Deine Sachen und fährst morgen früh zurück ins Kloster. Die wissen bereits Bescheid, daß du kommst und auch warum Du kommst und melden mir sofort deine Ankunft. Und jetzt geh auf Dein Zimmer und tritt mir nicht mehr unter die Augen." Sie saß auf ihrem Bett und dachte; es ist ein bißchen wie bei Romeo und Julia, nur daß wir uns nicht so verzweifelt lieben. Sie dachte an seine Küsse, was eigentlich nur Spaß war, nicht begleitet von Liebesschwüren und sie dachte daran auszurücken, ganz allein, durch ein von Bomben, Hunger und Krieg gepeinigtes Land, und dann war sie wieder vernünftig. Auch wenn sie zuerst im Kloster alleine sein würde, denn die Ferien waren noch längst nicht zu Ende, so erwarteten sie später Ite und die Zwillingsschwestern und eine Schule, in der sie beliebt war, bei dem alten Direktor und dem schielenden Mathelehrer, der ihr nur gute Noten gab und der Sportlehrerin, die sie bewunderte, weil sie vom sechs Meter Brett ins Wasser sprang und im Korbball alle schlug.

Sie nahm den Sieben-Uhr-Bus.

Als sie im Kloster ankam, aus der Eisenbahn und später der Straßenbahn, mit ihrem Koffer in der Hand, wurde sie als erstes in's Besucherstübchen geführt: „Schwester Oberin möchte Dich erst noch sprechen!" Die Pein nahm kein Ende. Sie hatte sich mit einem jungen Mann treffen wollen. Das schien allen eines der schlimmsten Verbrechen zu sein. Mutter Oberin Gesicht leuchtete von Innen heraus. Es war, wie Eliane schon oft feststellen konnte, ein ganz durchgeistigtes Gesicht, umgeben von einem weißen und dann schwarzen Schleier. Eliane wartete in dem kleinen Raum, bis die Nonne ernst und schweigend eintrat.

Wie sie es gelernt hatte, kniete das Kind nieder, um deren Hand zu küssen. Mutter Oberin hob sie auf, blickte ihr in die Augen und fragte nur eins: „Warum?" Eliane antwortet tränenüberströmt: „Ich wollte ihn nur noch einmal sehen, ehe auch er in den Krieg geht, denn alle meine Freunde sind schon tot." Und dann weinte sie so schrecklich, daß die Nonne sie in den Arm nahm und hin und her wiegte. Nach einer Weile löste sie die Umarmung und schüttelte das weinende Mädchen: „Niemand wird davon erfahren, auch Mater Jutta nicht. Geh jetzt hinauf in den Studiersaal, dort erwartet Dich Dodo." „Dodo ist hier?" Die Ferien waren noch nicht beendet und Dodo war da. Welch ein Trost. Aber warum war Dodo auch in den Ferien im Kloster? Nie hat Dodo solche Fragen beantwortet.

Es folgte eine Zeit intensivsten Lernens. Im Kloster gab es weder ein Radio, noch Zeitungen. Es war als ob die Nonnen durch Gebete allen Einfluß, der von Außen kommen konnte, zu verdrängen suchten.

Dann kam ein schneereiches kaltes Weihnachten.

Die Brüder waren alle schon gekommen und die kleine Angela hüpfte vor der Einbescherung vor Aufregung hin und her. Papa hatte eine zwei Meter hohe Tanne aus Omama`s Wald geschmückt. Sie stand in Omama´s rotem Salon, mit echten Kerzen war sie über und über mit Engelshaar überzogen, sodaß sich um jeden Kerzenschein eine Gloriole bildete.

Es gab aus Rübensirup gebackenen Pfefferkuchen (genannt Dicker Karl) Äpfel und Nüsse. Omama spielte die alten schönen Weihnachtslieder. Der Salon war seit Tagen schon geheizt worden. Jedes Kind erhielt ein Geschenk, meist etwas zum Anziehen aus alten Decken genäht. Auf Elianes Tisch lag unter anderem ein Versöhnungsgeschenk von Mutti. Sie schenkte ihr den Türkisenschmuck. Ein kostbares Andenken an Omama's Verlobung mit Großvater. Ein herrlicher Schmuck: Diadem, Brosche, Ohrringe und ein Armband aus Gold. Die kleinen ovalen Türkisen waren wie Gänseblümchen gefaßt, in deren Mitte jeweils ein Brillant funkelte. Ein Geschenk, von dem sich Mutter sicherlich schweren Herzens trennte. und an das Omama's Erinnerungen hafteten. Sie konnte sich aber nicht sehr darüber freuen. In ihrem Herzen saß zu tief ein demütigender Schmerz.

Außerdem lag auf dem Weihnachtstisch ein Blatt Papier mit einer Widmung von Lehrer Gehrmann, der sicherlich nun in einem Schützengraben Weihnachten verbrachte. Er hatte ein Gedicht von Storm, eines das sie besonders liebte, für sie vertont. Eigentlich war es ein Liebesgedicht und weil es ein Liebesgedicht war, sprach sie nicht über dieses Geschenk und Mama schaute weg als sie es las.
Wie schön war es da mit den fröhlichen, unbeschwerten Brüdern zusammen zu sein. Auch wenn die Hallen, Treppen und Gänge so bitter kalt waren, daß der Atem weiß vor einem herwehte, wenn man sie hinauf oder hinunter trabte. Sogar Fritzchen genoß den fröhlichen Lärm der Geschwister. Er sprach noch immer kein Wort, aber lachen konnte er.
Wie in jedem Jahr zu Weihnachten kamen die Töschwitzer am ersten Feiertag. Ellus Mann, Doktor Nachtigall, war gerade auf Urlaub. Sie genossen Peusels Mohnklöße, spielten Skat und Mauscheln und sprachen nicht von der Gefahr und der Angst, die alle Herzen beherrschten.
Die Kinder tummelten sich auf der Eisfläche. Die Dorfbuben hatten sie gekehrt und man spielte Hockey, mit einem Tennisball als Puck und aus Weidenzweigen geschnitzten unten gekrümmten Stöcken. Eine Köbner Mannschaft rückte an, um die dummen Nährschützer zu schlagen, bei denen sogar die Mädchen mitspielten. Staunend registrierten sie die Sicherheit mit denen die Nährschützer sich auf dem Eis bewegten. Rückwärts, vorwärts und im Kreis um den Ball herum. Der Taschner Bulle war Tormann. Er hielt jeden Ball. Die Kufen knirschten, wenn sie bremsten und bald war klar, die Städter verloren haushoch und erbärmlich. Nur Jock war nicht mehr dabei.
Spät in der Nacht mit einem Schlittengespann fuhren die Töschwitzer heim. Vor Guren bat Dr. Nachtigall einmal anzuhalten. Die Landschaft war in tiefen alle Geräusche dämpfenden Schnee gehüllt. Ein Grollen wie bei Gewittern durchdrang die Nacht von Osten her und der erfahrene Frontarzt nahm seine Frau in den Arm und flüsterte: „Das ist Geschützdonner. Sie sind schon ganz nah!" Auf der anderen Oderseite schien der Himmel rot gefärbt.
Die Amerikaner kämpften sich mühsam in Frankreich voran. Der Deutsche Wehrmachtsbericht jedoch meldete nur Erfolge. Niemand in der Heimat wußte, daß die Russen bereits ganz Ostpreußen besetzt hatten. Nur Onkel Fred, nun in Töschwitz, konnte die Lage wirklich beurteilen. Die Kinder wurden zurück in ihre Schulen und Internate geschickt. Wolf arbeitet in Zechelwitz. Es war ein bitterkalter Winter, der Winter 1944-45. Auf den Bahnhöfen herrschte bereits das Chaos.

In Breslau

Gleich nach dem 7. Januar betrat der Direktor der Schule die Untersekunda, die sechste Klasse, in der Eliane nun war und sagte sehr langsam, sehr bewegt zu den Schülerinnen:

„Meine Damen, Sie würden an Ostern mit einem Zeugnis nach Hause gehen, daß sicherlich einmal von Bedeutung sein dürfte. Man nennt es die „Mittlere Reife" Meine Kolleginnen und ich sind dabei, Ihnen die Zeugnisse jetzt schon zu schreiben und falls es notwendig sein sollte, sie Ihnen auch vorzeitig auszuhändigen. Das war nicht nur vorausschauend großzügig sondern auch überaus mutig von dem alten Herrn, denn niemand wagte, unter Androhung der Todesstrafe, den Glauben des deutschen Volkes an den Endsieg in Frage zu stellen.

Aber leider kam es nicht mehr zur Aushändigung der Zeugnisse.

Am 20. Januar rief Frau Munzig, eine Freundin der Falkenhausens, im Kloster am Ritterplatz an und fragte, ob Eliane noch im Internat sei. Munzigs hatten ihren Sohn Eberhard oft zu Ferien nach Nährschütz geschickt und Eliane manchmal an Wochenenden in ihre schöne Villa im Süden Breslaus eingeladen. Frau Munzig machte den Nonnen große Vorwürfe:

„Wissen Sie nicht, daß die Russen unmittelbar an der Oder stehen? Warum schicken Sie die Kinder nicht nach Hause ?" „Aber wir haben dazu noch keine Order von den Eltern. Nur einige Eltern holten ihre Kinder bereits ab."
„Haben Sie eigentlich eine Ahnung, welcher Gefahr Sie die Mädchen aussetzen? Auf unseren Bahnhöfen ist die Hölle los. Ich glaube nach Osten gehen gar keine Züge mehr. Wollen Sie die Verantwortung für diese jungen Mädchen tragen, wenn der Russe einmarschiert?" Sie war so wütend, daß die Pfortennonne ihr versicherte, man würde dieses Kind sofort nach Hause schicken, sich aber auf ihre, Frau Munzigs Aufforderung berufen. Munzigs packten gerade ihr Auto, ein Auto war ein Privileg, das nicht viele Breslauer mehr besaßen und Munzigs flohen. Eliane wurde aufgefordert, nach Hause zu fahren. Als sie auf den Breslauer Bahnhof kam, herrschte dort ein unvorstellbares Durcheinander, so daß sie Zweifel überkam, ob sie nicht lieber umkehren sollte. Nach langem Herumfragen, man hatte ihr im Kloster sogar Geld für die Heimfahrt gegeben, fand sie endlich am Spätnachmittag einen Zug der nach Steinau fuhr. In Steinau, 14 Kilometer von Nährschütz entfernt, gab es natürlich um diese Zeit keine Verbindung mehr nach Nährschütz. Alle Leute redeten nur noch von der Flucht. Müde trat sie auf den Platz vor dem Bahnhof und dachte: „Notfalls gehe ich halt zu Fuß, den Koffer aber lasse ich hier." Vor dem Bahnhofsgebäude lud Doktor Ptock gerade seine Kinder in seinen winzigen Sportwagen. Er hatte vier Kinder und anscheinend kamen alle gerade auch aus ihren Internaten. Da stand sie nun, die kleine Sechzehnjährige mit ihren langen Zöpfen, in einen schwarzen Plüschmantel gehüllt,

deren Gesicht er oft an Sonntagen in der Kirche entzückt beachtet hatte, wie er ihr viel später, als alter Herr einmal gestand, und trat schüchtern von einem Bein aufs andere. Sein Auto war übervoll: „Herr Doktor, können Sie mich vielleicht bis nach Nährschütz mitnehmen?" Welch eine peinliche Situation.- Verwirrt betrachtete er das junge Mädchen und sagte dann: „Ja, wenn Du hinten auf den Koffern sitzen willst, bitte sehr!" Sie kroch also hinten auf die Koffer, duckte sich, weil bei der Kälte das Verdeck geschlossen war und lauschte dem Geschwätz seiner vielen Kinder. In Nährschütz ließ er sie heraus, keineswegs sehr freundlich. Niemand war mehr freundlich.

Panik

Vor dem Nährschützer Schloß stand einer der großen Erntewagen. Daran hatte Langer den Kutschwagen angehängt. Über den Erntewagen war ein Gestell gezimmert worden und darüber legten sie gerade den ältesten, abgetretensten Perserteppich von Omama.

Mama trug das Familiensilber in den Keller in eine große Kiste, die man dann später unter der restlichen Kohle vergraben wollte. Sie begrüßte ihr Kind gar nicht sondern rief: „Hol aus deinem Zimmer auch Dein Silber, wickle es in alte Tücher, dann rostet es nicht und hilf mir, es gibt noch viel zu tun!". Dann stritten sich Ellynor und Ilse wie so oft. Ellynor legte weiße Tücher über ihre Möbel und Mama schrie: „Du glaubst doch nicht, daß die Russen Deine Möbel schonen werden? Mutti Du bist verrückt!" Eliane überlegte, was die Russen, die Omama's Möbel nicht schonen würden, wohl mit der Silberkiste im Keller tun würden, hätten sie sie erst einmal entdeckt, und verkrümelte sich. Viel wichtiger schien ihr, ob die Brüder alle da waren. Und da waren sie und bemühten sich gerade, in ihrem Dachzimmer ein Feuer im kleinen Ofen zu entfachen. Weder Ernst noch Hans aus Liegnitz, noch Wolf aus Zechelwitz hatte man zurückbeordert. Eliane erzählte von Frau Munzigs Telefonat und Wolf, der gerade völlig erfroren aus Zechelwitz zu Fuß gekommen war, bemerkte lakonisch: „Sie haben uns total vergessen." Sie sind alle total durch den Wind und Papa ist beim Grenzschutz an der Oder." Als das Feuer einigermaßen brannte, begaben sie sich in die unteren Räume und suchten in der Küche nach etwas Eßbaren. Dienstboten gab es schon seit Weihnachten nicht mehr. Tolla und Olienka durften vor dem Fest angeblich auf Urlaub fahren, wobei alle wußten, sie würden nie wiederkommen. Omama's liebe Köchin Frau Peuser bereitete in ihrem Häuschen mit Schwiegertochter und Enkelsohn ihre eigene Flucht vor. In Mutters einigermaßen geheiztem Schlafzimmer fand Eliane Fritzchen und, total verängstigt, die kleine Schwester.

Vor dem Aufbruch eines Dorfes auf die Flucht gab es eine nationalsozialistische Order:

„Niemand durfte seinen Wohnort auf eigene Faust verlassen, bis ein Befehl vom Bürgermeister gegeben wurde. Alle die über einen Treckwagen verfügten, hatten das Gepäck derer mitzunehmen, denen selbst kein Transportgefährt zur Verfügung stand. Genehmigt war für jede Person ein Koffer, in den Koffer nur Leibwäsche, einmal Oberbekleidung und ein paar Schuhe. Erlaubt war es, im Treckwagen, wegen der kleinen Kinder, auch Betten mitzunehmen. Eliane war nicht gewillt, in ihrem eisigen Zimmer zu schlafen und legte sich in Omas Herrenzimmer unter die warme Fuchsdecke aufs Sofa. Im ganzen Haus gab es keinen elektrischen Strom mehr. Am Morgen wusch sie sich in der Küche, wo im Herdschiffchen noch etwas lauwarmes Wasser war. Als sie durchs Fenster von Großmutters Salon blickte, wälzten sich Massen von Menschen von Köben kommend, die meisten zu Fuß, am Schloß vorbei. Gemeinsam mit ihren Brüdern lief sie auf den Dreianger und winkte ihren Schulkameraden adieu. Köben hatte keine Treckwagen, war eine kleine Bürgerstadt. Die Flüchtenden liefen mit Leiterwägelchen, auf denen ihre Habe lag oder mit Kinderwägen an Nährschütz vorbei. Trecks kamen von der anderen Oderseite. Man hatte einen Brückenkopf, von aneinander gestellten Kähnen, an der Fährhaltestelle über den mit Eisschollen bedeckten Fluß gebildet. Gegen Mittags kamen Pfarrer Mauls, auch zu Fuß: „Uns nehmen die Damers mit", berichteten sie Omama, die sich Sorgen um sie machte. Damers hatten einen großen Bauernhof in Guhren: „Unser Porzellan haben wir in der Oder versenkt." versicherte Tante Margarete Mama. „Die Russen sollen es nicht haben." Eliane stand im Hintergrund. Sie hätte gerne dem Pfarrer ihren Rosenkranz als Talismann gegeben, aber niemand beachtete sie. Also gab sie einem Mädchen, das gerade neben ihr stand den Rosenkranz, eilte dann auf Pfarrers zu, um sich auch zu verabschieden und wurde wieder nicht beachtet. Wer beachtete schon Kinder in diesem Moment. Im Keller von Nährschütz quartierte eine Gruppe Volkssturm. Nicht etwa Papa oder Onkel Fred, die standen an der Oder und gruben sinnlose Gräben, während die russischen Panzer bereits die ersten Flüchtlingstrecks überrollten.

Um die russische Armee aufzuhalten, hatte man in Köben die Schüler des im Schloß einquartierten Gymnasiums, (einer Lehrerbildungsanstalt) dazu abkommandiert, gemeinsam mit ihren Lehrern Widerstand zu leisten. Sie wurden mit Panzerfäusten ausgestattet und an die Oder gestellt. Nicht ausgebildet und von Laien angeleitet, gingen die Raketen beim Abschuß nach hinten los. Zerfetzt, brennend, schreiend und unter dem sofort einsetzenden Hagel von Sowjetfeuer starben diese Kinder. Es muß entsetzlich gewesen sein. Eliane und Wolf liefen an diesem schrecklichen Tag zu Omama und sagten: „Unten im Keller sitzt der Volkssturm. Einer von den Männern ist Fleischer. Er würde „Erich" unser schlachtreifes Schwein sofort schlachten,

verteilen und dann hätten wir bei der Kälte wenigstens etwas zu essen oder zu tauschen." Doch Omama rief fast hysterisch: „Ich tue nichts Ungesetzliches, man würde mich zur Rechenschaft ziehen!"
Es war nichts zu machen.- Erich blieb da, wie alle Schweine, die da blieben, die Kühe blieben, sogar die Hühner saßen wie immer friedlich auf ihren Stangen. Auch Senta, die Jagdhündin, die gerade 7 junge Welpen geworfen hatte lag in ihrem Korb in der Küche.
Mutti wagte nicht einmal ihre Vorräte aus ihren Regalen im tiefen Keller von Nährschütz's Gewölben mitzunehmen.
Und dann kam die Nacht zum 23. Januar.

Die Buben schliefen angezogen mit gepackten Koffern in ihrem Kinderzimmer. Omama ein letztes mal in ihrem Bett. Mama mit Fritzel und Angela in ihrem Schlafzimmer und Eliane unten im Herrenzimmer unter der Fuchsdecke. Alle angezogen und parat. Die Haustür durfte nicht verschlossen werden. Um vier Uhr früh, am 23. Januar 1945, leuchtete jemand in ihr Gesicht: „Bist Du es Eliane? Erschrick nicht! Ich bin der Hübner, der Bürgermeister. Du mußt alle im Hause wecken. Es geht in einer Stunde los!" Es war die Wirklichkeit, und sie erfaßte es auch, daß es so war. Sie weckte Mutti und Omama und die Brüder mit einer tropfenden Kerze in der Hand.
Sie tappte ein letztes Mal durch das große, schöne, eiskalte Haus. Alle Türen sollten unverschlossen bleiben, so war die Vorschrift. Das kleine Türchen von der Treppe zum Küchentrakt seufzte wie immer laut und schmerzlich. Sie hörte es nun zum letzten Mal. Der Hund hob erstaunt den Kopf. Sie stellte ihm noch ein Schüsselchen mit Milch hin. Zu Tieren sollen die Russen gut sein, dachte sie und erinnerte sich, wie oben im Bad der große Spiegel seine Halterung verlor und in tausend Stücke gesprungen war, was Unglück bedeutete.

Die Flucht

Man sagt, mit sechzehn beginnt das Leben1 Man besingt das Alter von „sweet seventeen"! Niemals ist ein Mädchen so begehrenswert und auf das Leben neugierig, wie in diesem Alter. An dem schwarzen Volksempfänger in Mutters Salon hatte Eliane Sonntags den Operetten von Lehar, Millöcker und Strauß gelauscht, war Wunschkonzerten gefolgt und durfte in Köben im Gasthaus Hain Ufa-Filme sehen: „Der Wind hat mit ein Lied erzählt", sang Zarah Leander, „Lilli Marleen" mit Lale Andersen und Willy Birgel in „Reitet für Deutschland", und jenen ganz Großen mit den blauen Augen „Hans Albers" bewundert. Immer gipfelte alles in der Verherrlichung der Liebe, dem Einzigen was den Menschen in dieser todbringenden Zeit noch blieb.
Wer aber in Hitlers Drittem Reich aufgewachsen war und fünf jüngere Geschwister hatte, wagte nicht, an sich selbst zu denken. Selbstverleugnung

und Gehorsam galten als einzig erstrebenswerte Tugenden. Verantwortung und Furcht vor der Zukunft hatten Mutti hart und unduldsam gemacht. Es gab schon lange keine Umarmungen mehr und keine vertrauten Gespräche, für keinen ihrer vielen Kinder. Sie selbst war ratlos, verwirrt und kopflos, sah aber mit ihrem klaren Verstand, daß das was gerade geschah, ja mit ihnen allen geschah, etwas Endgültiges war. Sie wußte, sie würden nie mehr zurückkehren. Der Kampf, den sie mit ihrer Mutter und auch mit ihrem Mann geführt hatte war verloren, denn keiner glaubte ihr.

So blieben alle Kostbarkeiten, alle teuren Andenken, alles was nicht ausdrücklich von den Nazibehörden vorgeschrieben worden war, zurück, auch weil noch viele andere Leute ihre Koffer auf dem Treckwagen deponieren durften. Oma hatte den ältesten, schäbigsten Teppich über das Holzgestell als Plane legen lassen. Alle anderen schönen Teppiche blieben da.

Vorräte blieben da und Futtermittel für die Pferde waren nur beschränkt erlaubt, denn man kam ja gleich wieder zurück. Die siegreiche deutsche Wehrmacht würde doch nicht zulassen, daß feindliche Truppen das Land verwüsteten. Die Damen hatten nur ihren Schmuck eingepackt und für jeden Familienangehörigen ein Silberbesteck. Da es tiefer Winter war, nahm man Pelze und Pelzdecken mit. Aber, würden die kleinen Kutschpferde, die man ihnen noch gelassen hatte, sie durch Schnee und Eis ziehen können?

Am 23. Januar 1945, das Jahr hatte gerade begonnen, reichte Mutti Eliane den jüngsten Bruder in den Treckwagen, half dann Angela hinauf und rief: „Sorge dafür, daß sie wieder einschlafen und nicht etwa weinen!" Sie bettete die Kleinen in die weichen Pfühlen, die sie ja mitnehmen durften und warf die Fuchsdecke noch in den Wagen.

Auch jetzt blieben alle Häuser unverschlossen. Befehl vom Kreisleiter.

Es war so bitter kalt. 23 Grad unter Null waren in Schlesien nicht ungewöhnlich.

Endlich fuhr der Treckwagen an. Durch einen Spalt sah sie den Rücken einer ihrer Brüder. Wolf kutschierte das lange Gefährt. Langer war auch zum Volkssturm abkommandiert worden. Hinter dem Kutschbock lagen mehrere Säcke mit Hafer. Sie rutschte an das Ende der Teppichplane und blickte auf den angehängten Kutschwagen hinunter, wo Oma und Mutter, eingehüllt in Pelzdecken saßen. Hans und Ernst eilten voraus ins Dorf, um das traurige Geschehen direkt zu erleben. Vor dem Gasthaus Hübner gab es noch einmal einen Halt.

Zahllose Treckwagen reihten sich in die Schlange ein. Es waren dreißig bis vierzig Gespanne, was immer wieder zu Verzögerungen führte. Im Osten, hinter den Parkbäumen, ging bald rot eine kalte Sonne auf. Als sie wieder anfuhren, kreischten die eisenbeschlagenen Räder über eisigen festgefahrenen Schnee. Jemand weinte. Es war nicht das Weinen eines Kindes und wurde sofort erstickt durch befehlende Worte.

Den Treckwagen umgaben viele Menschen, die zu Fuß diesen schweren Weg in die Ungewißheit antraten. Aber alle hielt das sichere Gefühl aufrecht, dies sei ja nur vorübergehend, sehr bald würde man wieder zurückkehren. Sicherlich war, wie bereits angekündigt, das Deutsche Heer an der Oder in Stellung gegangen. Einen noch nicht zugefrorenen Fluß wie die breite Oder, konnte ein schlecht ausgerüstetes Heer, wie das russische doch gar nicht überqueren.
Eliane schaute in viele vermummte Gesichter. Alle dachten sie so, auch Omama, nur ein Gesicht blieb starr in die Ferne gerichtet, das Gesicht ihrer Mutter. So sehr sie dieses Gesicht liebte, jetzt haßte sie es, denn es versprach keinerlei Optimismus.
Ohne die beiden Damen zu beachten, sprang sie vom Wagen hinab und lief und lief entlang diesem endlosen Treck, der sich nun formiert hatte, der sich langsam nach Guhren zu bewegte. Das Dorf hatte angeblich nur 500 Einwohner, was sich aber hier auf den Straßen befand waren viele Tausende. Vermummt wie die Eskimos, stapften Frauen, Kinder, alte Männer und französische Gefangene neben den Wagen her. Sie bewegten sich langsam durch all die kleinen Dörfchen, die sie von vielen Ausfahrten mit den Pferden kannte. In den Höfen der Bauern rüsteten Frauen und Kinder, Kriegsgefangene und die ganz Alten sich auch für die Flucht. Schlesische Bauern benutzten handgemachte Leiterwagen aus gediegenen Holzplanken gefertigt mit breiten eisenbeschlagenen Rädern. Für eine Flucht waren diese Wagen viel zu schwer. Die meisten hatten nur noch zwei Zugpferde zur Verfügung. Wie bei den Amerikanischen Einwanderern hatten die Leute ihre Wagen mit Planen aufgerüstet. So blieben Betten und Koffer trocken und die kleinen Kinder vor Kälte geschützt.
Mit Recht bangte Omama: „Die Pferde werden das nicht lange durchhalten!" Im Stall stand lediglich noch das ganz junge Pferd. Hätten sie es mitgenommen, wäre es sofort beschlagnahmt worden. Während sich der Treck Richtung Töschwitz bewegte, löste sich das Unternehmen Barthold allmählich auf. Weil die PGs, wie auch Vater die Nazis nannte, eines Morgens verschwunden waren. Also traten alle anderen ebenfalls, immer das Geräusch der Stalinorgel im Ohr, ihren Weg westwärts an.
Papa erzählte später, er fand das Dorf menschenleer. Er packte seinen Koffer, spannte das junge Pferd ein und hoffte den Treck und damit seine Familie einzuholen. Er bemerkte aber auch, daß der Volkssturm noch schnell ein Schwein geschlachtet und im Inspektorhaus, den Kolonialwarenladen geplündert hatte. Magdalena erzählte Eliane später unterwegs, was sie alles dort an Lebensmitteln zurückgelassen hatten. Es gelang Papa nicht den Treck einzuholen. Denn alle Straßen waren verstopft und es herrschte ein solches Chaos, daß ein Vorwärtskommen kaum möglich war. Auch scheute das Pferd und er landete mehrmals im Straßengraben im Tiefschnee.

Als der Nährschützer Treck durch Thiemendorf, ein sehr lang gestrecktes Dorf zog, dem sich Töschwitz anschließt, erschien Rosel Preiß mit einem Korb voller Thermoskannen vor dem Töschwitzer Gutshof und verteilte heißen Kaffee. Sie hatte ein Kopftuch um, sah aus wie eine Bäuerin und der Kaffee schmeckte herrlich: „Wir müssen auch gleich weg. Mit Mutti und den kleinen Babys."
„Mein armes, armes Kind!" rief Omama, die wußte wie unbeholfen Tante Erna sein konnte und Mutti dachte an Annemies zweijährigen Horsti und Ellu's sechs Monate altes Kind. Aber alles ging so schnell vorbei und Rosel entschwand am Hoftor von Töschwitz. Da begann Fritzel zu weinen und Eliane kletterte wieder in der Wagen. Noch gab es für Fritzel eine gewärmte Flasche und sie konnte Angela mit einem Apfel beruhigen. Sie treckten über Lüben und weiter nach Westen bis nach Großkirchen, unterwegs immer wieder aufgehalten, weil die Straßen überfüllt waren. Allmählich erst entwickelte sich ein später dann als selbstverständlich eingeführtes Verhalten. Wer müde war, tauschte seinen Platz mit jemandem, der im Wagen saß, wer hungrig war, erhielt ein Stück Brot oder einen Apfel, wer auf die Toilette mußte, kehrte einfach im nächsten Haus ein und bat dort um Erlaubnis, das WC benutzen zu dürfen. Manchmal bekam man dann auch ein Stückchen Brot oder eine Suppe oder Tee. Die Menschen waren voller Mitleid, weil sie wußten, schon in den nächsten Tagen würden auch sie auf der Straße ziehen.
Inzwischen war es Nacht, eine eisige klare Nacht und sie erreichten Großkirchen, ein Dorf mit einem Schloß. Das riesige Chateau, ähnlich wie Börnchen, war voller Flüchtlinge. Schon in der Halle lagen Menschen auf Teppichen, auf den Möbeln und Truhen. Die Treppe hinauf konnte man kaum gehen, so viele Flüchtende blockierten sie. Oben angekommen empfing die Besitzerin, eine zierliche junge Dame Mutti mit den Worten: „Ich kann Ihren kleinen Kindern nur noch mein Kinderzimmer anbieten, aber meine eigenen Kinder sind sehr erkältet." Eliane trat mit Angela und Fritzchen in einen kalten mit vier Gitterbettchen möblierten Raum. Sie durfte Fritzel auf ein Sofa legen und Angela auf den Teppich. Sie hatten unterwegs etwas Kaltes gegessen. So jemand wie eine Kinderfrau kam und reichte den Kleinen etwas Milch. Inzwischen waren die Kinder von Frau Moltrecht erwacht, erhoben sich in ihren Bettchen und guckten neugierig, was da los sei. Sie waren alle winzig, mit dicken Rotznasen und Eliane fand eine Windel, mit der sie jedes abwischte und wieder in die Horizontale brachte, um sie zuzudecken, weil sie sonst sicherlich erfroren wären. Im Raum brannte eine einzige Kerze. Während im Haus ein entsetzlicher Tumult herrschte, begann sie ein Kinderlied zu singen, um alle einzuschläfern, was ihr auch gelang. Auch Angela und Fritzel schliefen ein. Sie war fast befriedigt, weil sie die erste Nacht der Flucht in diesem Kinderzimmer zubringen würde, als ein Junge mit einem Licht erschien und ihr winkte herauszukommen. Leise, ohne die

Kleinen zu wecken folgte sie ihm: „Bist du die Eliane?" Sie nickte. „Frau Niesler möchte Dich sprechen." Er führte sie wieder durch das Menschen überfüllte dunkle Haus. Ohne eine Ahnung zu haben, wo ihre Angehörigen steckten, schritt sie über den weiten Gutshof.
Nieslers wohnten auch hier in der Brennereiwohnung und als Eliane eintrat, hätte sie Waldemars Mutter beinahe nicht erkannt. Vor ihr stand eine ganz alte, verhärmte Frau mit weißem Haar und blauer Schürze: „Bist Du es wirklich, Eliane? Hast Du von „ihm" Post bekommen? Ich habe so lange nichts von ihm gehört, meinem Sohn, meinem Waldemar!"
Eliane nahm sie in die Arme und wiegte sie: „Ich auch nicht, schon eineinhalb Jahre nicht." Es war ein erschütternder Auftritt, eine unvorstellbare Szene. Diese Mutter hatte zwei Söhne, ihre einzigen Kinder in diesen Krieg gehen lassen müssen. Der Älteste war schon als vermißt gemeldet worden und der Jüngste schrieb nicht mehr. Und was für Söhne das waren, so begabt, so fesch und so voller Idealismus.
Eliane blieb lange an diesem Abend bei Frau Niesler, ihr immer wieder Trost zusprechend, denn noch wußte niemand etwas Gewisses über Waldemar. Sein Vater war auch zum Volkssturm eingezogen worden. Und sie sollte nun schon am nächsten Morgen auf die Flucht gehen und rief verzweifelt: „Sie werden mich nicht mehr finden!" Da legte Eliane ihren Kopf auf den Küchentisch, an dem sie saßen und weinte gemeinsam mit der Mutter ihres Freundes aus frühester Kindheit. Als ihr Weinen gar nicht mehr aufhören wollte stand sie einfach auf und ging fort, ohne Abschied, ohne alles, in die eiskalte Nacht, denn sie wußte, Waldemar war tot, - sie wußte es einfach.

Am nächsten Morgen ging es weiter. Das Thermometer war etwas gefallen. Wenn es weiter fiel, bedeutete das Schnee. Fritzel kuschelte sich behaglich in sein Federbett auf dem Treckwagen. Er war ein so unkompliziertes, weil unwissendes Wesen. Er ging schon auf´s Klo, obwohl man ihn gewindelt hatte und schien brummend immer zufrieden. Um Angela Abwechslung zu verschaffen, nahm Eliane sie dick vermummt mit nach draußen. Wenn sie nicht mehr laufen konnte, aber sie zeigte darin eine erstaunliche Ausdauer, setzte sie die Schwester zwischen Mutter und Großmutter in den angehängten Kutschwagen. An diesem Morgen, als sie weiter mußten (bis der Treck sich wieder neu formiert hatte, vergingen meist Stunden) startete man erst gegen zehn Uhr. Da erschien plötzlich Langer. Er nahm Wolf die Zügel der Pferde ab und setzte sich auch vorne auf den Treckwagen. Nicht nur Ida seine Frau und der kleine Norbert freuten sich, auch die Falkenkinder lachten. Nun lag die große Verantwortung für die Pferde wieder in seinen Händen und Wolf konnte, wie seine Brüder, neben dem Treck einmal vorauslaufen oder auch zurück bleiben. Unterwegs aber rief Langer den Buben plötzlich zu: „Schnell kommt rauf!" überreichte ihnen wieder die Zügel und verschwand hinter den

Hafersäcken im Wagen. „Wir kommen jetzt in die Nähe von Görlitz. Sie haben gesagt, sie holen alle deutschen Männer von den Treckwagen und stecken sie noch in die Abwehr." Wolf kapierte sofort und war bereit so zu tun, als habe er die ganze Zeit den Wagen gelenkt. Auf dem Weg ins Sudetenland waren sie gezwungen, diese Taktik wiederholt zu praktizieren. Jemand wußte immer, wann eine solche Wehrmachtskontrolle entgegen kam und Hans und Ernst, die meist an der Spitze des Zuges liefen, verkündeten es von Wagen zu Wagen, sodaß die wenigen Landwirte, die nicht eingezogen werden konnten verschwanden. Aber die Mehrzahl der im Treck befindlichen Männer waren die französischen Kriegsgefangenen. Manche Leute im Treck nannten Langer einen Feigling. Ida aber murmelte: „Lieber ein Feigling als tot." Vor Görlitz entdeckte Hans, die Geschwister gingen neben dem schleichend sich vorwärts bewegenden Treck einher, die Dächer von Liegnitz. Hans deutete auf die Stadt und rief: „Ich habe im Spind von der Ritterakademie noch eine Hose, die muß ich mir noch holen!" „Bist Du verrückt?" konterte die große Schwester. „Du wirst uns nie wieder finden!" Er aber schüttelte den Kopf: „Jemand borgt mir sein Rad und bis zum Abend bin ich wieder da." Die Brüder befragt hatten keinen Einwand und Ernst wollte ihn begleiten. Eliane konnte sie nicht aufhalten. Mutti durfte davon natürlich nichts wissen. Erst jetzt kam ihr zu Bewußtsein, warum haben wir eigentlich nicht unsere Fahrräder mitgenommen? Nun, da es wärmer wurde, wären sie recht nützlich gewesen. Das bewegte sie nicht weniger als die Sorge um die Brüder, die wegen einer Hose den Treck verließen und drei Stunden später ohne Hose fröhlich wieder erschienen. Die Liegnitzer Bevölkerung war bereits evakuiert worden, die Stadt fast menschenleer. Plünderer trieben sich in den Gassen umher.

Nach Görlitz wurde der Treck dann doch nicht geleitet, sondern über Kreibau, Kreis Goldberg, wo sie eine Weile bleiben mußten, denn die Straßen waren zu verstopft. Dann ging es weiter in den Landkreis Lauban, vorbei an Friedland bis in die Nähe von Zittau.

Omama führte ein Tagebuch, das gerettet wurde, und in dem sie berichtete, wie sie jeweils untergebracht waren. Oft getrennt von Ilse. Omama mit Fritzchen, Ilse mit Angela, die Brüder meist bei den Pferden, in Scheunen und Ställen oder bei lieben Menschen in kalten Zimmern, auf Sofas oder Teppichen, zugedeckt nur mit dem eigenen Mantel. Das große Problem wurde bald das Waschen, das Waschen des Körpers bei eisiger Kälte und das Waschen der Wäsche. Die Klos, die man unterwegs benutzen durfte, waren oft schon so verunreinigt, daß niemand sie mehr reinigen wollte.

Mutti war Expertin darin, Unterkünfte in Schlössern oder Pfarrhäusern zu organisieren. Obwohl die Buben oft bei den Pferden oder in Scheunen übernachten mußten, sie waren ja schließlich acht Personen, Langers gar nicht mitgerechnet, waren die Leute sehr hilfsbereit.

Man durfte sich waschen, die Schuhe trocknen und reinigen und irgendwo schlafen, auch wenn es ein längerer Aufenthalt war, was man nie im Voraus wußte. Manchmal ging es gleich am nächsten Morgen weiter, manchmal erst nach drei Tagen. Es gab auch Wagen mit Gummirädern und ein Bauer hatte seinen Traktor mitgenommen. Er war nun dauernd auf Suche nach Treibstoff. Die Kinder sprangen mal auf jenes Gefährt, mal auf dieses. Es herrschte eine Art Galgenhumor unter den Leuten. Eine fatalistische Fröhlichkeit. Für Kinder war diese Flucht ein irrwitziges Abenteuer. Natürlich hatte Mama verboten, während der Fahrt auf und ab zuspringen. Aber alle taten es, so auch Hans. Wie vorauszusehen, fiel er unter einen Wagen, auf dem neun Frauen mit Gepäck saßen und dicke Gummiräder rollten über seinen Bauch. Ernst war sofort zur Stelle und sagte: „Steh sofort auf und tu so als ob nichts wäre!" Das tat Hans, aus Angst vor Strafe. Es wurde ihm etwas schlecht und Ernst bugsierte den Bruder zu Omama und Mutti in die Kutsche: „Der Hans muß jetzt auch mal sitzen. Es ist ihm etwas übel!" Weshalb ihm übel war, wurde den Erwachsenen nicht verraten. Wie ein Wunder, er hatte sich nichts gebrochen.

Längst war es Februar. Lebensmittelmarken bekamen Flüchtlinge nicht. Die bekam man nur mit polizeilicher Anmeldung und festem Wohnsitz. Und nun begann der Hunger. Einmal lenkte man den Treck über einsames Land. Die Straßen waren hier nicht geräumt und der Treck blieb stecken. Bis ein beherzter alter Bauer das Wenden der Wagen beaufsichtigte und man einfach auf die Hauptstraße zurückfuhr.

Die Russen waren inzwischen längst über die Oder gelangt und Langer erzählte, sie seien auch schon in Nährschütz eingefahren, als er floh. Im alten Park sei eine Granate eingeschlagen und ein hoher russischer Offizier sei vor dem Schloß abgestiegen.

Rings um Steinau bis Thiemendorf und Lüben waren schon russische Truppen. Sie bildeten einen Kessel, um unsere kleine Kreisstadt, die sich verzweifelt verteidigte mit nur wenigen Soldaten. Es gab später Aufzeichnungen vom bitteren Kampf um Steinau, die viel später von Überlebenden überliefert wurden. Steinau, mit seinen großen Brücken über die Oder wurde von einer Einheit der deutschen Wehrmacht lange gehalten, um den Flüchtlingtrecks ein Entweichen zu ermöglichen. Die Verluste an Toten und Verwundeten in dem Kampf um Steinau waren sehr hoch.

Alle Schwerverwundeten gerieten in russische Gefangenschaft und ihre Betreuer, die sich nicht aus dem Staub gemacht hatten landeten in Sibirien. Das Letzte was die Russen einnahmen war das Kloster in Steinau, das Lazarett.

Natürlich wußten die Fliehenden nichts davon, hörten nur den Geschützdonner, der bereits von allen Seiten, grollendes Unheil verkündete.

Jede dritte Nacht mußte Mama neues Quartier suchen. Immer wieder wurde der Treck gestoppt. Der Bürgermeister erhielt über eine Telefonzentrale Anweisungen wohin er sich mit seinem Treck zu bewegen habe. Hätten die Fliehenden gewußt, welche Gefahr jeder Aufenthalt beinhaltete von der russischen Armee überrollt zu werden, hätten sie diese Aufenthalte nicht so duldsam entgegen genommen. So gab es am frühen Morgen stets einen Befehl, dem zu befolgen ratsam erschien.

Da alle nur wenig zu Essen mitgenommen hatten und sie nach dem ersten Februar keine Lebensmittelmarken mehr erhielten, wurde der Hunger allmählich zum Überlebensgedanken. Omama mit ihren 67 Jahren sah nur noch das Chaos. Mama schickte alle Kinder zum Betteln. Wenn Kinder kamen wurden Frauenherzen weich. Und sie brachten Brotschnitten, manchmal ein Stück Speck, Milch für den kleinen Bruder und ab und zu einen Apfel.

Es war so kalt. Der Schneesturm peitschte um die Treckwagen. Zwischen den Hosen und den Schuhen erfroren den Kindern die Knöchel blau-grün, aber sie wanderten weiter, immer neben dem Treck und bettelten in den Dörfern, durch die sie kamen.

Einmal übernachtete Eliane mit ihrem kleinen stummen Bruder in einer Schulklasse in einer Ecke auf Stroh. Der ganze Raum war voller Landser, denn nun wurden die Flüchtlingstrecks von dem vor den Russen fliehenden deutschen Heer überholt. In dieser Schule hatte einer der Soldaten etwas Alkoholisches zu trinken requiriert und es gab einen Volksempfänger, solch ein häßliches Radio.

Die Landser waren laut aber keineswegs fröhlich. Aus dem Radio erscholl die Stimme Göbbels. Er schrie: „Wir werden unser deutsches Vaterland nicht in die Hände der Feinde fallen lassen!"

Einer der Soldaten nahm eine leere Weinflasche und zertrümmerte das Radio und dann entstand ein unvorstellbarer Lärm. Eliane dachte: „Jetzt werden sie sich prügeln und ich liege hier mit Fritzel". Sie drängte den kleinen Bruder tief in eine Ecke unter eine der Schulbänke. Da erschien ein Vorgesetzter und die Soldaten wurden mitten in der Nacht abkommandiert, schneller nach Westen zu flüchten, in Autos und Lastwagen, weg vor den Russen, schneller als die Trecks. Diese Szene hat sie lange nicht vergessen.

Ein kleiner Hund schloß sich ihnen unterwegs an. Es war ein süßer kleiner Schnauzer und niemand hatte etwas dagegen, daß die Kinder ihn mitnahmen. Während der Treck Richtung Tschechei rollte und Tausende von motorisierten deutschen Soldaten sie überholten, alles bewegte sich westwärts, rückte das Tierchen plötzlich aus und lief direkt in ein Militärfahrzeug. Der Offizier ließ sofort halten, stieg aus und reichte Eliane das tote Hundel mit Worten des Bedauerns, es war nur eine Geste an einem Tag, an dem ununterbrochen Verkehr auf den Straßen herrschte. Eine kleine Geste der Menschlichkeit!

Auf einem Lastwagen mitten unter zahlreichen Landsern entdeckte Eliane drei Mädchen ihres Alters aus Nährschütz. Sie winkten und lachten und fuhren mit den Soldaten einfach mit. Die „Chomse Thea"" war dabei und alle dachten, sie werden ihre Eltern nie wieder finden.

Wolf hatte seit langem Zahnschmerzen. Sie wurden immer bohrender. In einem Dorf entdeckte Mama ein Schild: „Schau, da ist ein Zahnarzt! Geh und bitte ihn, Dir zu helfen!" Wolf war schon immer sehr tapfer. Er stieg eine schmale Treppe hoch und betrat eine ländliche Praxis. Der Zahnarzt erfaßte seine prekäre Situation: „Bub auf der Flucht.- Treck zieht weiter.- Eine längere Behandlung nicht möglich. Also gab es nur eine Alternative: Der Zahn mußte raus. Betäubungsmöglichkeiten gab es damals nicht. Als Wolf sehr lange nicht mehr auftauchte, machte Ernst sich große Sorgen und lief zurück, dem Bruder entgegen. Endlich kam Wolf, schneeweiß und blutverschmiert: „Was war?" fragte Ernst: „Er mußte den Backenzahn ziehen, der hatte eine gekrümmte Wurzel, also zog er mir gleich zwei Zähne."

„Armer Hund! War er wenigstens nett?" Wolf nickte schmerzverzerrt: „Das Geld hat er nicht genommen und mir noch Tabletten gegeben." Endlich erreichten sie den sich dauernd langsam vorwärts bewegenden Treck und Wolf durfte auch einmal im Kutschwagen zwischen den Damen sitzen.

Nun erreichten sie das Sudetenland, am 18. Februar 1945. Noch wußten sie nicht, welch ein Glück das war, denn viele Trecks wurden über Sachsen geleitet, so auch die Töschwitzer über Dresden. Dort war der furchtbare Bombenangriff der Alliierten, den viele Zehntausende auch flüchtende Menschen nicht überlebten.

Am 3. März treckte Nährschütz vorbei an Aussig. In Städten konnte man Trecks nicht aufnehmen, deshalb war man bestrebt, sie über Dörfer zu dirigieren und am Abend in Dörfern einzuquartieren. Vor Aussig gab es Fliegeralarm. Kleine russische MIGs, sehr wendige Tiefflieger tauchten plötzlich auf und beschossen den deutschen militärischen Rückzug, der pausenlos parallel und viel schneller, weil motorisiert, neben dem Zug der Flüchtlinge sich bewegte. Wolf kam gerannt und schrie: „Runter von den Wagen! Tiefflieger kommen!" Ernst zerrte die Omama, seine Mutter und die kleinen Geschwister, die gerade im Kutschwagen saßen, rechts in einen Felsenkeller, den er gerade am Wegesrand entdeckt hatte, während tack, tack, tack die Geschosse von drei Tieffliegern den militärischen Konvoi unter Beschuß nahmen. Alle anderen Menschen waren in die Straßengräben geflüchtet. (So der Bericht aus Omas Tagebuch vom 3.3.1945). Nachdem sie den Schock überwunden hatten, ein paar Militärautos blieben am Rande der Straße liegen, wurde weiter gefahren. Sie kamen in ein Dorf mit Namen Wiklitz. Peusel, Omama´s 76 Jahre alte Wirtschafterin und dreißigjährige treue Freundin verabschiedete sich hier von ihr: „Ich habe Verwandte in Aussig. Sie nehmen mich auf. Ich bin zu alt, gnädige Frau, um so weiter zu machen." Omama weinte, sie würde sie nie wieder sehen.

Und weiter ging es über Teplitz-Schönau. Hier gab es eine NSV-Küche, denn inzwischen war es wohl bekannt geworden, daß die Flüchtlinge ohne Lebensmittelkarten zum Verhungern verdammt waren. Das galt für alle im Treck, auch die immer fröhlichen Franzosen. Sie taten ihre Pflicht den Familien gegenüber, denen sie seit Jahren dienten, versorgten die Pferde, organisierten Heu und Stroh, wenn sie Glück hatten auch ein wenig Hafer. Wovon sie lebten, das wußte kein Mensch.
Endlich erreichte der Treck im Sudetenland einen lang gestreckten Ort, der sich Langugest nannte. Tagelang vorher zogen sie durch ein Kohlengebiet, rechts und links Halden, qualmende Schornsteine, öde, von Kohlenstaub bedeckte Gegenden. Auch der Schnee war schwarz. Noch immer herrschte Winterwetter. In Langugest wurde die Familie zwangseinquartiert in einem Haus bei einer Frau Hinke, die mit einer so großen Familie völlig überfordert war. Später, als man munkelte, hier würde man länger bleiben, suchte Mama im Dorf nach anderen Unterkünften. Oma blieb mit Fritzchen bei Frau Hinke und war froh, dem Trubel ihrer Enkelsöhne entronnen zu sein, als diese woanders wohnten. Mutti fand eine Bleibe in der Post des Dorfes. Die Postfrau hatte sogar ein Gastzimmer mit Waschgelegenheit für sie und Angela. Eliane kam zu einer Frau in einem sehr sauberen kleinen Häuschen am Ende des Dorfes, deren Mann im Krieg war und deren fünfzehnjähriger Sohn in den Kohlengruben arbeitete.
Im Dorf gab es auch hier eine NSV-Küche, über die die Flüchtlinge verköstigt werden sollten.
Als man in dieses Dorf bei bitterer Kälte einfuhr, sahen alle Flüchtlinge als erstes ein totes Pferd im Dorfteich liegen. Am nächsten Tag war der Pferdekadaver entfernt worden.
Mittags stellten sich alle Flüchtlinge vor der NSV Küche an, um etwas zu Essen zu bekommen. Ernst fragte die Franzosen, die zum Kochen abkommandiert worden waren, um die Massen von Hungrigen zu füttern und die er ja von Nährschütz her kannte: „Und, was ist denn hier drin in Eurer Suppe, die wir jetzt kriegen?" Da deutete der Schlauste von den Franzmännern auf den Teich vor dem Gebäude und meinte verschmitzt: „Ja, was meinste denn, Ernst? Pferdefleisch, in Frankreich „une delicatess!" Angela bekam Brechdurchfall. Fritzel erhielt daraufhin von der lieben Frau, bei der Omama war, echten russischen Tee, damals eine Kostbarkeit.
Ernst, Wolf und Hans gingen auf die Jagd. Mit Schlingen konnte man hier wilde Kaninchen fangen. Zu aller Überraschung war ein Treckstop erlassen worden. Und der währte vom 6. März bis in den April 1945.
Oma war stets in Verbindung mit Langer, um das Überleben der Pferde zu sichern. Um zu Langer zu gelangen, der auf einem Hof untergebracht war, man nannte sie hier Maierhöfe, nahm sie Fritzel einfach mit. Die Verwalterin des Maierhofes versicherte ihr, sie könne das Gespann und den

Kutscher gut gebrauchen und Oma hatte das Gefühl, ihre Pferde würden zumindest nicht verhungern und Langers hätten eine Bleibe.
Mutti quälten ganz andere Sorgen. Der gesamte Nährschützer Treck lag in diesem Dorf und niemand erhielt Lebensmittelkarten. Über die Postfrau, der sie Miete zahlte, und mit der sie sich gut verstand, erfuhr sie, wer der zuständige Landrat sei. Eines Tages veranlaßte sie Langer die Kutsche anspannen zu lassen und fuhr ins Landratsamt nach dem zuständigen Kreisstädtchen Bilin. Auf Grund ihres Namens und dem entsprechenden Auftreten wurde sie beim Landrat empfangen. „Ich bin Baronin Falkenhausen aus Schlesien. Mein Treck liegt hier seit drei Wochen ohne Lebensmittelmarken, ohne ausreichende Verpflegung. Ich habe sechs unmündige Kinder und meine Mutter zu versorgen, außerdem mein Gutspersonal. Mein Mann, Oberstleutnant von Falkenhausen, befindet sich im Kampf bei der Abwehr gegen die russischen Armee! Was gedenken Sie zu tun, um meiner Familie und meinen Leuten endlich zu helfen?" Der Landrat war erst einmal völlig verwirrt. Danach rief er einige seiner Mitarbeiter in sein Büro und sie gerieten in Streit. Danach bestimmte er, daß der Familie von Falkenhausen, nach einem so langen Aufenthalt auch Lebensmittelkarten zustehen würden . . .
Aber Mutti gab sich damit nicht zufrieden: „Allen Flüchtlingen stehen doch nach dem Gesetz Lebensmittelmarken zu. Schließlich sind alle deutsche Staatsbürger." Er wand sich wie ein Aal und Mutti und Oma wurden abgewimmelt mit der Versicherung, sie würden die Lebensmittelkarten auf dem Gemeindeamt in Langugest bekommen. Am Nächsten Morgen nahm Mutti Eliane mit (ohne das Vorspiel zu erklären), studierte sie die Anschläge vor der Bürgermeisterei in Langugest:„Wer sich drei Tage und länger in einer Gemeinde aufhält, ist verpflichtet sich polizeilich anzumelden."
Bewaffnet mit allen Kennkarten betrat Mutti das Büro und erklärte dem Mädchen hinter dem Pult: „Ich möchte mich polizeilich anmelden." Wie erwartet, war diese Person etwas einfältig und reichte der Dame zwei Eintragungsformulare, die Mama ausfüllte. Danach verlangte Ilse noch weitere Formulare und legte acht Kennkarten vor. Auch das tat das Mädchen und nun füllte sie für jedes Familienmitglied ein Formular aus. Danach beobachtete Mutti, wie die Anmeldungen gestempelt wurden. Sie ließ sich viel Zeit, steckte die Durchschläge in ihre Handtasche und sagte dann ganz ruhig: „Und jetzt bekomme ich für meine Familie die Lebensmittelkarten, denn wer polizeilich angemeldet ist, hat ein Recht darauf im deutschen Staat." Völlig verwirrt registrierte das Mädchen, was die Flüchtlingsdame da bezweckte und lief zu ihrem Chef, dem Bürgermeister. Der hing gerade am Telefon und erklärte der Obrigkeit, wenn man allen Flüchtlingen, die hier durch treckten Lebensmittelkarten geben würde, dann wären sämtliche Kaufläden im Nu leer gekauft und die Gesamtlage der einheimischen Bevölkerung nicht mehr gewährleistet . . ."

Worauf der Landrat ihm riet: „Geben sie dieser Baronin oder was sie ist, in Gottes Namen die Marken, und schicken Sie sie weiter, so schnell es geht. Sonst kommen wir alle noch in Teufels Küche." Als das Mädchen zurückkam, erhielt Mama die Lebensmittelkarten für alle auch für Großmama. Für Langers aber nicht, denn deren Kennkarten hatte sie ja nicht dabei.

Um auch die anderen Nährschützer über ihre Rechte zu informieren, nahm sie Eliane an der Hand und sagte: „ Und jetzt sagen wir allen, wie sie es machen müssen, um nicht zu verhungern!" Denn natürlich hatte sie keine Ahnung, von dem in der Bürgermeisterei vorangegangenen Telefongespräch.

Die meisten Menschen des Nährschützer Trecks, vor allem die Siedler befanden sich in Scheunen und Schulen auf Stroh untergebracht. Man hatte ihnen wieder und wieder versichert, es ginge bald wieder zurück in die Heimat. Als Mutti mit Eliane in die Schule traten, lagen sie da und wunderten sich, was denn die Schloßleute` von ihnen wollten. Mutti, tapfer wie sie war, begann ganz ohne jede rhetorische Vorrede: „Ich bin hier um Ihnen zu sagen, wie Sie zu ihren Lebensmittelmarken kommen können! Jeder von Ihnen muß sich nur polizeilich anmelden, dann muß man Ihnen laut Gesetz die Marken aushändigen." Auf einmal stand einer der Siedlerbauern auf (es war Ernst Hain): „Da seht ihr`s, die Reichen, die Adligen, haben´s wieder geschafft. Ihr glaubt doch nicht, daß wir das gleiche Recht bekommen wie die…" und ein schrecklicher Rabbatz entstand. Ihr ganzer Hass richtete sich plötzlich gegen Mutti. Eliane zog Mama schnell aus dem Raum und sie flüchteten. Beide konnten diese Emotionen nicht verstehen. Seit Monaten befanden sie sich in der gleichen verzweifelten Lage, im selben Treck. Alle waren sie heimatlos und gleich arm und Ilse wollte ihnen nur zu ihrem Recht verhelfen. Es war wirklich nur ein Hilfsangebot. Aber ihre Reaktion zeugte von so viel Klassenhaß, daß Mutter und Tochter, nur noch tief verstört zu ihren Unterkünften eilten.

Am 7. März kursierte ein Gerücht durch das Dorf: Àlle Jugendlichen ab 14 Jahren werden zu Zwangsarbeit verpflichtet, ebenso alle Gespanne und die Männer. Wo sie eingesetzt werden sollten wurde nicht gesagt.

Eliane, die immer noch in dem Haus der netten Sudetendeutschen Familie wohnte, hatte sich inzwischen mit dem gleichaltrigen Sohn bekannt gemacht. Schließlich kochte die Mutter am Abend ein Essen und auch wenn Eliane nicht viel davon zu sich nahm, um die Leute nicht zu schädigen, kamen sie ins Gespräch. Er war ein schmaler, schon verarbeiteter Junge aber keineswegs dumm: „Die wollen Euch alle einziehen." berichtete er ihr. „Die Mädchen auch." Mein Vorarbeiter hat gesagt: „Dann werden sie Euch nach Hause zurück schicken und dort herrschen bereits die Kommunisten und dann werden sie Euch zu Kulis machen." Eliane wischte sich einmal über den Mund und dachte: „Nicht mit mir.- Dann hätten wir ja zu Hause bleiben können." Das Gerücht aber, alle können wieder nach Hause, machte bereits im Dorf die Runde. Es wurde sogar verbreitet: „ . . . wer nicht mehr nach Hause kommt, verwirkt jedes Recht auf eigenen Besitz!" Dabei war der Krieg noch keineswegs beendet und nichts entschieden.

Eliane versuchte ihrer Mutter zu erklären, daß es bald eine Verordnung geben würde, in der Wolf und sie selbst zu Zwangsarbeit abkommandiert werden würde. Mama blickte in die Ferne: „Das betrifft doch nicht Dich mein Kind, doch nicht meine Kinder. Ich habe Dir, so lange Du lebst, doch immer wieder von den Schrecken erzählt, die Menschen wie wir es sind unter dem Kommunismus zu erwarten haben. Ich werde einen Ausweg finden." „Aber Mutti, sie sprechen alle davon!"

Omama erhielt ein Telegramm. Seit kurzem konnte man nicht mehr telefonieren, aber telegrafieren konnte man noch. Da Mutti in der Post wohnte, nutzte sie diese Chance.

Omama schickte und erhielt Telegramme aus Märisch-Schönberg von Inge. Sie bewahrte es auf:

„Frau Strak (gemeint war Strach) bei Hinke Langugest, Kreis Bilin.
„Wir sind noch hier, - erwarten Dich bis klarere Lage ist.
Männe, Seeindelhöf b. Budweis, Protektorat Böhmen
Falk mit Erna Ablas bei Oschatz in Sachsen, Manfred hier.
Hoffe Du bist in zehn Tagen bei uns!
Wir senden dann jemanden zu Dir, der Dich abholt!"
Straawitz (Strachwitz) auch bei uns.
Denke immer an Dich   Inge

Mama, betete ununterbrochen um Gottes Hilfe und Erleuchtung. Hecktisch wälzte sie die Telefonbücher von Böhmen, dem Protektorat wie es damals hieß und der von Hitler eingenommenen Tschechei. Am nächsten der Bayrischen Grenze, (und nach Bayern wollten sie ja, zu Judith, Ernas ältester Tochter, die nahe von München auf einen schönen Besitz lebte), also zwischen Marienbad und Karlsbad, gab es einen Ort, der einem Fürsten Beaufort gehörte. Vielleicht sagte es Ilse der heilige Geist, vielleicht wußte sie es aus caritativen Quellen, auch diese Fürstin war eine sehr fromme Katholikin. Mama schickte gleich zwei Telegramme nach Petschau: Eines an den katholischen Pfarrer und das andere:

An die Fürstin Beaufort
Petschau
„Auf der Flucht vor den Russen mit sechs Kindern,
meiner Mutter, unserem Kutscher und dessen Frau
und Kind, bin ich auf Ihre Hilfe angewiesen.

*Bitte schicken Sie mir ein Telegramm, was mir
ermöglicht weiter zu trecken, sonst werden wir
an die Russen ausgeliefert.
Unterschrift"*

*Drei Tage später kam die ersehnte telegrafische Antwort:
„Erwarte Baronin Falkenhausen mit
Elf Personen in Petschau."*

Die Lage im Dorf spitzte sich zu. Die anderen Nährschützer hatten keine Lebensmittelkarten erhalten, was den Zorn gegen die Schloßleute natürlich verstärkte. Außerdem verfügte der Kreisleiter wirklich über einen Auslieferungsbefehl, alle arbeitsfähigen Flüchtlinge an die von den Russen bereits besetzte Zone abzuschieben. Was man beileibe nicht kund tat. Ein Kreisleiter war ein Sudetendeutscher Nazi. Sie wollten die Treckinvasion nur los sein, rechneten für ihr Land nicht mit einer russischen Okupation. Was jedoch am bedrohlichsten schien, sie wollten die Pferde requirieren oder erschießen. Langer, Eliane und Wolf sollten mit den Pferden nach Schlesien zurück, gemeinsam mit vielen Nährschützern. Die französischen Gefangenen waren schon seit Tagen verschwunden. Manche von ihnen sprachen so gut deutsch, daß ihnen eine Flucht durch ein im Chaos befindlichen Deutschland sicherlich gelungen ist.
Mama hielt das Telegramm der Fürstin hoch und veranlaßte Langer, der mit den Pferden in jenem Maierhof untergebracht war, mit ihr und Omama wiederum nach Bilin zu fahren, um vom Kreisleiter die Erlaubnis zum Weitertrecken zu erwirken. Ohne Treckschein durfte man nicht auf die Straßen.
Inzwischen nahm der Frühling seinen Einzug. Vogelscharen kehrten zurück und der schmutzige Schnee schmolz an den Straßenrändern in einem häßlichen, von Kohlengruben und mit Schornsteinen bespickten Landstrich. In dem Amt herrschte Hektik, Nervosität und vor allem Unduldsamkeit eines Vorgesetzten, der völlig überlastet war. Ärgerlich hörte er sich die Bitte der zwei Damen an, erfaßte in keiner Weise die Dramatik des vorgetragenen Anliegens und ließ sie mit der lapidaren Ausrede entfernen: „Ich folge nur meinen Anweisungen. Die Pferde und ihre großen Kinder gehen zurück mit dem Kutscher."
Mama stand vor der Tür wie betäubt und Oma benutzte ihr Taschentuch. Sie hatte um die Pferde unentwegt gekämpft. Wenn man ihnen die Pferde nahm, das wußte sie, waren sie verloren: „Langer, sie nehmen uns die Pferde weg und Sie auch!" sagte Mama als sie das Büro verließen. Auch er war angestanden, nun schon zwei Stunden und wurde nun endlich auch vorgelassen. Mama gab ihm einer inneren Eingebung folgend das Telegramm.
Er sah wirklich aus wie der Ärmste der Armen, immer so bescheiden, so demütig, immer so leise und so dünn. Wohl zum ersten Mal an diesem Morgen kehrte in dem Büro des Kreisleiters so etwas wie Ruhe ein, und der

völlig ausgepumpte Nazi betrachtete den Bittsteller wie eine Besonderheit: „Und wer sind Sie?" „Ich bin der Kutscher von denen da, die Sie gerade ..." Langer machte nur eine Bewegung.

„Na und?" fragte aggressiv der Mann in brauner Uniform. „Das können Sie doch nicht machen, Herr Kreisleiter! Die Frau hat nach den zwei älteren Kindern noch vier kleine. Sie würden eine Familie auseinanderreißen und der Rest würde ohne die Pferde und mich zu Grunde gehen." Der mächtige Mann drehte sich zum Fenster. Langer wartete. „Sie meinen wir würden dann eine Familie trennen?"

„Und", ergänzte Langer„schon morgen wären Sie uns los! Mit einem Passagierschein! Wo „die" doch ein Ziel haben!" Wahrscheinlich hatte er es noch viel einfacher formuliert. Wahrscheinlich wollte er sich und seine Familie vor der Rückkehr zu den Russen bewahren, aber in diesem Moment hatte er, der Schweigsame, der vieler Worte nicht mächtige, die richtigen Worte gefunden. Denn als er dieses Amt verließ, hielt er den Passageschein für den Treckwagen: „ Forst-Gut Nährschütz mit elf Personen", in den Hände und sie mußten nicht zurück nach Schlesien, sondern treckten in grauer Frühe nach Süden. . .

Ein paar Tage später kehrte der Nährschützer Dorftreck nach Hause zurück. Natürlich hatten alle sich dazu entschlossen. Schließlich waren sie dort daheim. Ihre Häuser und Wohnungen erwarteten sie. Es war ihre Heimat. Vielleicht war ein bißchen von ihrem Inventar noch vorhanden und vielleicht hatten ja die deutschen Truppen, wie versprochen, das Dorf zurückerobert. Aber was sie dort dann erlebt und erlitten haben, erfuhr man erst sehr viel später.

Auch Frau Peuser war mit Schwiegertochter und Enkelsohn zurück gegangen in ihr Häuschen, für das sie ein Leben lang gespart hatte. Sie ist dort jämmerlich verhungert, sie, die so delikate Dieners zuzubereiten wußte. Die anderen, die am Leben blieben, die nicht in Gefängnissen landeten oder totgeschlagen wurden, wurden ein Jahr später in die DDR (Deutsche Demokratische Republik) ausgesiedelt. Sie durften nur ein verknotetes Bündel mit sich nehmen, wurden in Lager gesperrt und monatelang gequält. Schlesien war sofort nach der Besetzung von russischen Truppen mit polnischen Aussiedlern besetzt worden, mit denen nun die deutschen in ihren Häusern gemeinsam ein Jahr lang zusammenlebten. Das Schloß wurde ausgeplündert, bis auf den letzten Türstock. Jeden Fensterrahmen! In Lastwagen zogen sie schemenhaft an ihren Höfen vorbei. Vorbei an den Fenstern der Bauern in der Guhrener Straße, mit all den unendlich wertvollen, schönen antiken Möbeln, Teppichen, Gobelins, Gemälden, gefüllten Truhen und Mutters grünem Schlafzimmer.

Marodierende russische und polnische Horden kamen des nachts und suchten nach Frauen und Mädchen. Am Tag mußten alle Deutschen, die anfallenden landwirtschaftlichen Arbeiten verrichten: Das Vieh, wurde in Herden nach Lüben getrieben, wobei viele Tiere, (nicht gemolken), unterwegs elendiglich verendeten. Diese Tiere mußten begraben, Felder bestellt, Getreide gedroschen werden. Erst Jahrzehnte später erreichten genauere Berichte die Familie Falkenhausen. Vor allem gab es eine Heimatzeitung, von Frau Günther ins Leben gerufen, die detaillierte Berichte veröffentlichte. Auch erfuhren sie von Janek dem Polen, der sich in Nährschütz wie ein Kommandant aufführte und verschiedentlich geäußert haben soll: „Er warte nur auf die vom Schloß!" Das alles war ihnen erspart geblieben, durch ihrer Mutter Initiative und nicht zuletzt durch Langer's kluge und intuitive Fürbitte.

Frau Günther aber sei hier ein großes Lob auszusprechen. In einer lebenslangen Aufgabe hat sie es verstanden, durch ihre Zeitung, dem Steinauer Heimatboten nicht nur das Heimwehgefühl aller Heimatvertriebenen öffentlich zu machen, sie bestand besonders darauf, Fakten aufzudecken, Unrecht zurecht zu rücken und den Anspruch auf die schlesische Heimat, wenn auch vergeblich, aufrecht zu erhalten. Eine bewundernswerte Frau, deren Lebenswerk darin gipfelte, Schlesien in Bild und Schrift zu verewigen.

Am Grünberg

Es war der 27. März 1945. Sie waren sehr früh am Morgen gestartet. Es war Frühling. Sie waren alle noch beisammen, auch Langer und seine Familie. Der Kinder hatte sich ein leises Hochgefühl bemächtigt. Wolf, der bei einem Bauern Knecht gewesen war, mußte nun nicht mehr arbeiten. Ernst und Hans, die Mutti auf Omas Betreiben hin in einer Schule angemeldet hatte, entrannen so einer lästigen Pflicht. Auch Eliane war froh, nicht von ihnen getrennt worden zu sein. Sie treckten über Anhöhen, eine mehr und mehr bergige Landschaft, sehr viel anmutiger und schöner, doch wurde sie bald zur Last. Vier mal mußten sie Bauern um Vorspann bitten, was ihnen auch gewährt wurde. Drei Mal mußten sie noch unterwegs übernachten. Aber je weiter weg sie aus dem Kohlenrevier kamen, um so lieblicher wurde die Landschaft. Sie fuhren in einen frühen, langen, milden Frühling durch ein wunderschönes Land.

Die Dörfchen waren sauber und gepflegt. Hinter adretten Zäunen und in kleinen Gärten standen abgeputzte Häuschen. Es gab alte Städtchen mit Fachwerkgebäuden, Schlösser mit großen Gutshöfen, wo sie übernachteten und im Schloß liebevolle Aufnahme fanden. Sie fuhren durch Saatz, einem altertümlichen Ort mit Laubengängen und einer herrlichen Kirche, auf deren Steinbogen über dem Eingang stand die Inschrift:

„Saatz, Du glückliche unter Böhmens Städten,
kein Krieg hat Dich bis jetzt überrannt,
vor Hunger und Not bist Du bewahrt worden.
Es soll so lange so bleiben,
so lange Du Gott die Ehre gibst.

Anscheinend hat Saatz Gott im Dritten Reich nicht genug Ehre gegeben, denn auch dorthin kamen die Russen.
Sie rasteten in Podesam, wo sie in einem Hotel Zimmer mieten konnten. Auch für die Pferde fand sich sehr schnell eine Unterkunft.
Am nächsten Tag um 9 Uhr ging es weiter über Theusing. Nahe einem Maierhof machten sie Mittagspause und die Kinder bekamen Osterkuchen geschenkt. Weißen Hefekuchen mit Rosinen. Es war Karwoche - Karfreitag. Am Karsamstag gegen Mittag erreichten sie Petschau.

Omama's Tagebuch erzählt:

„Ostersonnabend in Petschau am Schloßhof aufgefahren. Der Herzog kam uns nach Anmeldung durch den Pförtner entgegen und Ilse wurde mit fünf Kindern im Hotel Central, ich mit Angela im Schloß untergebracht. Pferde und Kutscher mußte ich selbst unterbringen. Alles glückte, aber war mühsam. Die Herzogin ließ sich nicht sehen, ist kränklich. Wir verlebten einen traurigen Ostersonntag. Das Wetter war schön und lind. Ich ging mit den Kleinsten am Rand der Berge spazieren, wo alles mit Veilchen überschüttet war. Der Herzog kam ins Hotel um zu fragen, was wir brauchen könnten, ob uns Geld fehlt, usw. war sehr freundlich. Ilse hatte in Erfahrung gebracht, daß eine Försterei des Herzogs halb leer steht und wir vielleicht dort hin ziehen können. Als ich am Abend mit Angela ins Schloß kam, kam uns der Herzog mit Tochter entgegen, leuchtete uns und zeigte uns ein Zimmer, mit herrlichen Betten.

Petschau den 3.April 1945
Alles hat sich für uns zum Guten gewendet. Wir bekommen eine kleine Wohnung in der Försterei „ am Grünberg" und sind bereits dort gewesen um alles zu sehen. Wir bekommen vom Herzog Beaufort auch allerhand Möbel und die Pferde, nebst Kutscher und Familie werden in der Försterei „Vitriol Hütte" eingestellt, zur Hilfe im Forst. Die Sorgen lichten sich.
Die Herzogin hat mich abends zu kurzem Besuch gebeten, lag auf der Chaiselongue, ist sehr kränklich, sehr fromm.
Ilse wurde zum Tee gebeten, herzlich von der Herzogin umarmt und jeglicher Hilfe versichert. Das Schloß besteht aus mehreren Gebäuden mit Türmen und

verschiedenen Höfen, erinnert an Fürstenstein in Schlesien, besonders in seiner Lage. Die herzogliche Familie bewohnt einen Bau mit vielen Gängen, auf denen sich Sammlungen verschiedenster Art befinden. Angela und ich wandern gern auf unsere Zimmer. Wetter ist wieder kalt geworden. Wir haben dem hiesigen Pfarrer einen Besuch gemacht, er wird den Kindern Religions-Unterricht geben und ist teilnehmend zu uns.
So Ellynors Beschreibungen ihrer Eindrücke:

Beauforts waren einfach fabelhaft. Die Herzogin war nicht kränklich, sondern todkrank und ist zwei Monate danach gestorben. Das Schloß lag auf einem Felsen gebaut, hoch über der Stadt, einer alten Festung ähnlich. Zur Försterei ging man im Tal eine geteerte Straße entlang, die sich um Felsen schlängelte. Rechts ragten Felswände, die allmählich in einen Wald übergingen und links lagen weite Wiesen, durch die die Tepel, ein Flüßchen, sich unter alten Weiden wand.
Die Försterei befand sich etwa zwei Kilometer entfernt vom Städtchen. Ein einfaches einstöckiges Gebäude mit Stallungen. Unten im Erdgeschoß lebten russische Gefangene, die als Waldarbeiter eingesetzt waren und schwer bewacht wurden. Es gab für 12 Gefangene drei Aufseher. Die Tochter des Herzogs und sein Sohn, beide über zwanzig Jahre alt, zeigten im ersten Stock eine Küche mit Herd, ein kleines Zimmer, ein Wohnzimmer, ein Schlafzimmer und eine Bodenkammer, die zur Verfügung stehen sollten. Nach den Osterfeiertagen schickten sie einen Wagen mit Möbeln und die herzoglichen Geschwister kamen persönlich mit einem Leiterwagen voller Porzellan und Besteck.
Jeder hatte nun wieder eine Bettstelle aus rohem Holz mit Betten, es gab ein Sofa, eine Couch für Oma im kleinen Zimmerchen, einen Schreibtisch, einen Esstisch mit Stühlen. Beauforts schickten uns sogar einen Schrank und alles notwendige Küchengerät. Jemand hatte lange darüber nachgedacht, um diese Flüchtlinge auszustatten. Menschen die selbst um Heimat und Existenz bangten, deren Mutter schwer krank war, halfen anderen in bitterer Not so vorbildlich. Omama schreibt von Gardinen, Waschgeschirr, Vasen und allerhand mehr.
Diese ihre Wohltäter haben die Falkenhausens später nie wieder gesehen. Mutti und Omama gingen lediglich auf die Beerdigung, der so mildtätigen Herzogin.
Danach überschlugen sich die Ereignisse.
Post gab es hier!
Inge schrieb aus Märisch-Schönberg: „Falk ist in Karlsbad in einem Kurhotel!"

Als erstes begannen die Kinder die Umgebung zu erkunden. Dieses Land im Flor des Frühlings erschien ihnen allen, nun da sie wieder so etwas wie ein

Zuhause hatten, wie ein Paradies. Gleich hinter der Försterei begann der Wald. Es gab immer wieder Lichtungen und begraste Hänge durch die kleine Bäche plätscherten. Mitten in einem Tal entsprang eine Quelle, sie enthielt schwefelhaltiges Wasser, wie man es in Karlsbad und Marienbad zu Kurzwecken verwendete. Petschau liegt zwischen diesen beiden bekannten Bädern. Die Tepel schlängelt sich nicht nur über weite Wiesen sondern braust auch durch dunkle feuchte Schluchten. Vereinzelt gab es einsame Höfe, und das nächste Dorf „Grün" lag auf einer Anhöhe, zwei Kilometer südlich. Die Wiesen begannen bereits zu blühen. Viele seltene Pflanzen entdeckten die Mädchen und schmückten das neue Heim.

Durch Beauforts Vermittlung meldeten sie sich polizeilich an und bekamen Lebensmittelmarken. Eliane ging täglich in die kleine Stadt um einzukaufen, was es auf Marken gab. Die Brüder bemerkten am Waldrand Kartoffelmieten. Nachdem sie ihre Rucksäcke gefüllt hatten und sie ein zweites Mal mit Angela im Schlepptau dorthin wanderten, wurde auf sie geschossen. Aber sie hatten sich schon ganz schön vorgesorgt.

Die geteerte Straße, von Petschau nach Grün, dem nächsten Dorf verlief, direkt am Gebäude der Försterei vorbei. Auf dieser Straße wälzte sich bald nach dem Einzug der Familie ein Strom von Flüchtlingen und Konvois von Militärkolonnen. Tag und Nacht, ohne Pause. Natürlich kamen Flüchtende auch ins Haus herein, um etwas zu Essen zu erbetteln, sich eine Suppe zu kochen oder ein paar Kartoffeln zu schnorren. Eliane und Ilse kochten täglich große Töpfe mit Kartoffeln.

Omama fand die Tatsache, daß unten die gefangenen Russen lebten „unheimlich". Die Kinder aber freundeten sich bald mit den Wachleuten an. Diese hatten in einer Ecke einen großen Sack mit Viehsalz stehen. Salz war damals ebenso wenig zu bekommen wie Zucker. Streichhölzer, Nähnadeln, Garn oder gar Nägel, um kaputte Schuhe zu reparieren. Bereitwillig gaben sie Wachleute von dem roten Salz, das man gewöhnlich auf vereiste Straßen streut, ab. Allmählich ging die Kleidung in Fetzen, Schuhe hatten Löcher, Strümpfe gab es nicht mehr, Seife wurde zur Kostbarkeit. Aber das Wetter wurde immer wärmer.

Nachdem Tante Inge Chiarie Papas Aufenthalt signalisiert hatte, fuhr Mutti mit Wolf und den Pferden nach dem c.a. 30 km entfernten Karlsbad, um ihren Ehemann wieder der Familie zuzuführen.

Sie fanden Papa in einem sehr feinen Hotel an einem weiß gedeckten Frühstückstisch. Er hatte es verstanden, auch in diesen Zeiten das Leben von der angenehmsten Seite zu nehmen.

Er war auf der Suche nach seiner Familie hier eingekehrt, hatte sich zur Kur eintragen lassen und genoß alle Privilegien eines Kurgastes, in feudalem Hotelzimmer mit Bad und leidlich ausreichender Verpflegung.

Als Mama ihn da sitzen sah, während er genüßlich sein Frühstück vertilgte, rastete sie völlig aus. Auch wenn Omama, die ja nicht dabei war, diese Szene in ihren Memoiren nicht erwähnt, so gibt es noch Wolf's Beschreibung über dieses Treffen, das ziemlich dramatisch verlief:

„Hier bist Du! Während ich mit Deinen Kindern, die schrecklichsten Strapazen und Ängste, Not und Hunger, Demütigungen und Entbehrungen durchlitten habe! Du sitzt hier und läßt es Dir gut gehen, während wir am Hungertuch nagen und nichts mehr auf dem Leib tragen als Lumpen. Du sitzt hier, während ganz Deutschland auf der Flucht vor den Russen ist und die Welt untergeht!"

Sie tobte, - und er konnte gar nichts dafür. Wie immer, wenn sie eine Szene machte, blieb er still, neigte demütig sein Haupt, vergaß seinen Koffer, vergaß zu zahlen und folgte ihr in die Kalesche, um sie zum Grünberg zu begleiten. Sicherlich wußte er gar nicht, wie weit das war. Auf dem Heimweg mußte der arme Wolf auf dem Kutschbock sich alle ihre Beschreibungen von Not und Angst und Hunger mit anhören. Oma schreibt von einer glücklichen Zusammenführung der Familie, aber die Kinder saßen auf der Bodentreppe, lauschten Wolfs Bericht und lachten. Inzwischen kannten alle Mutters Zornesausbrüche zu Genüge und es war wirklich das Beste, dabei still zu bleiben, wie Papa das immer tat.

Ein paar Tage später aber, als der Entrüstungssturm sich gelegt hatte, sagte er: „Ich muß noch einmal nach Karlsbad. Ich muß meinen Koffer holen, mein Zimmer bezahlen und meine Kur abmelden. Und er fuhr, um allem Zorn aus dem Wege zu gehen von Petschau mit der Bahn, kam aber nicht wieder.

Am nächsten Tag berichtete Eliane, die ja täglich in Petschau beim Anstehen um Lebensmittel, die neuesten Nachrichten erfuhr, daß der Bahnhof in Karlsbad von Bomben total zerstört worden sei. Papa konnte also nicht zurück kommen. Omama bestellte die Pferde aus der Vitriolhütte. Vielleicht, um auch einmal wieder etwas von der eleganten Welt zu sehen, beschloß sie mit Wolf nach Karlsbad zu fahren, um ihren Schwiegersohn, diesmal mit Koffer und bezahlter Rechnung einzusammeln. Rechts und links der Tepel auf den Wiesen lagen Scharen von Flüchtlingstrecks. Fliehende Menschen schoben mit erbärmlichsten Fuhrwerken die Straße entlang und immer noch jagte in unvorstellbarer Hast das deutsche Militär an all dem Elend vorbei.

Eliane hatte einmal auf dem Rückweg von ihren Einkäufen einen jungen Leutnant in seinem Militärfahrzeug gefragt: „wo wollen Sie denn eigentlich hin?" „In die Gefangenschaft mein Kind, aber in die amerikanische. Wir fliehen vor den Russen!" „Und hier, wer wird zuerst hier sein?" fragte sie naiv: „Wenn Du hier zuhause bist, dann macht, daß ihr weg kommt, denn was uns folgt ist die Hölle."

Danach erwogen sie wirklich weiter zu trecken. Aber noch war Papa nicht wieder da und die vielen Flüchtlinge und Soldaten, die in der Försterei einkehrten rieten: „Geht nicht auf die Straße."

Oma schreibt über ihre Fahrt nach Karlsbad, die sie unternahm um Falk dort abzuholen:

„20.4.1945
Heute früh um ? 4 Uhr aufgestanden, um mit Enkelsohn Wolf nach Petschau zu Fuß zu gehen, wohin ich den Kutscher mit Wagen zur Abholung von Falk in Karlsbad bestellt hatte, denn Bahn und Bahnhof dort sind zerbombt, Autos gesperrt. Wir hatten fürchterlich unruhige Tage und wollten weiter fliehen. Militärs, Autos, Trecks, Flüchtlinge in jeder Form fluteten und sausten Tag und Nacht bei uns vorüber. Alle Ruhe ist vorbei, alles ist aufs äußerste gespannt, aufgeregt und voller Erwartung. In unserer Wohnung reißen die militärischen Besuche nicht mehr ab und alle rieten uns noch zu bleiben, denn es gäbe nirgends Unterkunft, oder Essen oder Sicherheit.
Und nun nach Karlsbad! Zuerst der Weg nach Petschau an den großen Wiesen vorbei, erfüllt von Lagerfeuern, Menschengruppen, wiehernden Pferden, Nebelschwaden, bis sich der Himmel in rosarote Färbung des Morgens tauchte, - bei immer noch starker Kälte.
Die Fahrt dann im Wagen an der Tepel entlang ist wunderschön. Rechts und links ansteigende Höhen meist bewaldet. Karlsbad selbst im lang gestreckten Tal, ein sehr elegantes Bad mit schönen Plätzen, Gebäuden, Anlagen und großen Geschäften und Hotels. Leider war der Weg belagert von aus Lazaretten entlassenen Soldaten und anderen Flüchtlingen. Wir nahmen mehrmals Beschädigte mit. An der Einfahrt von Karlsbad stand Deutsches Militär. Ausweise und Papiere wurden verlangt. Die meinen und die des Kutschers Langer genügten, aber der arme Wolf hatte nichts vorzuweisen, sollte von der Hitlerjugend sein.- Er mußte absteigen, wurde trotz aller Bitten meinerseits in ein Jugendlager abgeführt. Falk bald gefunden, erste Frage nach Wolf, gesucht, bis wir das Lager fanden. Falk gab ihm Lebensmittelmarken und Geld. Wir fuhren ab und wurden von Ilse mit Entsetzen ob Wolfs Geschick empfangen.

Soweit Omama's Bericht.

Nicht nur Mutti, alle waren tief beunruhigt. Vor allem Ernst. Sein geliebter Bruder! Sie waren wie Zwillinge, taten alles gemeinsam.- keiner schlief in dieser Nacht, alle dachten darüber nach, was die verrückten Nazis jetzt mit ihm machen würden. Ein ganzes Heer von Soldaten zog stündlich seit Wochen am Haus vorbei, um einer Gefangenschaft bei den Russen zu entgehen, was wollten sie dann mit einem Fünfzehnjährigen?
Mama machte keine Szene, sie war ganz still. Nur die Perlen des Rosenkranzes glitten durch ihre Hände. Omama lag im kleinen Stübchen neben der Küche, das man ihr allein zugestanden hatte, und machte sich

schreckliche Vorwürfe. Sie hätte auch ohne Wolf nach Karlsbad fahren können, nur mit Langer. Auch war es ihr unverständlich, weshalb der Kutscher verschont geblieben war, er der immer so große Angst gehabt hatte.- Die Welt war total verrückt geworden.

Wolf hatte man in erwähntes Jugendlager gebracht, wo noch mehr seines Alters harrten. Sie mußten sich alle ausziehen und warten bis ein Amtsarzt sie untersuchte. Als Wolf endlich dran kam, es waren auch zwei Schwestern zugegen, erscholl die Fliegeralarmsirene. Der Arzt und die Schwestern ließen alles fallen und liegen und rannten davon, in die Keller. Kurz vorher war ja der Bahnhof zerbombt worden.

Da stand er nun, nackt, aber immerhin wußte er noch wo seine Kleider liegen mußten, ging aus dem Raum heraus, zog sich langsam, wie es seine Art war, wieder an und spazierte aus dem nun menschenleeren Gebäude hinaus in die Stadt, durch eine völlig entvölkerte Stadt, die den Atem anhielt in Erwartung der tödlich bestückten Bombenflugzeuge.

Im Gegensatz zu seinen Geschwistern verfügte Wolf über einen untrüglichen Orientierungssinn, erreichte die Tepel und wanderte, bis zur Dunkelheit alle Straßen meidend, Richtung Petschau, mehr als 30 Kilometer weit, wenn man die vielen Windungen eines Flusses berücksichtigt.

Spät nachts klopfte es an die Tür der Försterei. Eigentlich klopfte es dauernd. Viele Menschen brauchten Obdach und Hilfe, aber diesmal sprang Mama auf und lief die steile Treppe hinab und fragte: „Wer ist da?" Jubelnd schloß sie ihr Lieblingskind in die Arme. Niemand kann sich vorstellen wie froh sie waren, sie alle, die eine Einheit bildeten. Wolf war wieder da!

Papa hatte sich allmählich eingebürgert. Omama schreibt:
Ende April 1945
„Falk hat sich hier eingelebt, es ist etwas enger für uns alle. Bett, Schrank, Waschbecken, Essen alles muß sein. Er hat dem Herzog einen Besuch gemacht und bekam einen Schein zur Betreuung des Waldes als Berechtigung, daß er hierher gehört. Die Kriegslage spitzt sich immer mehr zu, das Ende steht bevor. Berlin wird von den Russen scharf belagert. Adolf Hitler ist hingegangen, um bei der Verteidigung dabei zu sein. Die Amerikaner rücken von Westen vor, man kreist uns ein.- Von Inge keine Nachricht!"

Ende April gab es etwas was die Kinder als erste bemerkten. Der Strom der Flüchtlinge riß ab. Auf den Straßen wurde es plötzlich stiller. Militär sah man kaum noch. Nicht nur die Menschen in der Försterei am Grünberg hielten wartend vor Angst den Atem an.

Eliane, der ein instinktives Gefühl für Gefahr von Natur aus nicht mitgegeben war, stand pflichtgemäß, wie jeden Morgen auf und wanderte in grauem Morgennebel nach Petschau, um die Frühmesse zu besuchen und sich danach für Lebensmittel, die die Familie ihr aufgeschrieben hatte an den Läden anzustellen.

An diesem Morgen aber war alles anders. Auf den Wiesen brannten kleine Feuer und die Menschen, die sich da befanden, trugen alle die gleichen Schlafanzüge, gestreifte dünne Leinenanzüge. Vom Straßenrand etwas entfernt standen graue Tonnen, wie Regentonnen groß und diese Menschen wühlten darin. Sie hatten Kappen auf den Köpfen und sahen aus wie Kinder, so dünn, so zierlich, nur machten sie sehr langsame Schritte.

Das Mädchen konnte sich absolut nicht vorstellen, was das für seltsame Flüchtende sein sollten. Auch lagerten sie weit entfernt von der Straße, sodaß man gar nicht genau erkennen konnte, was sich da auf den Wiesen abspielte. Sie ging also wie jeden Morgen in die alte Stadt Petschau und dort in die ehrwürdige Kirche.

Immerzu aber dachte sie an die seltsamen Gestalten auf den Wiesen, an denen sie vorbeigegangen war. Sie konnte sich nicht erklären was das war?

Beim Bäcker mußte sie heute nicht lange anstehen. Anstandslos bekam sie ein rundes Brot und neun Brötchen auf ihre Marken. Die Bäckerin aber erschien ihr so fahrig, so als wäre es ihr nicht recht, daß jemand Brötchen kauft. Auch standen keine Leute vor dem Laden. Aber, die Familie würde sich freuen über ein solches Frühstück, denn Brötchen aus Weißbrot gab es nur einmal im Monat. Die Stadt schien ihr wie ausgestorben. Keine Menschenseele befand sich auf der Straße. Keine Flüchtlinge, keine Soldaten, keine Autos. Als hielten alle den Atem an, als wäre ein nicht bekannter Befehl ergangen, nicht mehr vor den Russen zu fliehen.

Sie schritt über die steinerne Brücke von Petschau und wanderte ungeschoren von Flüchtlingstrecks oder Soldatenkonvois die Teerstraße entlang um den ersten Felsen herum.

Die Wiesen waren wie leergefegt. Ein in die Straße reichender Felsen verwehrte ihr die Sicht. Als sie um den Block bog, stand sie plötzlich vor einem Gefährt auf Rädern, gezogen von Menschen, besetzt mit Menschen, alle in diesen Schlafanzügen mit ebenso gestreiften Kappen.

Überrascht blickten die Menschen auf dem Karren sie an und auf einmal streckten sich ihrem Netz, dessen Inhalt ja offen sichtbar war, viele Hände entgegen. Und erst jetzt begriff sie, wen sie da vor sich hatte.

Es war als ob ihr Herz einen Sprung mache, um sogleich kaputt zu gehen. Beschreibungen von Pfarrer Maul und Onkel Fred schossen durch ihren Kopf und sie wußte:

„Das ist ein KZ!"

Das Schauerlichste an der ganzen Situation war die Tatsache, „sie waren so leise". Deshalb, nur deshalb hatte sie sie vorher nicht wahrgenommen. Nach dem Tumult auf dieser Straße noch am Tag davor, bewegten sich diese

Menschen, - (es waren viele Hunderte), fast schweigend. Und ihr kam die schreckliche Erkenntnis, sie waren so schwach: Wenn man sehr geschwächt ist, vermeidet man jede mögliche Bewegung, man vermeidet es zu sprechen, auch das kostet Kraft, sich aufzulehnen oder gar zu fliehen schien ihnen gar nicht mehr in den Sinn zu kommen.

Natürlich reichte sie den Händen auf dem Wagen ein Brötchen nach dem anderen und beobachtete bestürzt, daß sie sie miteinander teilten.- Tränen stürzten aus ihren Augen.

Das, was sich da ihren Blicken bot, war einfach so entsetzlich. Diese Menschen waren alle dem Hungertode nahe und kaum fähig sich noch zu bewegen und sie teilten noch im Angesicht des Todes das wenige, was ihnen dar geboten wurde. Verzweifelt versuchte sie das runde Brot zu zerbrechen, denn als Ganzes hätte es ihnen nicht gedient; da kam ein Aufseher mit Gewehr. Es war ein Mann in einer Soldatenuniform. Ein alter Mann, ein Mann, der sie mitleidig betrachtet und sagte: „Nicht wahr, das ist schrecklich? Aber Du mußt jetzt hier bleiben bis wir fort sind. Das tust Du doch?" und er winkte sie einfach weg von dem Wagen. Sie nickte, obwohl sie noch den Brotlaib im Netz hatte. Sie lehnte sich an den Felsen und beobachtete wie ein anderer Soldat mit zwei kleinen Mädchen in den Wald ging und verschwand. Was wollte er dort mit ihnen?

Danach setzte sich der Trupp langsam in Bewegung. Eine Karawane von Menschen, deren Schluß eine Karre war, die von Menschen gezogen wurde. Ein Leben lang bereute sie, den Brotlaib nicht auch auf den Wagen gereicht zu haben, aber der Soldat hatte eine so bedrohliche Gebärde gemacht, daß sie nur noch zurückweichen konnte.

Ein Sanitätsauto fuhr an ihr vorbei und als sie dachte: „Ich muß ja nach Hause, sonst machen sie sich Sorgen" und weinend langsam weiter ging, fand sie zwei Tote im Straßengraben und Sanitäter waren gerade darum bemüht einem sterbenden, dunkelhäutigen Mann zu helfen. Seine Kaumuskeln malmten unentwegt und Eliane sagte: „Ihr müßt ihm was zu essen geben, sie sind alle verhungert!" Der Arzt aber winkte wütend ab: „Geh weiter! „Mach daß Du hier weg kommst!"

Sie erreichte die Försterei sehr viel später, aber es wollte ihr niemand öffnen, bis sie schrie: „Macht auf, ich bin s doch!"

Hier war eine ähnliche Tragödie passiert: Ernst und Hans hatten auf Grund der schlurfenden, müden Schritte, die am Haus vorbei zogen ihr Dachfenster geöffnet und entsetzt erkannt, worum es sich da handelte: Um völlig verhungerte Gefangene.

Sofort warfen sie ihren Vorrat gestohlener Kartoffeln aus dem Fenster unter die Menge. Daraufhin war ein unvorstellbares Chaos entstanden. Die Armen, die sich noch kräftig genug fühlten, hatten die Tür eingestoßen und waren die Treppe hoch gerannt. Nichts ahnend, öffnete Mutti die Küchentür und hörten

nur einen Ruf: „Frau, eine Kartoffel!" Hastig schüttete sie ihren Topf gekochter Kartoffeln, die immer bereit standen, in Mützen und Hände und verschloß dann voller Angst die Tür. Hans und Ernst aber warfen weiter rohe Kartoffeln in die Menge, die ungewaschen sofort verzehrt wurden. Mit Peitschenhieben, Schüssen und Geschrei erschien einer der KZ-Schergen auf der Treppe im Haus: „Ihr bringt mir die ganze Bande außer Kontrolle. Ich erschieße Euch alle. Das Mädel dort oben soll sofort aufhören Kartoffeln zu werfen."
Hans, der die Treppe hinab geeilt war, wurde von einem der Wächter mit dem Kolben geschlagen und flüchtete wieder auf den Dachboden. Der Aufseher peitschte die Haustürmer zurück in ihre Reihen und tobte noch lange die Straße entlang. Schwerfällig und ganz langsam bewegte sich die schauerliche Prozession hinauf nach Grün.
Die Geschwister saßen erst einmal auf der Treppe. Was sie erlebt hatten, war so furchtbar, das konnte man doch niemandem mitteilen bis Ernst sinnierte: „Warum hielt der Aufseher mich für ein Mädchen?" Seine Schwester überlegte: „Wahrscheinlich hing Dein blonder Schopf aus dem Fenster." Aber das spielt doch keine Rolle mehr. Was wir gesehen haben ist so schauerlich, so furchtbar so entsetzlich, so grausam! Wie kann man da helfen? Was könnten wir für diese Armen tun?" Es ließ ihnen keine Ruhe. Eliane gab den Eltern das Brot: „Ich hätte es ihnen gerne auch gereicht, aber der Wachmann hinderte mich daran. Brötchen gibt es nicht." und dann verschwanden sie gemeinsam mit Wolf und Hans und folgten dem Trupp. Oben im Dorf Grün mußte die Kunde sich schon vorher herum gesprochen haben. Dort gab es sogar noch Telefone.
Vor den meisten Häusern standen Tonnen, denn in Tonnen durften die Armen wühlen und so hofften die verstörten Geschwister, war in den Tonnen etwas zu essen. Auch vor dem Gehöft des Bürgermeisters stand eine Tonne.
Man hatte die Bevölkerung sicherlich unter Drohungen gewarnt, daß ein Gefangenentransport vorbei kommen würde, und sich alle in ihren Häusern aufzuhalten hatten, aber sie konnten nicht verhindern, daß die Anwohner Tonnen auf den Strassen hinstellen würden. In der Försterei, ohne Radio, ohne Telefon und ohne Zeitungen, wußte man natürlich davon nichts. Und nur das erklärte die leeren Straßen zwischen Petschau und dem Grünberg.
Immer noch waren die Nazis an der Macht. Was den Kindern und auch den Eltern unbegreiflich blieb, weshalb man diese armen verhungerten Menschen über die Straßen trieb? Waren die Russen schon so nah? Erwartete man die Amerikaner nicht so bald?
Als sie nach Hause kamen, sagte niemand ein Wort darüber, daß es keine Brötchen gab. Sieben Tote lagen auf der Landstraße zwischen Petschau und Grün. Schnell waren sie weggeschafft worden. Was sie gesehen hatten überstieg alles an Gerüchten gehörte. Noch tagelang waren sie wie verstört. „Habt Ihr das gewußt? Wußtet Ihr von den KZ`s? Hatte nicht Onkel Fred davon

gesprochen? Und der Pfarrer, hatte er es Euch nicht angedeutet?" fragten die Kinder ihre Eltern. „Nein"; versicherte Mama, „Nein!" schüttelte Papa den Kopf: „Aber nicht doch!" rief Großmama. Und alle grübelten ein Leben lang, wie das ihnen verborgen geblieben sein konnte.

Wolf, der selten etwas sagte, der Grübler, der später nach Kanada auswandern würde, was damals natürlich niemand ahnte, schüttelte traurig den Kopf und flüsterte fast: „Ich schäme mich, ich schäme mich so sehr, ein Deutscher zu sein." Was seinen Vater so tief traf. daß er tagelang mit ihnen nicht mehr sprechen wollte.

Eliane sammelte nun junge Brennnesseln für Spinat und erinnerte sich an die siebenerlei Kräutersuppe, die sie früher mit Mama gesucht hatte: Gundermann, Veilchenblätter, Gänseblümchen, Maiblumenblätter, Schafgarbe, Sauerampfer und junge Brennnesseln gehörten dazu. Sie kaufte ein, sie machte Feuer und kochte täglich vier Malzeiten für neun Personen. Kaffee machte man aus gebrannter gemahlener Gerste. Aus diesem Kaffeepulver konnte man aber auch einen Kuchen backen, wenn man etwas Fett oder gar ein Ei zur Verfügung hatte. Das Ärgste war immer der Aufwasch in einer Schüssel mit auf dem Herd gewärmtem Wasser ohne Spülmittel. Mutti und die Brüder gingen hamstern. Wäsche mußte gewaschen werden, Dielen geschrubbt, Betten gemacht. Fritzel besorgte meist Oma. Es gab in diesem April auch einige Regentage und Eliane versuchte für Papa in Petschau in einer Bibliothek ein wenig Lesestoff zu leihen. Er sagte nie etwas, aber er litt, weil er so tatenlos die Tage verstreichen sah. Er sehnte sich nach seiner Werkstatt, nach seiner Geige und sicherlich auch nach seinem gemütlichen Zimmer und dem Alleinsein.

Omama hatte schreckliches Heimweh. Niemand sprach vor ihr von Nährschütz, aber alle dachten darüber nach, was dort jetzt wohl vor sich ging. Sie erhielten keine Zeitung und auch ein Radio gab es nicht, aber Flüchtende und manchmal auch noch Soldaten informierten über das politische Geschehen. Ab und zu sauste ein Tiefflieger über die Försterei hinweg.

Nach dem schrecklichen Vorbeizug des Konzentrationslagers kehrte lähmende Stille auf den Straßen ein. Es schien, als ob alles Leben vor Angst und Erwartung erstarrt zum Stillstand gekommen sei.

Nur die Natur lockte und jubilierte dem Mai entgegen. Bächlein plätscherten, der Wind rauschte in den Föhren, die Vögel schmetterten schon in grauer Frühe, nachts schreckte ein Bock in der Tepel-Schlucht und es duftete so herrlich nach Blumen, feuchter Erde und Wald.

Wer von den Siegermächten aber würde kommen? Sie näherten sich gleichzeitig von beiden Seiten. Wer würde zuerst da sein?

Es war ein grauenhaftes Warten

Es war der elfjährige Hans, der sie zuerst erblickte. Ganz außer sich vor Aufregung stürmte er die kleine Treppe hoch und schrie: „Sie kommen, mit Panzern! Es sind die Amis mit weißem Stern!" „Stern", rief Omama voller Angst, „haben die Russen!" „Nein", rief Ernst, ganz weiß vor Erregung, „es sind die Amerikaner!" und sie rannten wieder die Treppe hinab ohne auf Mama zu hören.

Von Grün, den steilen Hang hinab, rollte ganz langsam ein Panzer, dann noch ein Panzer und dann noch einer. Oben aus der Kanzel schauten Helme, schwarze und weiße Gesichter. Die Türme drehten sich, hatten schußbereite Waffen, sichernd und voller Aufmerksamkeit, langsam, sehr langsam krochen sie vorwärts.

Vor dem einsamen Haus an der Straße standen nur drei Buben, in lustigen kurzen Lederhosen, verschüchtert, erstarrt, mit riesigen Augen, aber ohne jede Furcht:

„Hey Boys!" rief eine heisere Stimme. Da fing Hans an zu jubeln und zu winken und plötzlich regnete es Kaugummis und Schokolade auf die Straße und auch die Brüder lachten und winkten und nun hatte niemand mehr Angst. Es kamen immer mehr. Den Panzern folgten Trucks voller schwerbewaffneter GI´s, Jeeps mit Offizieren, sehr ernst, immer sichernd, rollten sie an der Försterei vorbei nach Petschau und bis nach Karlsbad. Eine ganze Armee. Eine Armee, die bereits von Frankreich kommend Westdeutschland eingenommen hatte, aber gewärtig, immer noch auf Widerstand zu stoßen. Nicht einmal am Abend hörte das Rollen der Fahrzeuge auf.

Spät in der Nacht belegte ein Trupp Soldaten die unteren Räume der Försterei. Schon lange waren die Russenwärter verschwunden und auch die Gefangenen hatten sich, - endlich frei, auf die Wanderschaft nach Hause gemacht. Einer der Russen, ein etwas einfältiger blonder Bursche, wollte von Mutti noch Abschied nehmen und fragte sie: „Gib mir Dein Elianka. Ich werde gut zu ihr sein.- Ich gehen jetzt zu mein Matka. Matka wird Elianka lieben." Mutti aber reichte ihm drei gekochte Kartoffeln für die Reise und versicherte ihm: „Oh nein, mein Elianka gebe ich nicht her!" Ganz still verhielt sich die Familie im oberen Stockwerk, als ein Trupp Amerikaner unten nach jenem ereignisreichen Tag Quartier bezog.

Am nächsten Morgen klopfte es an die Tür. Alle saßen in banger Erwartung beim Frühstück. Wolf öffnete und führte einen riesig großen blonden Soldaten in die Wohnstube. An der Tür des Raumes voller Kinder und älterer Menschen, blieb er stehen und betrachtete die ängstlichen Gesichter:

„Hallo, is anybody here who speaks English?" „Yes, yes", rief der kleinste der Burschen und deutete auf seine Schwester: „She speaks English very good."

Der Soldat mußte lachen. Anscheinend wurde er hier von allen verstanden, aber dieses junge Mädchen, erschien ihm von einem besonderen Reiz, vor allem weil sie errötete. „Mein Name ist Delainy, Mike Delainy", erklärte er in seiner Sprache: „Ich wollte Ihnen nur mitteilen, daß die amerikanische Armee diesen Distrikt jetzt unter Kontrolle hat und ich eine Einheit meiner Truppe hier im Haus einquartieren müßte. Wir werden die unteren Räume für unsere Zwecke benutzen. Wir müssen diese Straße dauernd kontrollieren."

Eliane übersetzte was er gesagt hatte, was sie verstanden hatte und dann reichte der Mann Papa die Hand: „ Sie sind sicherlich `Dad` und das ist `Mam´ und dies ist Grandmam` und wie ist Dein Name?" Er stand neben Eliane und blickte ihr direkt in die Augen und sie nannte ihren Namen und er verstand ihn nicht und ließ ihn sich aufschreiben und rief dann ganz entzückt: „Elaine", so wie die englische Version dieses Namens war. (Ileen = Elaine).

„Er steht auf sie!" flüsterte Ernst und Hans meinte: „Das ist pfundig!"

Doch die Vorstellerei war ja noch nicht vorbei, denn von allen wollte Mr. Delainy die Namen wissen. Danach wurde er gebeten sich zu setzen und kostete den schrecklichen Kaffee, `Mukefug`, genannt.

Entsetzt verzog er das Gesicht und alle mußten lachen. Er erklärte der Familie, daß sie vorläufig noch hier bleiben dürften, wie er meinte in ihrem Zuhause. Wie sich die politische Lage weiter entwickeln würde, könnte er nicht voraussagen.

Eliane brachte ihn wieder hinaus. An der Tür hob er mit einem Finger ihr erregtes Gesicht zu sich empor und sagte: „You are very pretty! I am coming back!"

Den Mukefug hatte er stehen gelassen.

Als Eliane zum Frühstückstisch zurückkehrte, geschmeichelt, so viel Beachtung gefunden zu haben, schließlich war sie seit einem halben Jahr nur noch Dienstmädchen gewesen, sagte sie möglichst belustigt, um keine spöttische Bemerkung aufkommen zu lassen: „Was doch Fräulein Raus Bildung nun für Vorteile hat."

An diesem Tag trug sie ihr Haar zu einem Pferdeschwanz zusammengebunden, was ihr Gesicht schmal und weniger kindlich erscheinen ließ. Papa schmunzelte, denn der nette Soldat hatte ihm wie nebenbei seine Zigaretten dagelassen. Nun waren die Brüder natürlich nicht mehr zu halten. Ernst schlich sich die Treppe hinab und setzte sich auf die unterste Stufe, um die Aktivitäten der Soldaten zu beobachten. Dann entspann sich ein Gespräch mit ihnen, das immer lebhafter wurde. Später rollte ein Essenswagen an und einer der GI´s befahl den Buben Töpfe zu holen, die gefüllt wurden. Seit der Flucht hatte die Familie nicht mehr etwas so Gutes gegessen. Richtiges dickes Rind- und Schweinefleisch in Sahnesauce. Die Buben brachten Gemüse aus Mais, grünen Erbsen und Karotten nach oben und kleine Puddings in Plastikbehältern. Es sah nicht nur lecker aus, sondern war auch so köstlich angerichtet in

pikanten Saucen. Dazu gab es Weißbrot, Unmengen von Weißbrot. Hans schrie: „Mutti, wenn sie satt sind, werfen sie es einfach weg!" „Ja. ja". seufzte Omama: „so sehen sie aus, so wohlgenährt, unsere Besieger!" „Aber Omama!" entrüstete sich Eliane. „Die wollten sicherlich nicht hierher kommen, aus ihrem reichen Amerika! Wir, mit unserem Hitler, haben doch diesen schrecklichen Krieg angefangen." Es wäre womöglich noch zum Streit gekommen, denn Omama sah in den Amerikanern Feinde, Mutti aber beendete den Disput, indem sie Eliane zum Abwasch kommandierte.
Am Abend kam Sergeant Delainy, wie versprochen, wieder. Er brachte die herrlichsten Köstlichkeiten mit:
Kaffee für Mama, Tee für Omama, eine ganze Stange Chesterfield für Papa, Büchsen mit Cornedbeef, Kekse, Schokolade, Kaugummi und Bonbons. All das verteilte er ganz gezielt unter den Familienangehörigen, oder schüttete es einfach auf den Tisch.
Für Eliane aber hatte er eine besondere Überraschung: in einem kleinen Kästchen lag ein Flakon mit Parfüm: „I thought, pretty young ladies, like something like that."
„Nur jetzt nicht weinen", dachte sie, „nur nicht vor allen hier!" Sie roch an dem Stöpsel, sandte ihm einen dankbaren Blick und verkündete dann fröhlich. „Auch in Lumpen werde ich ab jetzt gut riechen!"
Delainy hatte sie genau beobachtet und fragte Ernst: „What did she say?" und Ernst übersetzte es so gut er konnte und ein Schatten fiel auf sein Gesicht. Zu aller Überraschung hatte er auch Wein mitgebracht und bald wurden alle, dem Getränk völlig entwöhnt, fröhlich.
Beim Abschied sagte Eliane an der Tür: „Thanks Mr. Delainy, we haven´t had a partie like that since we left our home in Silesia."
"Nenne mich bitte Mike, Elaine, und morgen werde ich Dich wieder sehen. Du mußt mir von Silesia erzählen."
Nein, es war nicht wie alle dachten, es wurde keine Liebesgeschichte. Schon in den nächsten Tagen waren diese amerikanischen Truppen abkommandiert, weiter gezogen. Neue Truppen kehrten am Grünberg ein. Ganz junge Soldaten, nicht älter als achtzehn, zwanzig Jahre. Alle weiß, sehr kultiviert, eine Eliteeinheit, kommandiert von einem Major Sommer, einem sehr langen, dünnen, ernsten Offizier mit starken Brillengläsern. Hans setzte seine Englischkenntnisse unwahrscheinlich erfolgreich ein, um etwas Eßbares zu ergattern. Ernst und Wolf hatten sehr bald einen Freund, den sie Hunter nannten und mit dem sie auf die Jagd gingen. Diese amerikanische Abteilung blieb mehr als zehn Tage.
Dann kam eine Abteilung Soldaten, unter denen ein passionierter Jäger mit Namen Scinner war. Er stolzierte tagelang ohne großen Erfolg durch die Wälder, um ein Reh zu schießen. Der elfjährige Hans sprach ihn eines Tages an und fragte, ob er nicht einen Jagdführer brauchen könnte. Mr. Scinner

schien nicht sehr überzeugt zu sein, ob dieser winzige Knirps sehr hilfreich sein würde. Zu seiner großen Verwunderung führte ihn der Kleine jedoch genau dahin, wo am Abend ein Sprung Rehe aufkreuzte. Er schoß einen Bock, aber er benutzte dazu ein Maschinengewehr. Daraufhin belehrte ihn der Zwerg. Eine Büchse wäre sehr viel geeigneter für diesen Sport. Das leuchtete Scinner ein. An einem der nächsten Abende erschien er mit einer Büchse. Von nun an war Hans zum Jagdführer avanciert und beide verbrachten viele schöne erfolgreiche Stunden im Revier.
Hans brachte jeweils die Rehleber und das Herz nach Hause. Beim ersten Mal aber fragte Mutti: „Was habt ihr mit der Lunge gemacht?" „Die haben wir im Wald vergraben." Sie packte ihren Sohn und wanderte mit ihm weit in den Wald, dort gruben sie die Lunge aus, und Eliane machte Haschee davon.
Als Sergeant Scinner mit seiner Truppe wieder abziehen mußte, schenkte er Hans ein Jagdmesser. Für einen Elfjährigen ein kostbares Abschiedsgeschenk. Trotz der vielen kleinen Aufmerksamkeiten, die die Soldaten an die Kinder verteilten, eilte Mutti weiterhin in die Umgebung um zu hamstern. Eines Nachmittags klopfte sie an die Tür eines großen Bauernhauses. Jemand rief: „Herein". Sie trat in eine große gemütliche Küche. An einem Tisch saßen eine junge Frau und ihr gegenüber ein kohlschwarzer Soldat. Er erschien Mutti so groß und so schwarz, daß ihre Knie anfingen zu zittern. Es war das erste Mal in ihrem Leben, daß sie einem Menschen dieser Rasse gegenüber trat. Seine aufgeworfenen Lippen waren blutrot, weiße Zähne blitzten, die Innenflächen seiner Hände erschienen ihr viel heller als die Handrücken. Schwarze kurze Locken umgaben seinen runden Kopf: „Kommen Sie nur näher!" forderte die Frau Mama auf. „Er tut uns nichts. Setzen Sie sich. Wir trinken gerade Kaffee zusammen. Seinen Kaffee!" Noch immer tief verstört nahm Ilse Platz. Als die zwei bemerkten, daß sie etwas englisch konnte, entspann sich ein lebhaftes Gespräch. Angesichts der Geschenke, die die Frau von dem Ami erwarten durfte, fielen die Gaben, die sie Mutti für ihre vielen Kinder zurechtlegte sehr großzügig aus.
Omama und Ernst hatten Verbindungen zu anderen Flüchtlingsfamilien aufgetan, die jenseits der Wälder in einem abgelegenen Ort wohnten. Das eine war eine Frau Müller – Baudis aus Schlesien mit ihrem großen Guts-Treck und das andere eine Frau Greipel, die mit zwei bildhübschen Töchtern auch in diesem Dorf lebten. Ernst verguckte sich offensichtlich in die gleichaltrige Susi Greipel, weil er Omama: „(Ach mein lieber Junge, ich bin dort zum Tee eingeladen…") dorthin begleitete. Später dann veranlaßte Ernst auch Eliane, diese Menschen kennen zu lernen. Susi war etwas jünger als Eliane aber wie sie bald herausfand mindestens so gewitzt wie sie. Dunkel, voller Elan, immer der Kuli ihrer etwas hilflosen Mutter und fesch.
Am Grünberg aber wollte Eliane Konkurrenz nicht dulden. Also überließ sie Ernst das immerhin zwei Kilometer entfernte Terrain. Da Ernst mit Susi sehr

beschäftigt war, nahm sich Wolf des GI`s an, den sie Hunter nannten und sie schossen ein Reh.

Dieser Ami wußte nicht, wie man ein Reh aus der Decke schlägt. Wirklich, man sollte es nicht glauben. Diese Burschen hatten zwar gelernt zu schießen und auf Befehl ein Land zu erobern, aber: „als er die Büchse anlegte zitterte er so, ich dachte er würde es nie treffen." berichtete Wolf.

Sie brachten die Rehleber und das Herz nach Hause. Das Fleisch und das Gehörn wollte Hunter behalten.

Eliane kam frühzeitig von Greipels zurück. Sie hatte sich dort nicht sonderlich amüsiert wie Omama bei Mukefug und Tee oder etwa Ernst mit Susi. Sie war allein durch den Wald spaziert. Die schöne Natur stimmte sie wieder friedlich. In Gedanken begann sie Gedichte zu schreiben und träumte von einem Märchenprinzen.

Im Gras am Waldrand gegenüber von den Stallungen, in denen die armen Russen gewohnt hatten, auf einer Decke lag ein junger Soldat und sonnte sich. Er hatte sein Hemd geöffnet und trug an einem Kettchen ein goldenes Kreuz. Sie kannte ihn vom Sehen. Er war sehr schmal, dunkel und sein Gesicht glich dem Gesicht ihrer Träume. Er hatte tiefblaue Augen unter fein gezeichneten Brauen. Ein wenig erinnerte er sie an den Pfeifchenschnitzer, den sie einmal an der Oder getroffen hatte. „Hey!" sagte er: „Warum setzt Du Dich nicht neben mich?" So waren sie, die Männer aus einem anderen Kontinent. Absolut unkonventionell. Noch eben total frustriert, nur ein wenig versöhnt durch den Gang durch den Wald, tat sie das was ihr gerade das Natürlichste erschien und setzte sich neben ihn:

„Du trägst ein Kettchen am Hals, bist Du Katholik?" Er nickte: „Meine Mutter hat es mir geschenkt."

„Wo bist Du her?" „Ich komme aus Nebraska." „Wie ist es dort? Heiß und tropisch oder kalt und voller Schnee?" Er lachte und schüttelte den Kopf: „Das willst Du doch nicht wirklich wissen?" damit drehte er sich auf den Bauch und betrachtete sie. „Doch", versicherte sie ihm. „Wir wissen über Amerika so wenig und ich möchte alles darüber erfahren."

Er hatte eine ganz ruhige Art der Überlegenheit und seine Antworten gingen meist an ihren naiven Fragen vorbei, bis sie merkte, daß nicht sie ihn befragte, sondern er sie und, als sie sich trennten, hatte er alles über ihre Flucht, ihre Eltern, ihren Status und die Vergangenheit ihrer Familie herausbekommen. Ein neues Date machte er nicht. In dieser Nacht träumte sie vom Pfeifchenschnitzer, aber diesmal nannte er seinen Namen.

Sein Name war Edward Grogan. Edward Grogan, so fand sie bald heraus, war Adjutant und Fahrer des Captain. Am nächsten Tag kam er einfach und machte allen Familienmitgliedern einen Besuch. Da dauernd irgendwelche Fremden in der Wohnung ein und aus gingen, fiel sein Besuch nicht besonders auf. Auf den Wiesen lagen Flüchtlingstrecks, die wieder immer zahlreicher wurden.

Die Amerikaner errichteten Sperren und ließen niemanden weiter trecken. Wieder eine Zeit später zogen sie ihre Truppen aus Karlstadt ab. „Dies hier wird jetzt eine Grenzstation!" erklärten sie den Kindern. „Die Russen marschieren gerade in Karlstadt ein. Hitler ist tot. Hat Selbstmord begangen, Berlin ist gefallen.
Eliane traf Edward im Wald. Wieder sonnte er sich.
Er verfügte über weit mehr Informationen: „Sie haben ein Dreimächteabkommen getroffen. Sie werden Deutschland in drei Teile teilen. Die Tschechei wird den Tschechen zurückgegeben."
„Dann werden die Amerikaner hier wieder abziehen?" Er nickte, beobachtete sie, immer so nachdenklich.
Ein anderes Mal, er wußte nie, wann er Zeit haben würde, tauchte er einfach auf, nahm sie an der Hand, ging mit ihr spazieren, schenkte ihr eine kleine Perlenkette. Sie trug immer das gleiche Kleid. Sie hatte es sich mit der Hand aus einer rot karierten Tischdecke genäht.
Er legte die Kette um ihren Hals und küßte sie. Es war immer so viel Traurigkeit um ihn, vorausgenommener Abschied. Einmal sagte er: „Morgen habe ich meinen freien Tag."
Er brachte so etwas wie ein Picknick mit und sie wanderten durch die schöne Natur, waren fröhlich. Sie zeigte ihm die Schwefelquellen und die schönsten Fleckchen im Wald. Sie bespritzten sich mit Wasser und lachten zusammen. Er erzählte ihr von seinen Eltern und dem kleinen Städtchen in Nebraska, daß er Psychologie studieren würde, wenn er zurück wäre und er beschrieb, wie herrlich das Fliegen sei. Nie ging er zu weit in seinen Zärtlichkeiten.
Es gab aber einen Tag, da erschien Mr. Delainy wieder. Auch er führte Eliane spazieren, erzählte ihr, daß seine Einheit abrücken müsse und er nur noch einmal gekommen sei, um sie zu sehen. Als sie zurück kamen von ihrem Gang stand auf dem Waldweg vor dem Haus ein Jeep. Neben dem Jeep lehnten mehrere Männer darunter Captain Sommer und Edward Grogan.
Hastig und beschämt erzählte Eliane Delainy von ihrer Zuneigung zu Ed. Sie wollte Delainy nicht kränken, den anderen aber, den sie liebte, nicht verlieren. Delainy sah die Verzweiflung in ihren Augen und nickte: „Ich bring` das schon in Ordnung", sagte er nur. „Nicht alle Träume können in Erfüllung gehen. Auf Wiedersehen mein Liebes und „be good." Damit ließ er sie stehen und ging auf die Soldaten zu und sprach mit Edward. Später dann, als sie Ed. wieder begegnete, fragte sie ihn: „Was hat er zu Dir gesagt?" Er lachte nur, er hatte alles durchschaut: „Er sagte nur: Sie will Dich sehen`!"
Darüber schien er sehr fröhlich zu sein. Mitleid mit seinem Vorgesetzten hatte er kein bißchen. Zuhause gab es Rehfleisch. Es mußte zubereitet werden. Wieder wechselte ein Trupp Soldaten, der unten im Haus einquartiert worden war. Sie hatten inzwischen eine Art Schranke über die Straße gemacht und den Wald mit riesigen Ballen von Stacheldraht verbarrikadiert, um den

Flüchtlingsstrom, der immer noch oder wieder, über Petschau aus dem Osten strömte, aufzuhalten.

Eliane ging arglos nach Petschau einkaufen. Die Lebensmittelmarken mußten auf der Gemeinde abgeholt werden. Es war der 1. Mai vorbei und sehr früh am Morgen. Am Mäuerchen an der Brücke, das über die Tepel in die Stadt hineinführte, saß verschlafen eine winzige kahl geschorene Gestalt in einer grauen Uniform: „Sahen so die gefürchteten russischen Soldaten aus?"

Er beachtete das Mädchen gar nicht und sie ging rasch vorbei.

Während sie um die Lebensmittelmarken in einer langen Schlange unter vielen Weibern anstand, erzählten sich die Frauen schauerliche Geschichten. Die russischen Truppen waren seit zwei Tagen in der Stadt. Die tschechischen Einwohner gaben ihnen sofort die Adressen und Namen aller Nazis an. Die Häuser der PG`s wurden zum Plündern, Schänden und Brennen aufgelassen. Eine Frau hatte man an den Haaren die Treppe hinab gezerrt, viele waren vergewaltigt worden, der Bürgermeister war geflohen, ebenso die anderen deutschen Funktionäre. Es klang furchtbar, aber die die hier anstanden, denen hatte man anscheinend nichts getan. Eliane raffte schnell ihre Marken ein, kaufte Brot, Mehl, Zucker und Fett, so viel sie bekommen konnte, manches gab es nicht, und ging unbehelligt aus der Innenstadt auf die kleine Brücke zu. Dort auf der anderen Seite stand ein amerikanischer Jeep. Aus dem Jeep winkten ihr Ernst und Hans. Die Amerikaner zogen sie schnell in das Gefährt und Ernst sagte: „Die haben sich um Dich geängstigt!" Auf der Heimfahrt, es war eigentlich verboten, Deutsche in einem Militärfahrzeug zu befördern, begannen die beiden einfachen GI`s Eliane zu beschimpfen. Mit Recht, wie sie fand, nun nachdem dieses Abenteuer überstanden war.

Eines Tages brachte Mutti eine Ziege. Sie hatte sie für irgend etwas eingehandelt. Die Ziege war trächtig, aber bald würde sie zickeln und dann gab es Milch. Die Ziege wurde in einem Stadel unter den Felsen des gebirgigen Geländes am Grünberghaus untergebracht und entging so allen Diebesgelüsten. Aber natürlich waren alle Kinder angewiesen worden, für die Ziege zu sorgen, was eine großartige Entschuldigung war, nun weite Spaziergänge in die Umgebung zu machen, um Grünes zu rupfen, es in Säcken heimzubringen, ohne gefragt zu werden: „Wo bist Du eigentlich gewesen?"

Die vielen Flüchtlinge auf den Wiesen wurden immer unruhiger. Amerikanische Posten patrouillierten an den provisorisch errichteten Grenzen durch den Wald entlang. Über die Straße wurde niemand mehr aus der nun von den Russen besetzten Zone durchgelassen. Eines Tages erschien in der kleinen Küche am Grünberg ein Sergeant der amerikanischen Armee. Er stellte eine Kanne Milch auf den Tisch und sagte: „Ich bin ein Jude!" Mutter goß die Milch in einen Topf, spülte die Kanne aus, reichte sie ihm wieder und vergaß sich zu bedanken.

Dieser amerikanische Unteroffizier fuhr jeden Morgen an mehreren Bauernhöfen vorbei, lud die gefüllten Milchkannen auf, fuhr mit dem Jeep auf die Wiese, wo die vielen Flüchtlinge hungerten und verteilte die Milch. Immer sagte er nur die Worte in Deutsch: „Ich bin ein Jude!" „Er sammelt glühende Kohlen auf unser Haupt." flüsterte Mutti.

Inzwischen entwickelte sich dort draußen auf den Wiesen, wo eine Nacht die Konzentrationslager genächtigt hatten, unter den Flüchtlingen große Not. Man brachte Mutti eine hochschwangere Frau, deren Wehen einsetzten. Mutti legte sie in ihr eigenes Bett, quartierte Papa und alle anderen aus dem Zimmer hinaus auf den Dachboden zu den Brüdern. Eliane machte heißes Wasser auf dem altmodischen Herd und Mutti half der Frau die ganze Nacht, ihr Kind auf die Welt zu bringen. Als es endlich da war, graute der Morgen und Eliane wusch das Neugeborene in einer Blechschüssel und alle drei, die Mutter, Ilse und Eliane freuten sich, weil es so schrie. Dann wickelten sie es in Tücher und legten es der Mutter auf den Bauch. Mutti tröstete die Weinende immer wieder: „Es wurde geboren wie das Christkind!" Der jüdische Sergeant hörte davon und brachte nun noch mehr Milch. Auf den Wiesen gab es unter anderen Treckwagen einen, der immer verschlossen blieb. Eines Tages riefen Frauen Ernst und Hans zu sich, weil sie wußten, daß diese Burschen englisch sprachen, und erzählten ihnen: „Der ganze Wagen ist voller Würste, Speck und Fleischkonserven, er ist voll gestopft mit Lebensmitteln aus alten deutschen Militärbeständen, während wir hier mit unseren Kindern verhungern!" Ernst steckte dies dem jüdischen Sergeanten. In Begleitung von zwei seiner Kameraden, mit vorgehaltenen Gewehren veranlaßte er den Besitzer all diese Eßwaren an die Leute auf der Wiese zu verteilen.

Niemand wagte es mehr, zurück nach Petschau zu gehen, weil dort die Russen herrschten.

Viele der Flüchtlinge wollten verständlicherweise nach Westen!"

„Wir brauchen Dich!" sagte Ernst zu Eliane. „Die amerikanischen Posten haben Befehl, auf Grenzüberläufer zu schießen. Sie patrouillieren Tag und Nacht. Weit im Wald haben wir ein Loch in dem Stacheldraht entdeckt, durch das immer ein Mensch kriechen könnte. Der Abstand von einem Posten zum anderen ist aber immer nur fünfzig Meter. Wenn Du den Posten, der da gerade Dienst tut nur drei Minuten ablenkst, dann könnten wir eine ganze Familie durchschleusen!"

„Elaine!" rief der Posten entzückt, als sie aus dem Wald plötzlich auftauchte. So eine Wache, auch bei Tag, war schrecklich langweilig, und dieses Mädchen allen bekannt. Schließlich wohnte man seit kurzem im selben Haus. Sie stellte sich so, daß er den Waldweg nicht mehr übersehen konnte, er ihm den Rücken zuwandte und begann mit ihm zu flirten, während hinter ihm Gestalten über den Weg sprangen und im Dickicht verschwanden. Danach erschienen arglos ihre Brüder und versichertem dem GI Posten: „Nein, wir haben niemanden gesehen."

So haben sie vielen zur Flucht in den Westen verholfen, Für die Brüder wurde das allmählich zu einem Sport, besonders erfolgreich bei neu eingesetzten Wachen. Auch über die Tepel-Schlucht haben sie damals nachts Flüchtlinge gelotst. Mutter hatte von den nächtlichen Exkursionen keine Ahnung, denn die Buben wohnten ja auf dem Speicher und konnten jeder Zeit unbemerkt eigene Wege gehen.

Wieder zogen auch diese amerikanischen Truppen ab. Captain Sommer kommandierte andere Soldaten zur Bewachung dieser provisorischen Grenzstation. Wenn eine Einheit abgezogen wurde, meist früh am Morgen, dauerte es einige Zeit, bis die nächsten kamen, weshalb immer ein Posten zurück blieb.

Wenn alle fort waren, lief Eliane hinunter in die unteren Räume und fragte den Wachhabenden: „Gibt es irgend etwas, das sie hinterlassen haben, etwas Eßbares?" Manche GI`s waren zwar ohne Verständnis für deutschen Hunger, gestatteten aber meist, daß sie die Räume nach Resten um etwas Eßbaren untersuchte. Dieses Mal fand sie allerhand, unter anderem einen Eimer, es war ein Blecheimerchen, wie sie Kinder zum Sandspielen benutzten, mit bunten Bildchen drauf. Darin war ein weißes reines Mehl, und das Eimerchen würde Fritzchen freuen, wenn er mit Omama Sandspielen ging. Für ihn gab es schon lange kein Spielzeug mehr. Mama hatte zwei Eier ergattert und etwas Fett war Eliane in die Hände gefallen. Noch am Vormittag buk sie einen Kuchen, mischte aber aus Sparsamkeit das herrliche weiße Amimehl mit grauem Roggenmehl, wie sie es auf Marken bekamen. Um die Sache zu strekken, nahm sie noch gemahlene gebrannte Gerste, aus der sie ihren Kaffee kochten, den einzigen den es damals gab. Man nannte diese Kuchen Kaffeekuchen.

Die Brüder waren wie immer an diesem Tag auf Achse, der Kuchen zwar gelungen aber nicht sehr groß, weshalb die halbe Familie ihn an diesem Nachmittag verzehrte.

Erst legte sich Angela in ihr Bett und dann kippte Fritzel plötzlich um. Papa, ganz grün im Gesicht sagte: „Kinder mir ist gar nicht gut!"

Omama, die immer sehr wenig aß, zog sich plötzlich in ihre Stube zurück und Mutti rief Eliane zu: „Meine Zunge ist plötzlich so dick! Kind, haben wir etwas Giftiges gegessen?" Entsetzen überfiel die Kuchenbäckerin.

Mit dem bunten Eimerchen raste sie runter ins Parterre und entdeckte dort, den verschlafenen neunzehnjährigen Posten auf einem alten Sofa in der Wachstube und rüttelte ihn und rief: „Hallo, wach auf! Was war hier drin?" Verschlafen schaute er sie an: „Was hast Du damit gemacht?" „Ich habe einen Kuchen damit gebacken!" Da warf er sich zurück in seine Schlafstellung und lachte, er schrie vor Lachen, sie aber wurde wütend, beschimpfte ihn: „ Dort oben liegt meine Familie krank! Ich muß wissen was in diesem Eimer ist!" Er lachte noch immer, bis er ihre Tränen, Tränen der Verzweiflung und des Zorns über seine Dummheit gewahrte und sagt: „Läusepulver, es ist Läusepulver." Im Dachboden der Försterei hatte Omama einer Arztfamilie aus Schlesien erlaubt, Unterschlupf zu finden, damit sie nicht auf den Wiesen schlafen mußten. Gemeinsam mit Wolf, Ernst und Hans, hatten sie sich dort ein wenig von den Strapazen der Flucht erholt.

Eliane rannte dort hinauf und erzählte dem Doktor was geschehen war. Er kam sofort herunter und erklärte ihr: „Eigentlich müßte ich den kleinen Kindern und der älteren Dame den Magen auspumpen, aber ich habe die Instrumente nicht dabei. Du mußt ihnen viel Milch verabreichen oder wer brechen könnte, sollte das Zeug erbrechen.

Es stellte sich jedoch heraus, daß in dieser Familie keiner war, der das gewollte Erbrechen beherrschte. Endlich kamen die Brüder zurück und Eliane herrschte sie an, die Ziege zu melken. Sie hatte mit viel Aufwand, unter Aufsicht aller Falkenkinder drei Zickel geboren, leider war das dritte eine Totgeburt.

Wolf brachte nach kurzer Zeit Ziegenmilch und nach deren Konsum fielen alle, auch Mutti in tiefen Schlaf.

Ernst betrachtete seine Schwester: „Habt Ihr von dem vergifteten Kuchen für uns was übrig gelassen?"

Schon sehr benommen, ihre Zunge war schon wie ein rauher Lappen in ihrem Mund und sie fühlte sich so müde, so müde eben wie eine Laus vor dem Exitus, schüttelte sie den Kopf.

Sie hörte nur noch die höhnische Bemerkung, die Ernst zu dem sehr munteren Bruder Wolf machte: „Siehs'te, wir schaffen hier ran und den Kuchen essen sie dann alleine!" Am nächsten Morgen stürmte ein amerikanischer Arzt mit seinen Sanitätern die Wohnung.

Irgendwann hatte den jungen Soldaten doch dann des Mädchens Kummer wachgerüttelt und nun viel zu spät, kamen sie um zu helfen. Der deutsche Mediziner aus dem Dachgeschoß erklärte jedoch, in schrecklichem Englisch, daß nun, da alle wieder wach seien, auch der kleine Vierjährige, wohl alles überstanden sei. Immerhin war diese Vergiftung in einem von Amerikanern und Deutschen gemeinsam bewohnten Haus bis in höhere amerikanische Verwaltungsregionen bekannt geworden; weshalb von höchster Ebene ein Befehl erlassen wurde, daß deutsche und amerikanische Einheiten nicht unter einem Dach zu dulden seien. Auf politisch gesehener Ebene zogen sich amerikanische Militäreinheiten immer mehr aus dem Tschechischen Gebiet zurück, wurden jetzt in Thüringen und Sachsen eingesetzt.

Ernst flüsterte Eliane zu: „Grogan ist draußen. Er will Dich sehen!"

Natürlich lief sie, weg vom Aufwasch, weg vom Abendbrot, weg von allem Elend und Unglück, der Armut und der Angst um die Zukunft.

Ed war anders als sonst. Er war nervös und so schien es ihr, irgendwie verärgert. Er wollte ihr etwas sagen, sagte dann aber nicht, was ihn bedrückte, sondern wurde sehr zudringlich, bis sie merkte, er hatte getrunken und sich schnell und enttäuscht ihm entzog und einfach nach Hause lief.
Am nächsten Tag kam er, um sich zu entschuldigen. Er hatte sogar Blumen gepflückt, einen ganzen Strauß voller wilder Orchideen, die hier wuchsen und eigentlich geschützt waren. Schuldbewußt und traurig schaute er sie immer wieder an, bis sie lachen mußte, was ihn aber nicht fröhlicher machte. Wieder hatte sie das Gefühl, er wolle ihr etwas anvertrauen, wagte es aber nicht. Sie gingen noch einmal die Wege ab, vorbei an dem Hang wo sie einander das erste Mal begegnet waren und erinnerten sich:„Und hier an einem anderen Tag, hast du mir die Perlenkette geschenkt.- Weißt Du, bei uns trägt eine Dame immer eine Perlenkette." „Und hier, konterte er, „habe ich Dir den ersten Kuss gegeben!" Sie nickte und Tränen traten in ihre Augen: „Ed, es tut mir leid, daß ich gestern so abweisend zu Dir war, aber ich bin noch nicht so weit." „Ich werde Dich nie vergessen, Elaine!"
„Warum sagst Du das?" „Krieg ist etwas Schreckliches. Denk daran, was ich Dir über den Wert eines Menschenlebens gesagt habe." „Aber Du weißt doch, was ich Dir um den Tod meiner Vettern und den Tod meiner Schulkameraden erzählt habe und wie Recht Du hast." „Eliane, sie werden Euch sehr weh tun, aber ich kann nichts dafür."
Was meinst Du, sie werden uns weh tun? Weh tut mir nur, daß Du wieder von hier fort mußt. Nicht wahr, das ist es doch, Ihr müßt wieder weiter?" Daraufhin nickte er nur und sie umarmten sich wie zwei Ertrinkende und konnten gar nicht mehr aufhören einander zu küssen bis der Bruder kam und rief: „Eliane, Vater will wissen, wo Du bist!"
Am Morgen danach war Eliane gerade dabei in der Küche im alten Herd, der auf vier Füssen stand und schon so viel gute Dienste geleistet hatte, Feuer zu machen, als die Tür aufgerissen wurde. Es war ihnen nicht mehr erlaubt die Tür abzuschließen. Im Türrahmen stand groß und todernst Captain Sommer. Vor Schreck fielen ihr Asche und glühende Holzstückchen aus dem Ofenloch. Sommer war ein sehr gefürchteter Vorgesetzter. Schnell um Unheil zu verhüten, nahm sie Schaufel und Besen und beseitigte das Malheur. Dann stand sie auf und fragte: „Sir?" „Sie müssen sofort dieses Haus verlassen. Sie alle! Ich gebe Ihnen zwei Stunden Zeit." Er entschuldigte sich nicht, es tat ihm nicht leid, er sagte es einfach so, dann fügte er noch hinzu: „ Das ist ein Befehl von ganz oben. Deutsche und Amerikaner dürfen nicht in einem Gebäude untergebracht leben."
Hans kam gerade in die Küche. Eliane berichtete ihm von dem Befehl. Sommer ging, verließ das Haus. Draußen wartete sein Jeep, im Jeep saß diesmal nicht Edward Grogan. Hans rannte und informierte die Familie. Oma weinte, Papa geriet außer Fassung und Mama überlegte was zu tun sei. Eliane

eilte die Treppe hinab, stellte sich vor das Auto und rief: „Wo sollen wir hin? Wo? Zu den Russen? Auf die Wiesen?" Sommer sah sie kühl an und sagte: „You have to move!"
„Hans, was heißt move?" rief Eliane verzweifelt. Der Bruder raste hinauf und sah in seinem winzigen englischen Lexikon nach: „Move heißt beweglich!" rief er der Schwester zu. Sie blickte immer noch verzweifelt in das harte Gesicht des Offiziers und fragte: „Aber wohin, wohin dürfen wir gehen?"
Er deutete den Hügel hinauf: „Nach Grün. Ich werde Sie im Amt des Bürgermeisters dort erwarten und Ihnen eine Aufenthaltsgenehmigung erwirken." Das war immerhin besser, als zu den Russen verwiesen zu werden.
Eliane kehrte zurück in die kleine Wohnung, die ihnen nun seit drei Monaten ein Zuhause geworden war. Trotz ihrer Primitivität erschien sie ihr nun wie das Paradies. Mutti hatte bereits praktisch gedacht und fing an Koffer zu packen. In der kleinen Scheune der Försterei stand der Nährschützer Kutschwagen. Langer und die Pferde aber waren auf der anderen Seite von Petschau, in der Vitriolhütte, dort wo die Russen jetzt waren, also unerreichbar und Mama sagte: „Ihr werdet jetzt packen, - alles was wir für eine Flucht brauchen, genauso wie damals, als wir von Nährschütz aufbrachen. Legt die Koffer auf den Kutschwagen. Ich werde versuchen ein Pferd aufzutreiben.
Eliane rannte über Wiesen, durch den Wald, den Grünberg hoch, in das Dorf Grün. Die Bürgermeisterei befand sich am Ende des ewig langen Dorfes. Als sie dort ankam stand das Jeep Captain Sommers wirklich in dem primitiven Bauernhof. Mutig klopfte sie und trat in die Wohnküche der Leute. Sommer saß auf einem Stuhl und diktierte seinem Fahrer etwas in eine Schreibmaschine, das wohl die Aufenthaltsgenehmigung werden sollte. Die Tochter des Bürgermeisters sprach ebenfalls etwas englisch. Sommer wandte sich an Eliane und fragte: „Wie viel Menschen gehören zu Ihrer Familie?" Eliane dachte sofort auch an Langers, die ja irgendwie mit den Pferden gerettet werden mußten und sagte tapfer: „Elf Personen und zwei Pferde."
Sommer schien ein wenig verblüfft, diktierte aber „ . . . die Familie von Falkenhausen, mit elf Personen und zwei Pferden aufzunehmen und unterzubringen ist." Dann unterschrieb er, der Fahrer zog einen Stempel mit Stempelkissen hervor und stempelte das Dokument. Captain Sommer verlangte nun noch einen Envelope, wahrscheinlich um dem ganzen eine gewisse Würde zu verleihen. Die Tochter des Bürgermeisters, die die ganze Zeit wichtigtuerisch gedolmetscht hatte und Eliane mit hochmütiger Nichtachtung strafte, wußte aber nicht was das Wort bedeutete und versuchte verzweifelt den Wunsch des Amerikaners zu erraten, bis von der Tür her das arme Flüchtlingsmädchen erklärte: „Er möchte einen Briefumschlag."
Jetzt mußte sogar der Captain lächeln.
Er reichte ihr das Dokument in einem Umschlag und dem Bürgermeister den Durchschlag, der nickte bekümmert und erklärte dem jungen Mädchen mür-

risch: „Sie können mit ihrer Familie in der Schule unterkommen. Dort wird ein Raum von Schulbänken frei gemacht und eine Schulküche gibt es auch." Die Schule lag gleich neben der Kirche, ein niedriger Bau, ein leerer Raum, in dem lediglich ein Tisch stand. Mutti hatte ein Pferd geborgt bekommen. Wolf hatte es eingespannt und zwei Stunden später kam die Familie zu Fuß, bepackt mit persönlichster Habe vor der Kirche an. Manche der Bauersfrauen kannten Mutti schon. Sie kannten auch ihr Schicksal.

Sie halfen mit Strohmatten aus. Säcke wurden mit Stroh gefüllt und dienten als Matratzen.

Sie legten sie in Reih und Glied neben einander auf die Erde. Es gab kaum Töpfe noch Geschirr, es gab kein Porzellan. Für Papa und Oma war es schwer auf der Erde zu schlafen. Wolf brachte das Pferd zurück und gemeinsam mit seinen Brüdern wanderte er um Petschau herum zur Vitriolhütte, um Langer zu sagen, was geschehen sei.

Langer saß schwer in der Klemme. Tschechische Plünderer erschienen dort täglich und nahmen alles mit was ihnen gerade gefiel. „Sie müssen unbedingt wieder zu uns gelangen." beschlossen die Brüder, aber Langers hatten keine Ahnung wie das gehen sollte. Auch besaßen sie nun ein eigenes Pferd und einen Wagen, über deren Besitz sie sehr stolz waren. „Wie habt Ihr das gemacht?" fragten die Brüder und die Langers deutete einen großen runden Kreis mit ihren Armen an und erzählte: „Eingetauscht für ein Brot!"

Die Buben kehrten zurück und besprachen alles mit Omama und den Eltern. Nach den jüngsten bitteren Erfahrungen verließ man sich nicht mehr auf die Gunst der Amerikaner. Wolf, Ernst und Hans beschlossen, die Fuhrwerke schwarz, d. h. heimlich von der russischen in die amerikanische Zone zu befördern. Oma wollte zwar davon nichts wissen, sie dachte wirklich der amerikanische Kommandant würde eine Erlaubnis erwirken, aber die Kinder flunkerten, er habe das abgelehnt. Also bangte Omama, versuchte aber für die Pferde eine Unterkunft im Dorf zu bekommen.

Die Bauern waren gar nicht abgeneigt, weil die Ernte vor der Tür stand und ein Fuhrwerk mehr nur von Nutzen sein konnte. Für die Buben aber wurde das Unternehmen zu einer höchst gefährlichen Nacht- und Nebelaktion, die einzig und allein durch ihre Findigkeit und Schläue gelingen konnte. Das viele Herumstromern und die dadurch gewonnenen Ortskenntnisse waren ihnen dabei nun sehr von Nutzen. So entwarfen sie einen genauen Fluchtplan. Schließlich hatten sie Hunderten von Flüchtlingen über die Grenze geholfen.

Diesmal aber waren es zwei Fuhrwerke.-

Sie schleusten beide Wagen durch das Tepeltal. Wolf kutschierte den Nährschützer Treckwagen, querfeldein, über Wiesen, über gebrechliche Brückchen, durch Hohlwege und durch Bäche, über Bergkuppen und durch Schluchten.

Ernst und Hans liefen voraus und sicherten die Strecke ab. Es galt anfangs zu vermeiden, tschechischen Marodeuren in die Hände zu fallen und dann mußten die amerikanischen Posten umgangen werden. Sie waren fabelhaft, denn es geschah bei Nacht. Und es glückte!
Spät, sehr spät trafen die sehnlichst Erwarteten in jener Nacht ein.-
Omama, die die Rettung ihrer Pferde durch ihre Enkelsöhne nie als deren Verdienst ansehen wollte, schreibt aber später in ihr Tagebuch:
„Die Jungen sind jetzt etwas vernünftiger geworden. Besorgen die Pferde gewissenhaft, schlafen sogar bei ihnen im Stroh. Langer hat nun sein eigenes Pferd. Sie haben es für ein Brot bekommen. Was sind das nur für Zeiten, wo Menschen für ein Brot ein ganzes Pferd eintauschen. Auch wir hungern bitterlich."

Eliane ging drei Tage nach dem so schmerzlichen Verlust des kleinen Heims in der Försterei am Grünberg noch einmal dort hin zurück, um wenigstens noch ein paar Töpfe zu holen. Was sie vorfand überstieg alle ihre Erwartungen.
Die Soldaten hatten in der kleinen Wohnung regelrecht gehaust wie die Vandalen. Das Sofa stand vor der Tür auf der Straße, sodaß die Wachhabenden es sich recht gemütlich machen konnten. Aus der Wohnung traten zwei verschlafen wirkende Mädchen, die offensichtlich mit den Soldaten übernachtet hatten. Eliane schaute kurz in die Abstellkammer. Sie suchte etwas zum Kehren. Oben in der Schule gab es weder Eimer noch Besen. Das niedliche Geschirr, das Beauforts ihrer Familie überlassen hatten, hatten sie benutzt und schmutzig einfach immer in die Kammer geworfen, wo es zerschlagen vor sich hin schimmelte. Die Kammer war bis zur Decke gefüllt mit Unrat.
Voller Ekel und Entsetzen blickte sie den GI an, der sie begleitete. Es war ihm peinlich, aber was nutzte das schon. Traurig und unverrichteter Dinge kehrte sie der früheren Bleibe den Rücken. Was hatte der Soldat schulterzuckend gesagt: „Das ist der Krieg." „Wie mag es jetzt in Nährschütz aussehen?
Nährschütz im Sommer war so wunderschön gewesen. Sie dachte an den Duft von Flieder und Jasmin, an die Kühle des alten Hauses, an die vielen Vasen gefüllt mit Blumen, die die herrlichen großen Räume zierten, an wehende Gardinen im Sommerwind, an offene Türen und breite Treppen, über die gut gekleidete Menschen gingen. An die Hunde, die einem freudig entgegen sprangen und an Peusels Küche, wohl bestellt voller Töpfe und Geschirr. Nicht einmal einen Topf hatte sie aus der Försterei mitnehmen können, so verschmutzt wie sie waren.
An diesem Abend, einem sehr verzweifelten, hungrigen Abend, kam Edward Grogan, noch einmal, ein letztes Mal. Sie saßen sich an dem Tisch in der ärmlichen Schulküche gegenüber und er erzählte ihr, nun würde seine Truppe

endgültig dieses Gebiet verlassen. Ja, er habe gewußt, daß man sie und ihre Familie aus dem Haus jagen würde. Er habe Sommer gesagt, er wolle nicht dabei sein, auch durfte er ihr vorher nichts verraten. Aber Sommer sei nicht so schlecht, wie es ihnen nun scheinen mußte. Es gäbe wirklich diesen Befehl. Es kommt noch einmal eine Einheit von Amerikanern hier her. Vor jedem Dorf stehen amerikanische Posten. Niemand dürfe weiter trecken, das sei ganz unmöglich. Die Besatzer sind den Konzentrationslagern begegnet, haben auch in Bayern solche Lager geöffnet und die armen Gefangenen befreit. Es herrsche eine so antideutsche Stimmung unter dem Heer, ein solches Entsetzen über das, was sie gesehen hätten, daß er sie nur warnen könne, sich ganz still zu verhalten. Nur nicht auffallen. Sie nahmen leise Abschied. Er gab ihr noch seine Adresse. Es war vorbei. Noch in der gleichen Nacht rückten sie ab.
Über dieses völlig harmlose Abschiednehmen geriet Papa plötzlich in große Wut. Als Ed gegangen war, machte er Eliane schreckliche Vorwürfe. Er tobte richtig. Hatte keine Ahnung um die realen Zusammenhänge. Er rastete total aus.
Die nächsten Amerikaner waren wirklich bis oben hin voller Deutschen-Hass. Als erstes wollten sie die Schule geräumt wissen.- In einer viertel Stunde! - Die Kinder reichten Omama Betten, Decken und Pelze mit denen sie sich zuzudecken pflegten durch ein Fenster. Die Bauersfrau, die gegenüber wohnte, nahm alles entgegen und verwahrte die letzte Habe. Mutti rannte um ein neues Quartier zu finden und sie zogen auf den Heuboden, eines Bauernhauses. Die Dielenbretter waren morsch. Man fiel immer wieder in ein Loch, lag auf Stroh, kochte sich etwas bei der Bäuerin.
Omama erhielt später ein kleines Stübchen bei barmherzigen Leuten. Die Buben zogen nun ganz in den Pferdestall und halfen den Bauern bei der Ernte. Gegenüber dem Heustadel, in dem Eliane mit den Eltern und der kleinen Angela untergekommen war, hatten die Amis ein Bauernhaus belegt, in dem sie ihre Küche einrichteten. Es duftete herrlich nach ausgelassenem Schmalz, Fleisch und köstlicher Suppe. Sie brieten Unmengen von Pommes frites, dazu ließen sie Fett aus und stellten die Grieben an das offene Fenster. Bald sammelten sich viele hungrige Dorfkinder vor dem Fenster und der Koch übersah es einfach, daß die Fettgrieben, die er ja nicht mehr verwenden konnte, nach und nach verschwanden.
Ernst und Wolf brachten heimlich ein Reh. Auch die Bäuerin, in deren Küche man sich etwas kochen durfte, bekam davon ab. Der Ami mit dem sie das Reh geschossen hatten, erschien allen etwas einfältig. Er sang stets ein bestimmtes Lied vor sich hin: „Don`t fence me in."
„Don`t-fence-me-in" aber wurde mit der Zeit sehr nützlich. Auch kam er des öfteren zum Abendessen. Manchmal brachte er Freunde mit. Es gab Reh in Blechbehältern, dazu Weißbrot und Coca-Cola aus Dosen. Eines Tages ver-

kündete er, er dürfe zwar darüber nicht reden, aber in einer der nächsten Nächte zögen alle amerikanischen Truppen ab. Auch die Posten vor den Dörfern würden gegen Morgen alle verschwunden sein. Danach hätten die Tschechen das Sagen. Ernst dessen Freund er war, vereidigte „Don`t-fence-me-in", ihm Bescheid zu geben, wenn es soweit sei.

Omama lief zu Frau Müller-Baudis und bekannte ihr, sie würde mit ihrer Familie sofort nach Abzug der Amerikaner nach trecken. So hatte man es in der Familie gemeinsam beschlossen. Ob Frau Müller-Baudis nicht ebenfalls mitkommen wolle. Diese aber hatte einen Treck von über 60 Personen und war nicht ausquartiert worden.

Am schlausten war Susi Greipel gewesen. Sie sprach tschechisch und der bereits eingesetzte tschechische Distriktkommandant, man nannte ihn „Narivibidor" ein ganz junger fescher Tscheche, hatte sich in Susi verliebt. Mit einem völlig intakten Motorrad sah man die beiden durch die Gegend ziehen. Es klang eine gewisse Bewunderung durch Omamas Bericht über Susis Eroberung. Ernst wandte sich desillusioniert ab und Eliane dachte: „Das hätte ich mir nicht erlauben dürfen. Aber so war einmal diese schnöde Welt."

Dann kam Ernst mit der Nachricht: „Heute Nacht gegen vier Uhr früh ziehen die Amerikaner alle Truppen aus dem tschechischen Gebiet ab!"

Wieder galt es zu packen, heimlich wurde das Gestell erneut auf dem Treckwagen befestigt und der alte Teppich darüber gelegt. Für die Ziege und ihre Kinder im hinteren Teil des Treckwagens eigens ein Kabuff geschaffen, Betten und Koffer verstaut und alle schliefen in ihren Kleidern. In grauer Morgenfrühe treckten sie los. Langers hinterher und noch einige Leute hatten sich ihnen angeschlossen. Manchmal hörte man die vor ihnen rollenden Militärkolonnen. Ein warmer schöner Morgen graute. Ein Dorf kam in Sicht. Die Grenze mußte ganz nah sein. Aber die Tschechen schliefen ebenfalls nicht.

Die Tschechen

Die Annahme, nun gefahrlos durch die Dörfer trecken zu dürfen, weil die amerikanischen Kontrollposten abgezogen wurden, war leichtfertig. Mittags gegen 14 Uhr kamen sie in die Nähe von Königswart. Leute die sie unterwegs trafen, rieten ihnen nicht durch den Ort zu fahren: „Sie sind schon überall und kontrollieren vor allem die Flüchtlinge!" gemeint waren die Tschechen.

Gegen Abend, sie waren nur über Feldwege und um die Orte herum getreckt, erreichten sie mit zwei Wagen und sechzehn Menschen eine zauberhafte Landschaft. Mitten im Wald lag ein behäbiges Jagdschloß, ein herrlich angelegter Park ging in den Wald über. Der Forstmeister, den sie im Walde trafen

aber sagte ihnen: „Das ganze Schloß ist von Amerikanern besetzt." Er wies allen ein Holzstadel an, wo sie übernachten konnten:
„Wenn Ihr Euch still verhaltet und mir die Scheune nicht anzündet", war sein Kommentar. Auch hier war die Umgebung wunderschön. Es gab schilfumwachsene Seen, blühende Wiesen voll seltener Blumen, hohe alte Bäume. Am Morgen machten sie verborgen ein kleines Feuerchen und kochten Kaffee. Omama frisierte ihr langes Haar unter einer alten Buche, „wie einst die schöne Lilofee".
Der Forstmann hatte auf weitere Schleichwege hingewiesen. Ein Ort hieß Lohhäuser. Je näher sie diesem Ort kamen, um so vorsichtiger wurden sie. Ein Herr, der sich ihnen angeschlossen hatte, schlich voraus, um die Gegend zu erkunden. Er kam aber nicht zurück. Also fuhren sie auf eine Chaussee. Plötzlich ratterten Motorräder. Wolf versuchte noch in einen Feldweg einzubiegen, aber sie waren schon zu nahe. Zwei bewaffnete Tschechen befahlen: „Anhalten, Koffer abladen! Aufmachen! Stehen bleiben, bis der Tschechische Kommandant geholt ist!" Eine halbe Stunde später erschien ein tschechisches Suchkommando, und wieder eine Stunde später ein Zoll-Auto:„Die Tschechen behandelten uns alle höchst rücksichtslos!" so Omama's Kommentar. Dieses Aufgebot an Tschechischer Miliz eskortierte die zwei ärmlichen Treckwagen und die vielen Menschen, die zu ihnen gehörten in eine Försterei, wo gleichzeitig eine Wassermühle in Betrieb war. Die Tore wurden versperrt und sie begannen mit einer Befragung der einzelnen Personen und einer sehr genauen Leibesvisitation. Zuerst kamen die Berliner Leute dran. Die sahen im Gegensatz zu den Falkenhausens weit wohlhabender aus. Diese Durchsuchung dauerte sehr lange, sodaß es zu spät wurde, um alle weiteren noch zu filzen. So verschoben es die Beamten auf den nächsten Tag. Omama fand sogar noch ein menschliches Nachtquartier mit Fritzel. Dort versteckte sie ihren Schmuck einmal in einem Garnknäuel und die Brillanten in einem Brotlaib. In das Garnknäuel piekste sie die wenigen Nähnadeln, die sie wie Kostbarkeiten gehütet hatte. Von dem Brot schnitt sie eine Scheiben ab, höhlte den Laib aus, legte den Schmuck hinein, drückte das Weiche wieder darauf und fügte die Schnitte darüber. Alle warteten voller Schrecken auf den Morgen. Es gab aber dann hier keine weitere Visitation, sondern die Tschechische Polizei eskortierte ihren Treck nun durch mehrere Dörfer auf eine Grenzstation zu.
Eliane trug ihren alten schwarzen Plüschmatel, dessen Taschenfutter schon ganz löchrig war, über dem Arm. Sie ließ den Türkisschmuck und ihr goldenes Kommunionkreuz dahinein gleiten. Er rutschte bis unten in den Saum. Mutti hatte ihren Schmuck in einem ihrer Koffer und es war ihr nicht möglich gewesen, an diesen Koffer bei Nacht heranzukommen. Sie hatten die Koffer in einem separaten Raum eingeschlossen. Ungewaschen und ohne Frühstück jagte man die Flüchtlinge durch mehrere Orte. Tschechen vor den

Wagen, Tschechen hinter den Wagen, - wie Verbrecher. Omama saß auf dem Kutschwagen, das Brot auf dem Schoß, das Garn in einem Nähbeutel. Mutti saß daneben mit unbeweglichem Gesicht, völlig erstarrt, Fritzel zwischen den Damen. Papa ging zu Fuß, er sah alt und sehr erbärmlich aus. Ernst flüsterte Eliane zu: „Sie werden uns die Pferde weg nehmen." Eliane erwog, den Mantel einfach in den Straßengraben zu werfen, ließ es dann aber, weil sie ja nicht wußte, ob sie hier wieder vorbei kommen würden.

Endlich erreichten sie eine Art Zollstation: „Alle Koffer abladen und dort hinein tragen!" schrie einer der tschechischen Bewacher. Also taten sie, was man befohlen hatte. Nur Omama blieb auf dem Wagen mit Fritzchen sitzen. Starr blickte sie in die Ferne, das Brot fest in ihrer Hand. Ein Tscheche, ein dicker blonder Mann, bat sie höflich auszusteigen, denn er müsse die Kutsche untersuchen. Oma stieg auf der anderen, der falschen Seite aus dem Wagen und warf ganz schnell die kleine silberne Zuckerdose ins Gras, während der Mann mit einem Stock die Kutsche gründlich durchsuchte. Erst dann erlaubte er der alten Dame und dem Kind wieder einzusteigen.

Später war es Omama, die ja noch sehr behende war, möglich, die Zuckerdose, die ihr sehr viel bedeutete wieder einzusammeln, d.h. sie bat den elfjährigen Hans darum, wie dieser später berichtete.

Die anderen Familienmitglieder trugen immer einen Koffer eine Treppe hoch, einen langen Gang entlang in einem Raum mit Tischen. Im Gang saß hinter einer Art Desk ein Mädchen mit einem Spiegel. Sie beobachtete genau das Geschehen. Pelze, Daunendecken, Mäntel, alles wanderte auf einen Haufen in dem Zimmer mit den Tischen. Sie öffneten einen von Muttis Koffern und fanden ihr silbernes Kammzeug mit Wappen: „Einer rief triumphierend: „Oh, noble, noble!"

Danach ging's erst richtig los. Sie wunderten sich über Muttis Brennapparat, den sie immer noch für ihre Ponylocken benutzte und vergaßen in ihrer Aufregung, die Taschen einer alten Strickjacke zu untersuchen. Wenn ein Koffer durchwühlt war, durfte man ihn wieder schließen und in den Gang stellen. An den Koffern der Kinder hatten sie keine Freude, nahmen aber Silberbestecke, die schöne Fuchsdecke, Muttis Nerzcape, Onkel Männe's Pelze, die Felldecken, die in den Kutschwagen gehörten und vieles mehr. Demütig schleppte Mutti Koffer für Koffer herein und wieder heraus. Während man Eliane ihren Mantel einfach vom Arm nahm und sie laut heulte, stellte Mama einen noch nicht geöffneten Koffer zu den schon durchsuchten und trug ihn später wieder hinaus. So rettete sie ihre Pelze und ihren Schmuck.

Eliane verließ laut heulend das Gebäude, lehnte sich an einen warmen Pferdehals und schluchzte zum Erbarmen. Es fiel ihr gar nicht schwer, denn was hier geschah, war wirklich schmerzlich. Der dicke Tscheche hatte gerade den Mist der Ziege, die sie mit den zwei Zickeln mit sich führten, durchsto-

chert. Nun sprang er vom Wagen und fragte: „Oh Gott, warum heuls'te denn so?" Sie deutete auf das Gebäude und schluchzte: „Mein Mantel, sie behalten meinen Mantel. Ich habe doch sonst nichts mehr, um mich nachts zuzudecken."
Da winkte er ihr, mit ihm in das Gebäude zu kommen, fischte den alten Plüschmantel aus dem Berg von Pelzen und meinte zu den anderen: „Den braucht ihr doch nicht, oder?" und reichte ihn ihr lächelnd zurück.
Endlich war die Prozedur vorbei und alle fürchteten nun kämen Leibesvisitation oder Ausweiskontrolle dran. Aber inzwischen hatten die Tschechen viele, viele Treckwagen gefangen und eine Schlange bildete sich hinter ihnen. Sie rafften noch den alten Teppich von der Stange und die Buben mußten helfen ihn einzurollen, dann winkte ihnen der Blonde einfach anzufahren: „Weiter, fahrt los, macht schnell!"
Man kann alles von zwei Seiten sehen.

Omama jammerte um Onkel Männe's Pelze und die Fuchsdecke, aber sie hatten ihnen die Pferde gelassen. Der Schmuck war noch da und Mutti hatte ihre Pelze in ihrem Koffer durch ihre Schläue gerettet. Ernst trug Papas silbernes Zigarettenetui in einem Brustbeutel auf seinem verlängerten Rücken und Hans die goldene Lüderitzuhr, ein Erbstück von großem Wert im Hosenlatz seiner Lederhose. Eliane hatte den alten Mantel wieder, in dem der Türkisenschmuck baumelte.
Für Kinder sind solche Erlebnisse, nach ausgestandener Angst, ein Anlass zu Freude und die zeigten sie nun, auf der Fahrt durch ein Niemandsland.
Niemandsland heißt man die Region zwischen zwei Staaten, die von einer Grenze zur anderen führt.
Aber ihre Freude verging ihnen ganz schnell, denn am Ende einer Strecke von c.a. sieben Kilometern, Langers hatten sich ihnen wieder zugesellt mit Pferd und Wagen, da standen plötzlich amerikanische Wachen: „Kein Einlaß in dieses Gebiet." „Geh Du hin!" sagte Mutter zu Eliane, die wußte, wie empfänglich junge Männer auf hübsche Mädchen reagieren. Eliane näherte sich schüchtern, hob die Hände wie im Gebet und sagte: „Bitte, laßt uns nur reden! Die Russen haben uns verjagt, die Tschechen haben uns eben ausgeplündert. Wir wollen nach Bayern! (Sie nannten es Bavaria) dort haben wir Verwandte. Wir können doch jetzt nicht mehr zurück in kommunistische Länder! "Der eine schaute den anderen an und dann beschlossen sie: „Seht Ihr die Scheune da? Nur der Kommandant kann entscheiden." Mutti dirigierte den Treck in die Scheune. Diese stand noch auf neutralem Boden und Eliane sagte zu Mama: „Wir müssen zu dem Ami, der hier zuständig ist." Also machten sich Mutter und Tochter über die Felder zu Fuß auf in das Dorf. Omama schrieb, auch sie und Papa gingen einfach in den Ort, um auf Lebensmittelkarten, für die ja Mutti gesorgt hatte, etwas zu kaufen.

Ilse und Eliane kamen an die Schule, wo groß „Kommandantur" stand. In einem primitiv eingerichteten Klassenraum saß ein völlig kahlgeschorener Offizier. Es war damals Mode unter den GI`s sich so zuzurichten, um Läusen zu entgehen. Immerhin kamen sie aus einem Land, wo Hygiene höchstes Gebot war. Dieser Mann aber hatte das Gesicht eines Aristokraten und als unsere immer noch schöne Mutter ihn mit „Sir" anredete, stand er auf. Er war riesengroß und ganz dünn. Mutti wirkte allein durch ihr bescheidenes Auftreten. Eliane mußte ihr nur mit ein paar Vokabeln helfen, um ihre Bitte zu unterstreichen. In dem Raum befanden sich an den Wänden, auf den Tischen, eigentlich überall Landkarten. Er aber fragte noch einmal nach: „Wo kommen Sie her? Wie viel Personen beinhaltet Ihr Treck?" und weil Eliane ihm antwortete, winkte er sie heran, um ihr auf einer Landkarte, die vor ihm lag, zu zeigen, wo sie sich gerade befanden:„Sie befinden sich hier! Vor jeder Ortschaft gibt es Posten." Sie waren eingezeichnet mit blauen Punkten. Eliane nickte bekümmert. „Ich kann Euch nicht durchlassen, das ist ein Befehl!" Wieder beugte er sich über die Karte. „Hier und hier gibt es Wege, Farmwege!" „Aber", stotterte sie, „wie sollen wir sie finden ohne Karte?" Da ging er auf ein Regal zu und gab ihr eine noch gefaltete Landkarte. Sie warf noch einen langen Blick auf seine Karte mit den eingezeichneten Punkten und sagte dann: „Thank you, Sir! Thank you so much." Es war einfach ein Gespräch, das auf Intelligenz des anderen aufbaute und als sie sich verabschiedeten, lächelte er Mama liebevoll zu. Sechs Kinder, eine Großmutter, einen Kutscher mit Familie! Elf Personen. Papa hatten sie unterschlagen. Als Mutti mit Eliane wieder zu der Feldscheune kamen, hatten die Buben ein Zickel geschlachtet, unter Protest von Angela. Sie war schon Zuhause in Nährschütz eine Zickelliebhaberin gewesen. Die Ziege durfte um alles in der Welt nicht wissen, was mit ihrem Kind geschah. Angela weinte bitterlich und als das Zickelfleisch, am offenen Feuer gedreht, endlich gar war, aß sie keinen Bissen, obwohl sie es am nötigsten von allen gehabt hätte, etwas auf die Rippen zu bekommen.

Ilse und Eliane besprachen an diesem Abend ihren Fluchtweg nicht mit Omama, weil sie, wie sie meinten, den Zusammenhang nicht begreifen oder gar akzeptieren würde. Langers aber saßen mit ihnen am Lagerfeuer und Mutti erklärte allen, was nun zu beachten sei, nämlich, schwarz um alle Dörfer und Städte herum zu trecken, um von amerikanischen Posten nicht gefaßt zu werden. Wolf und Langer in Sorge um die Pferde meinten: „Und wie soll das gehen?" Da zog Eliane die Karte heraus und sie zeichneten einen vorläufigen Fluchtweg mit einem Bleistift ein und versuchten, den anderen Mut zu machen. In dieser Nacht, sie lagen alle aufgereiht im Heu, hörten sie plötzlich Frau Langers Stimme: „Bruno, ich geh nicht zurück zu den Tschechen."

„Aber Ida, Du hast doch gehört, was die Eliane gesagt hat. Wir trecken schwarz über die Grenze nach Bayern." „Bruno. ich will wieder nach Hause!" „Aber Ida das geht jetzt nicht mehr!" und dann hörte man sie weinen.

Eliane hatte immer gedacht, Ehepaare lägen immer zusammen, aber nicht einmal Papa lag bei Mama. Und nun hatte sie das Gefühl, daß alle hier in diesem Heustadel weinten, jeder für sich allein, weil alle das gehört hatten, und an das sich auch alle später erinnerten und das auch von Omama später in ihrem Fluchtbericht erwähnt wurde.

Am Morgen, als sie gerade das Feuer löschten, an dem sie einen Mukefug-Kaffee gekocht hatten, denn es war für die kleinen Kinder wichtig, wenigstens etwas Warmes im Bauch zu haben, erschien plötzlich ein Jeep mit vier amerikanischen Soldaten. Mutti und eigentlich alle dachten, daß sei nun ein Kommando, um sie zurück in die Tschechei abzuschieben.

Die Soldaten aber stiegen nicht einmal aus, sie betrachteten nur Eliane, die von dem Feuer aufgestanden war und nun voller Angst das Schlimmste erwartete: Sie hörte den einen sagen:

„Yes, she is pretty! I think she looks like one of our movie-stars!"

Dann wendeten sie und fuhren wieder davon, und die ganze Familie atmete auf. Weshalb Omama später in ihrem Bericht erzählte, es wäre eine amerikanische Eskorte erschienen, habe sie dann aber laufen lassen. Eliane war viel zu bescheiden, um das, was sie da verstanden hatte, weiter zu geben. Man hätte es ihr wahrscheinlich nicht geglaubt, denn Mutti war immer darauf bedacht, kein Selbstbewußtsein aufkommen zu lassen. Man war bescheiden und fromm und Eitelkeit ein Vergehen (Es war aber wirklich so).

Sie treckten nach diesem Erlebnis los, voller Angst nach der Karte, auf abenteuerlichen Umwegen bis in ein Tal. Dort brauste ein Fluß. Es gab eine einfache Holzbrücke, deren Gebrechlichkeit den schweren Treckwagen kaum halten würde, weshalb Ernst, der die Brücke begutachtet hatte Wolf zu rief: „Du mußt in einem Affentempo darüber sausen und alle müssen natürlich vorher aussteigen."

Als sie die morsche Brücke passiert hatten, Wolf hatte die Pferde mit der Peitsche angetrieben, was er sonst nie tat und nachdem Ernst Langer ähnliche Informationen für sein Gefährt empfohlen hatte, landeten sie in einem großen Mühlenhof. Es war eine Wassermühle mit einem riesigen Gebäudekomplex. Hinter Langers Wagen kam plötzlich sehr schnell ein Jeep mit MP heran. MP war die von uns gefürchtete amerikanische Militärpolizei. Eliane ging buchstäblich in die Knie. Jetzt war alles verloren.

Da schauten zwei Mädchen aus dem Mühlengebäude zum Fenster heraus, winkten und lachten und die Soldaten hatten nichts anderes im Sinn, als diese Mädchen zu besuchen.

Ruhig, als hätten sie nicht gerade ein Schockerlebnis hinter sich gebracht, treckten sie weiter. Nur Ernst warf seine Hände in die Luft und schrie:

„Gesegnet sei die Liebe, die herrlichste aller menschlichen Regungen!" was ihm einen rügenden Blick seiner Mutter eintrug, ihn aber Arm in Arm mit seiner großen Schwester weiter wandern ließ.

An diesem Tag, in Umgehung aller Orte, kamen sie schon recht weit. Erschöpft rasteten sie am Nachmittag in einem Wald, in dem Angela und Hans zahlreiche Pfifferlinge entdeckten.

Während die Männer eine Kuhle für ein Feuerchen gruben und die Buben dafür größere Steine herbei schafften, nahm Mutti Eliane an der Hand, um die Gegend zu erkunden.

Sie gingen um das Grundstück herum und trafen auf ein Kornfeld, welches gerade geerntet wurde. Schließlich war es schon August.

Einen Bauern, der Garben aufstellte, ein Mann mit ganz hellen blauen Augen, den fragte Ilse:

„Wo sind wir denn hier? Wir sind Flüchtende."

Der Mann unterbrach seine Arbeit und rief:„Dann frei Di, Frau! Du bischt in Bayern!"

Mutti umarmte ihr Kind spontan und weinte: „Wir haben es geschafft, wie haben es geschafft!" Sie winkte dem Mann noch mal und er winkte zurück, und dann kehrten sie um.

Die Männer hatten bereits die Pilze über dem Feuer gesotten und waren gerade dabei das restliche geröstete Ziegenfleisch hinein zuschneiden, als Mutti sie mit der frohen Botschaft beglückte: „Kinder, wir sind in Bayern!"

Es war ein wunderschöner Sommertag, heiß und ohne Gewitterdrohung, weshalb alle beschlossen noch zu bleiben, auch um die kleinen tapferen Pferde zu schonen. Eine Plane über dem Treckwagen gab es ja nicht mehr, Sie hatten gegessen, und die Sorge um ein Morgen schoben sie einfach von sich. Solche Nächte an einem Lagerfeuer waren für die Kinder unvergeßlich und auch die Alten schienen allmählich das Zigeunerleben zu akzeptieren. Die Ziege mußte befriedigt werden, damit sie in der Nacht nicht meckerte. Sogar Angela, die Kleine, ruhte in Wolfs Arm am Lagerfeuer und Fritzel schlief friedlich im Treckwagen, wo Omama ihm Gesellschaft leistete, auch wenn es nur noch wenig Decken gab.

Der Wald atmete und rauschte. Ein schmaler Mond stieg am Himmel auf und als Mama und Papa sich irgendwo ein Plätzchen zum Schlafen suchten, nur noch mit den restlichen Pelzmänteln bedeckt, da gingen auch die Kinder zur Ruh. Sie lagen auf Tannennadeln am Waldboden und betrachteten die Sterne und nicht einmal Hans mußte mehr rackern, so schön war diese Nacht!

Am nächsten Tag umfuhren sie einige Ortschaften und sahen in der Ferne einen kleinen Marktflecken, der Groß Konreuth genannte wurde. Irgendwie gelangten sie bis zur Kirche.

Hier gab es eine Sperre und sie klopften in der Pfarrei an. Die Pfarrwirtin war sehr hilfsbereit und brachte wenigstens die Eltern, Oma und Fritzel unter. Die Kinder schliefen im Stall. So konnten die Eltern sich wenigstens einmal waschen.

Der Pfarrer wollte helfen und erzählte Ilse, in dem nahe gelegenen Tirschenreuth gäbe es Passier- und Registrierscheine.

Am nächsten Tag treckten sie also in die Nähe dieses für sie später noch lange unvergeßlichen Ortes, „Tirschenreuth ,, und versteckten die Treckwagen in einem Heustadel mitten im Feld.

Mama nahm alle Kennkarten an sich bis auf Papas Papiere. Omama blieb bei Fritzel, um die Treckwagen zu bewachen.

Sie hatten ausgemacht, um den großen Ort, (Tirschenreuth war eine Stadt, sehr alt, mit schönen Gebäuden), herum zu gehen. Über Felder und möglichst einzeln oder nur zu zweit, denn Tirschenreuth war voll mit amerikanischem Militär und das hatte Befehl, keine Flüchtlinge aus kommunistischen Zonen nach Bayern herein zu lassen. Die Wachposten am Eingang der Stadt sah man nur nicht. Mama wählte einen weiten Umweg, Ernst ging mit Eliane, Wolf mit Angela an der Hand und ganz hinten schlenderte etwas verloren Hans. Erst merkte es niemand, dann gewahrten es alle mit Entsetzen. Papa hatte den kürzesten Weg in die Stadt gewählt, wie es seiner Veranlagung entsprach, und rannte direkt in die Army-Posten. Alle seine besorgten Kinder beobachteten von weitem, versteckt, wie man Papas Papiere prüfte, ihm die Hand auf die Schulter legte und ihn, offensichtlich verhaftet, in eines der großen Trucks verfrachtete. Hans und Wolf hatten wieder aufgeholt und sie rannten wie die Wahnsinnigen, um festzustellen, wo dieses Auto ihren Vater nun hinbringen würde. Sie hatten sich wieder getrennt, aber einen Treffpunkt vereinbart. Nach einiger Zeit kam Hans und berichtete:

„Am Stadtrand auf einem Hügel, dort drüben, gibt es lauter Zelte, dort ist er drin."

Dort hin wanderten die Geschwister, alle fünf. Sie umgingen den Hügel, betrachteten die grüngrauen Armeezelte und setzten sich ins Gras.

Plötzlich erschien ein amerikanischer Offizier und herrschte sie auf Deutsch barsch an: „Was macht Ihr hier?" „Unser Vater ist da drin und wir wollen nur wissen, wohin er kommt!"

Der Ami wurde aber schrecklich böse und schrie: „Steht gefälligst auf, wenn ihr mit mir redet und jetzt macht ihr alle, daß ihr hier wegkommt, ihr Bande!"

Beschämt und beschimpft trollten sie sich, um Mutti zu finden.

Das Registrier-Amt war mitten in der Stadt. Eine zweihundert Meter lange Schlange von Menschen stand davor an. Noch am Ende dieser Schlange hatte Mutti sich eingereiht. Man mußte sich erst viele Male entschuldigen, um nur ein paar Worte mit ihr reden zu dürfen und um zu erklären, daß sie ja schließlich alle Papiere habe und man sich nicht vordrängeln würde.

Eliane erzählte Mutti leise, was mit Vater geschehen war. Mutti bewies unvor-

stellbar Haltung. Die Schlange rückte vor. Die Buben aber sichteten das Terrain. Während Eliane mit Angela an der Hand neben Mutti dem langsamen Vorrücken der Menschenschlange geduldig folgte, geschah etwas Unvorstellbares! Plötzlich war Papa wieder da und stellte sich, die Wartenden beruhigend, neben seine Frau. Die Brüder setzten sich rechts und links in den Straßengraben:
„Ich", sagte er lachend, „bin einfach aus dem Zelt hinten herausspaziert und die Jungs haben mir den Weg gewiesen." Da standen sie nun unter Hunderten von armen Menschen, die nichts im Sinn hatten, als einen Passagierschein zu bekommen. Leute die aus dem Amt herauskamen, die schon dran gewesen waren, aber sahen gar nicht glücklich aus und beide Damen ahnten die ganze Exkursion war sicherlich umsonst. Ihnen taten die Füße weh vom vielen Wandern. Mamas Füße waren geschwollen, wie Kannen so dick.
Plötzlich erschien ein Jeep mit MP. Einer der Männer steuerte sofort auf Papa zu, legte ihm die Hand auf die Schulter und schrie: „Come on gay! Du bist geflohen, das wird Konsequenzen haben!" und sie verhafteten unseren Vater ein zweites Mal. Mutti bekam natürlich keinen Passierschein für ihren Treck, auch keine Aufenthaltsgenehmigung für Bayern, obwohl die Beamten in dem Büro vor lauter Hektik nichts von der Verhaftung, die sich vor ihrem Amt abgespielt hatte, wußten.
Ilse kehrte mit unbeweglichem Gesicht, unverrichteter Dinge, mit allen ihren Kindern den weiten Weg bis zur versteckten Feldscheune zurück, ohne ein Wort zu sagen. Besorgt betrachteten die Kinder ihre Mutter. Während man ihren Vater, von dem die Amerikaner auf Grund seiner Papiere nun wußten, daß er ein hoher Offizier des Naziregimes, womöglich sogar selbst ein Nazi gewesen war, unter strengster Bewachung in ein Internierungslager beförderte, wurde ihnen zum ersten Mal klar, wie fabelhaft ihre Mutter sich in dieser furchtbaren Zeit geschlagen hatte. Sie war es, die unterwegs auf der Flucht immer wieder eine Unterkunft für alle organisiert, die dafür gesorgt hatte, daß Großmutter und die kleinen Kinder nicht erfroren. Sie hatte es fertig gebracht, daß sich die Familie nicht trennen mußte, sich vom Nährschützer Treck trennen konnte, um nicht zu den Russen zurück zu müssen. Sie hatte Beauforts aufgetan, die ihnen so wundervoll halfen. Sie hatte Papa wieder gefunden, wenn auch unter Schimpfkanonaden. Sie war es, die täglich weite Strecken gelaufen war, um Mehl und Brot, Kartoffeln und Eier zu organisieren, damit die Familie nicht verhungerte und nun sagte sie, als Oberhaupt der Familie: „Wir warten hier, wo er uns finden kann!" Und so warteten sie.
Wolf ging mit Angela spazieren während seine Geschwister das zweite Zickel schlachteten. Mama erhitzte Wasser auf offenem Feuer und wusch ihr langes blondes Haar. Sie trocknete es in der Sonne: „Wie einst Lilofee, die Schöne!" wiederholte sich Ernst. Niemand störte die Wartenden. Langers hatten sich wohl wo anders versteckt, hielten aber Kontakt über die Kinder. Die nahe

Stadt war erfüllt von politischen Schrecken und nur Eliane wußte, warum die Amerikaner so furchtbar hart vorgingen. Viele von ihnen hatten Dachau gesehen, oder waren den totkranken, verhungerten Konzentrationslager-Insassen auf der Flucht begegnet.

Erst später erfuhr sie, daß die Rettungsversuche, diese Hungernden zu nähren wieder ein Chaos auslösten, weil sie die deftige Kost, die man ihnen barmherzig reichte, nicht mehr vertrugen.

Es war Edward Grogan, der ihr eindringlich klar gemacht hatte, daß ein Menschenleben in seinem Lande ungeheures Gewicht habe. Ein Mensch sei immer etwas Kostbares, ein Mensch von einer Mutter geboren und großgezogen sei dazu da, um den Fortschritt und die Gemeinschaft aller zu sichern, jeder nach seinen Fähigkeiten: „Bei uns gilt als oberstes Gebot das Wohl des Einzelnen und wer Menschenleben verachtet, egal welcher Gesellschaftsklasse oder Rasse, oder wer sie einfach opfert, ist ein Mörder." Nie mehr sollte sie seine Worte vergessen. Sie dachte an all die gefallenen Vettern, an die Freunde ihrer Kindheit und all die Tausenden, deren Mütter nun weinten. Während sie nachts im Stroh lag dachte sie so sehr an ihn.

Erst viele Jahre später, als sie sich mit Geschichte, mit deutscher Geschichte und Weltgeschichte intensiv beschäftigte, wurde ihr klar, welch ein Wahnsinn, welch eine Menschenverachtung solche Kriege sind, denen obendrein noch seit Jahrhunderten eine irrsinnige Verherrlichung des Militarismus vorausgegangen war. Ein Gedanke der sie nie mehr loslassen würde: „Denn das Schrecklichste der Schrecken ist der Mensch in seinem Wahn!"

Es war die zweite Nacht oder war es gar die dritte? – Waren sie schon bereit am Morgen wieder weiter zu ziehen? Omama's Tagebuch sagt nichts davon. Es erzählt nur:„Eines Nachts war Falk wieder da! Er kam zu Fuß, per Anhalter." Wahrscheinlich hatte er gar nicht damit gerechnet, sie wartend vorzufinden. Aber versteckt in der Scheune stand der Treckwagen, die Pferde mümmelten das Stroh und er rief sehr zaghaft: „Seid ihr noch hier?"

Im Heu im Stadel richteten sich Köpfe hoch: „Ich bin wieder da, Illerle! Ich habe alle Papiere. Nicht einmal die Amis können mir mehr etwas antun!" Angela war die erste, die aus dem Heu herunter rutschte und ihm in die Arme glitt, dann folgten alle seine Kinder nach. Mama erwartete ihn oben und Omama rief verschlafen: „Dies Falk, hättest Du uns wirklich ersparen können."

Der amerikanische Kommandant in dem Lager, der die Verhöre durchführte, hatte einen deutschen Dolmetscher. Als Papa endlich dran kam, um seine Verurteilung als hoher deutscher Offizier entgegen zu nehmen, blickte er in das intelligente Gesicht eines seiner früheren Feldwebel. Dem Amerikaner schien dieser Offizier besonders suspekt und sie prüften vor allem seine politische Gesinnung. Vater wies auf sein Alter hin und versicherte, er sei schon immer Royalist, also königstreu gewesen, hätte noch unter dem Kaiser gedient und war nie in die Partei eingetreten.

Der Dolmetscher wies auf Vaters Entlassungspapiere hin und sagte: „Wer 1944 entlassen wurde, wenn auch aus welchen Gründen immer, war kein Nazi. Sie wollten sie los werden, besonders den schlesischen Adel. Die waren doch alle in das Attentat gegen Hitler verstrickt. Der hier kann nichts mehr nachweisen und kann sich deshalb nicht verteidigen. Aber aus seinen Papieren geht ganz klar hervor, er war nie in der Partei."
„Are you sure?" fragte der amerikanische Captain seinen Dolmetscher und dieser antwortete ihm: „Ja, absolut sicher, er war einmal mein Befehlshaber und hat nie jemanden gedemütigt!" „Too old!" stempelten sie in Papas Papiere und er durfte gehen.
Gleich am nächsten Tag ging es in weitem Bogen um die allen so verhängnisvolle Stadt Tirschenreuth herum weiter westwärts. Feldwege, Nebenstraßen, durch Wälder bei strömendem Regen. Da sie nun keine Plane mehr auf dem Wagen hatten wurde alles nass. Betten, Koffer, Kleidung, Schuhe.
Eliane hatte nur ein einziges Paar Halbschuhe. Die Sohlen waren durchgelaufen. Sie zog sie nur an, um nicht ganz barfuß zu sein. Den Brüdern ging es ähnlich. Und Mutti hatte große Probleme mit ihren Beinen. Gefährlich und schlimm wurde es dann, wenn der Wagen bergab fahren mußte, weil es keine Bremsen gab und den Pferden das schwere Gefährt in die Beine rollte, weshalb sie unter jedes Rad immer wieder einen dicken Holzkloben legen mußten.
Je weiter sie ins Land kamen, um so seltener begegnete ihnen Militär. Sie übernachteten in einsamen Bauernhöfen oder im Freien. Sie erreichten Nabburg, fuhren aber nicht hinein in die Stadt, sondern in ein nahe gelegenes Gut eines Baron Lichtenstern. Dort fanden sie freundliche Aufnahme: Omama durfte mit Fritzchen in einem richtiges Zimmer schlafen, obwohl das ganze Haus mit Flüchtlingen belegt war. Sie boten Langers an zu bleiben, diese aber wollten sich nicht von der Familie trennen.
Die Berliner Leute aber blieben, weil sie alle eine Tätigkeit fanden.
Das Wetter hatte sich wieder gebessert. In einem verwilderten Obstgarten fanden die Kinder ein paar schrumpelige Äpfel. Der Hunger nagte. Auch wenn die Eltern und Oma etwas Suppe erhielten, so konnte niemand erwarten, daß alle beköstigt werden würden. Sie aßen die Körner aus dem noch nicht gedroschenen Getreide und hängten ihre wundgelaufenen Füße in einen Dorfgraben.
Auf einmal fühlten sie sich so erschöpft. Der Regen, die kalten Nächte im Freien, die wenigen zerschlissenen Kleidungsstücke, die sie noch besaßen und der schmerzende ewige Hunger machten mutlos. Trotz ihrer Jugend und dem immer lachenden Optimismus, den Ernst ausstrahlte, überfiel sie hier, so weit weg von dem wunderschönen Sudetenland und noch viel weiter weg von Nährschütz, Hoffnungslosigkeit, die bald einer Art Wut auf dieses Schicksal Platz machte. Natürlich durften die Eltern das nicht merken. Wolf, der die Pferde gefüttert hatte, warf Apfelreste an die Baumstämme und Ernst machte

sich lauthals Luft indem er anfing: „Scheiße" zu schreien. „Es ist alles Scheiße." Er war immer der Eitelste von ihnen gewesen. Sein Hemd und seine Lederhose saßen auf seinem dünnen Körper wie angewachsen. Er hatte auf Hosenträger verzichtet und trug statt dessen einen Gürtel. Die Hosenbeine hochgeschlagen, sahen seine Lederhosen sehr viel eleganter aus, als die seiner Brüder. Aber auch sein Hemd war verschlissen und grau vor Schmutz. Angelas weißblondes Haar wirkte wie Stroh. Niemand hatte Zeit gehabt es zu kämmen oder gar zu waschen. Angela hatte die Läuse und alle die Krätze, einen ekelhaft juckenden Hautausschlag. Eliane dachte: „mit diesen Schuhen ohne Sohle, gehe ich dauernd auf meinen eigenen wunden Fußsohlen." - Da kam Hans, schmutzig, unordentlich aber strahlend mit einem Kanten Brot, den sich alle teilten. In dieser Nacht schliefen sie, wie schon so oft in all den schrecklichen Nächten, unter den Pferden und Wolf sagte: „Ihr müßt aufpassen, daß niemand zerquetscht wird. Irgendwann in der Nacht legen sich auch die Pferde hin. Sie sind müde."

Nach Nabburg, einem wunderschön gelegenen Städtchen, hoch über dem Flüßchen Naab, so wußten sie, würden sie nach Regensburg und an die Donau kommen. Natürlich mußte dieser breite Strom überquert werden und da gab es nur eine Brücke mitten durch die Stadt. Alle anderen Brücken waren weit und breit gesprengt worden. Nicht etwa vom Feind, nein vom deutschen Militär. Sie fürchteten neue Schwierigkeiten. Wurde man erwischt, kam man in ein Flüchtlingslager und das war sicherlich das schlimmste, was ihnen passieren konnte. Eingesperrt, zwischen Hunderten von ebenso mittellosen Flüchtenden, ohne Essen, ohne Freiheit. Seltsamer Weise standen vor den Toren dieser mittelalterlichen Stadt keine Armeeposten und sie erreichten die Brücke ohne aufgehalten zu werden. Doch die Brücke erschien ihnen wie ein Berg. Erst ging es hinauf und Wolf mußte die Pferde schrecklich antreiben und dann kam ein Gefälle wie ein Gebirgs-Pass. Ernst ging vorne rechts mit einem Holzkloben bewaffnet, Eliane links, Hans hinten rechts und Papa hinten links. Immer wenn der Wagen drohte die kleinen Pferde zu überrollen, das Kummet hing ihnen schon ganz vorn an den Köpfen und sie stemmten den rollenden Wagen zurück, machten ein paar Schritte wieder nach vorn, dann geschah das Gleiche wieder, da schrie Wolf wie verabredet: „ JETZT!" und alle vier Bremser warfen ihre Knüppel vor die rollenden Räder. Omama. Mutti und die kleinen Geschwister liefen hinterher.

Manchmal überrollten die Räder einfach die Klötze und die Bremsenden mußten sie wieder unter dem Wagen herausfischen und neu unterlegen.

Passanten blieben stehen und endlich halfen ein paar beherzte Männer, indem sie hinten in die Speichen des Kutschwagens griffen, um dessen zusätzliche Schubkraft aufzuhalten.

Man hatte ständig das Gefühl, nun würde das Gefährt gleich die Pferde überrollen, aber Wolf machte seine Sache meisterhaft, sodaß sie doch noch heil

von dieser schrecklichen Brücke herunter kamen und über das Kopfsteinpflaster der Stadt peinlich laut ratterten. Die Schönheit dieses mittelalterlichen Ortes nahm niemand mehr wahr, auch nicht zerbombte Teile und Straßen: „Nur raus hier", dachten alle, „schnell weg!" Langers haben die Brücke weniger gefahrvoll überquert, denn ihr Wagen hatte noch Bremsen, die bei dem Nährschützer Wagen jedoch längst kaputt gegangen waren.
Unter dem Wagen baumelte das alte Schild aus Holz, auf dem mit schwarzen Buchstaben auf hellem Grund geschrieben stand:

        „Schlossgut Nährschütz"

Omama lobte ihren Enkelsohn Wolf nach überstandener Gefahr! Aber der Schrecken saß allen ein Leben lang in den Gliedern. Vor allem auch, weil man die tapferen kleinen Pferde, die sie die weite Reise nie im Stich gelassen hatten so sehr liebte. Seltsamerweise war Regensburg keine amerikanischer Standort, was niemand erwartet hatte und auch niemand wissen konnte. Die Gefahr lag vor ihnen! Freising hatten die Amerikaner als ihren Standort auserkoren.
In Freising, so sagte die Karte, gab es die Isar, auch nur mit einer Brücke bestückt. Tapfer und ein wenig verzweifelt steuerte man Freising an. Übernachtet wurde in Pfarreien und Ställen. Wieder regnete es: „Was für ein gräßliches Land, wo es im August dauernd regnete. Aber ein sehr fruchtbares Land, mit reichen Bauernhöfen, aber unfreundlichen Bauern und einer Sprache, die sie nicht verstanden.(Noch nicht)."
Mutter's Anklopfen in Pfarrhöfen hatte wenigstens dahingehend Erfolg, daß die Eltern und Fritzchen ein Dach über dem Kopf fanden. Allmählich waren auch die Pferde so erschöpft, daß man täglich nicht weit kam. Langer half den Buben zwar am Abend beim Besorgen der Pferde, aber die Bauern rückten keinen Hafer mehr heraus. Zu viele Flüchtlinge waren bereits hier durchgezogen. Also sammelten die Kinder unterwegs Ähren und warfen sie den Pferden am Abend in die Gastkrippen, dort wo sie gerade eine barmherzige Bleibe gefunden hatten, meist erst nach Zuspruch des ansässigen Pfarrers. Bald merkten alle, daß in bayrischen Dörfern der Zuspruch des Pfarrers noch ungeheures Gewicht hatte. Mutter und ihre Frömmigkeit kam wieder zum Zuge. Ehe weiter getreckt wurde, waren die Damen selbstverständlich zur Messe und Kommunion gegangen. Auch Eliane, obwohl sie im Heu geschlafen, kaum noch Schuhe an den Füßen hatte und ihr Dirndlkleid überall Risse aufwies. „Gott schaut nur in die Herzen!" Ihr erschien es fraglich, ob er überhaupt noch auf diese Erde schaute.
Freising die Domstadt, alt und ehrfürchtig, älter als München, Bischofsstadt mit einem weit ins Land blickenden Dom, wurde wieder eine Falle.
An der Brücke hielten eine Militäry Control sie auf: Omama schreibt:„In Freising erwischte uns die Ami-Kontrolle. Ilse und ich hatten Kennkarten,

aber Falk, der zuerst vom Wagen verdeckt war- und doch vorkam, hatte riesige Schwierigkeiten.

Kutscher Langer hatte mit dem zweiten Wagen großes Pech, indem ihm ein Ami-Auto, im Schnelltempo das eine Hinterrad abriß und nun mußte er warten, bis dies repariert war.

Wolf fuhr unseren Wagen, wobei ich nun auch persönlich Unglück hatte. Mit Fritzchen im Arm stand ich im hinteren Kutschwagen, unvorbereitet, daß Wolf plötzlich anrücken ließ, wodurch ich so heftig auf die Lehne schlug, daß mir eine Rippe brach. Es ist ungeheuer schmerzhaft, besonders auch nachts, beim Umwenden und dauert drei Wochen bis es wieder zusammengewachsen ist. Der Arm auf dieser Seite ist schwach und unbeholfen."

Niemand hatte bisher bedacht, daß Omama 67 Jahre alt war, so fit wie sie die ganze Flucht hindurch sich gehalten hatte.

Auch war es gewiß nicht Wolfs Schuld, der vorn, das was hinten im viel schmaleren Kutschwagen vor sich ging , gar nicht überblicken konnte und froh war, als man Papa endlich los ließ und sie alle weiter winkte, nun anfuhr. Endlich, endlich einem nahen Ziel entgegen, nämlich: „Erching"

Mutti und Eliane waren schon voran gegangen, um ihr Eintreffen in Erching anzukündigen.

Der Zwillingshof

Erching liegt von Freising noch einmal 9 bis 11 Kilometer entfernt. Je nachdem, welche Rute man wählt. Aber was machte das nun schon aus. Nun war man 800 Kilometer zu Fuß gewandert und der Überzeugung, dies hier mußte das Ziel sein, das zumindest eine kurze Rast gewährleistete.

Erching ist ein Wasserschloß aus dem 11. Jahrhundert, mit hohem barocken Dach, von einem breiten Wallgraben umgeben. Sein Äußeres erinnerte ein wenig im Baustil an Nährschütz, war aber sicherlich viel älter. Das Wasser schimmerte träge, eine Brücke führte hinauf zu einer vorgelagerten Kapelle. Dazu gehört ein bis heute im Familienbesitz betriebenes Gut, mit Stallungen, einem Gasthaus und einem kleinen freistehenden Inspektorhaus. Der erste Mensch, dem Ilse und Eliane schon unten vor dem Torbogen begegnete, war Bay, die Schwester des Hausherren. Besitzer war Sepp Selmayr, Judiths Ehemann. Bay blinzelte ungläubig, als sie die beiden jämmerlichen Gestalten da auf sich zukommen sah. Dann erkannte sie Mama. Schließlich hatten sie sich auf der Hochzeit von Judith und Sepp in Töschwitz kennen gelernt.- Bay ahnte sicherlich nicht, was für die Ankommenden von dieser ersten Begrüßung abhing: „Waren sie willkommen oder wurden sie abgelehnt?" Dies hier war ihr Zuhause, das sie nun mit so vielen Menschen teilen mußte!

Bay aber, mit einem Herzen aus Gold, klein und zierlich und damals Ende dreißig. -, rief: „Ach Ilse, wir haben schon auf Euch gewartet! Alle anderen sind schon hier. Die Töschwitzer, Männe und Marion, Nachtigalls und andere Flüchtlinge aus dem Osten." Sie umarmten sich, und Mutti weinte. „Wie geht es Euch ? Seid Ihr alle beisammen?" Mama nickte und zählte uns auf, weshalb Bay etwas verzagt erklärte: „Ilse, das ganze Schloß und der Hof ist voller Flüchtlinge, aber warte mal, ich kann Euch in einem Vorwerk unterbringen. Da ist schon Fritz (Preiß) mit Annemie und Horsti und eine Arbeiterfamilie. Ein Raum aber ist noch frei." Mama nickte unter Tränen. „Judith hat gerade ihr drittes Kind geboren und wohnt im kleinen Inspektorhaus. Sepp ist in einem Lager, weil er hier, stell Dir vor in dieser Einöde, Ortsbauernführer war, Erna wohnt im Schloß bei unserer Stiefmutter und Rosel Preiß wohnt bei Judith. Männe und Marion haben wir auch im Schloß und dazu kommen noch alle, die von den Selmayrs zu uns kamen", und sie zählte sie, wie um Entschuldigung bittend, auf. „Ich habe schon darüber nachgedacht" wiederholte sie, (was sicherlich bisher niemand anders getan hatte), ich stecke Euch in den Zwillingshof!" „Die Pferde?" „Ja, die Pferde können hier auf dem Hof bleiben." Eliane betrachtete ihr hübsches lebhaftes Gesicht mit den blinzelnden gütigen Augen. Bay hatte nie geheiratet. Wen auch. Die Männer dieser Generation waren alle tot. Rasch holte Bay aus dem Kuhstall eine Kanne Milch. Inzwischen war Wolf mit dem Treckwagen nachgekommen und Bay begleitete die ganze Familie zu Fuß bis zu dem etwa ein Kilometer weit entfernten Zwillingshof.
Sie wanderten eine gerade Straße entlang. Rechts lagen die Isar-Auen in vollem Grün, links Erchinger Felder. Es war August und das Getreide wogte im Wind. Zum Zwillingshof, einem einfachen, zweistöckigen Gebäude mit mehreren Fenstern, führte von der Straße hin eine Kastanienallee. Die nicht geteerte Chaussee führte über Ismaning nach München. Vor dem Haus stand Annemie mit dem kleinen Horsti an der Hand und starrte verwundert und dann lächelnd auf den Treckwagen und seine zerlumpten müden Begleiter:
„Das also war von Nährschütz, dem herrlichen und herrschaftlichen Nährschütz und seinen so eleganten und vornehmen Bewohnern übrig geblieben!" Omama stieg vom Kutschwagen und fragte als erstes, ob jemand etwas von Märisch- Schönberg gehört habe, was aber verneint wurde. Und Bay, die Praktikerin erwog jetzt kurz, wo soll ich denn die Chiaries, falls die auch noch kommen, unterbringen?
Chiaries aber flüchteten nach Garmisch oder blieben im westlichen Östereich, denn auch sie wurden von ihrem schönen Besitz vertrieben. Für Sentimentalitäten aber hatten die Kinder Falkenhausen nach allem, was bisher geschehen war, keinen Sinn. Sie nahmen sofort die Gegebenheiten in Anspruch. Es gab eine Scheune mit Stroh, ein einziges Zimmer mit einem auf Füßen stehenden Herd. In einem leeren Stall entdeckten sie Säcke, die mit Stroh gefüllt

wurden und letztendlich kam Fritz Preiß, der junge lustige Vetter und wies sie an: „Dies ist unser Holz, dies gehört den Leuten, die auch hier wohnen. Ihr dürft von unserem Holz nehmen, müßt es aber wieder zurück geben, wenn Ihr hier eingebürgert seid. Holzhacken werdet Ihr ja können." Alle nickten, obwohl Hans von seinen Fähigkeiten, was das Holzhacken betraf, nicht überzeugt war: „Holz gibt es in Massen in den Isar-Auen." Er betrachtete sie, sie waren so niedlich, so dürr und so willig. Sie stopften Stroh in neun Strohsäcke, für jedes Familienmitglied einen, und schleppten sie keuchend die Treppe hinauf, wobei er nicht half, weil Annemie ihn davon abhielt, die wußte, wie krank sein Herz war. In Elianes Arme legte er Holz aus seinem Bestand und sagte: „Annemie wird Dir alles geben für eine erste Mahlzeit" und das , obwohl sie selbst so bitter arm waren.-

So war das, so war ihr Beginn in einem neuen Leben.

Großmutter, Vater und Mutter nachts auf der Erde auf einem Strohsack liegen zu sehen, schien den Kindern schon immer ein erschreckender Anblick. Aber bald sorgte Bay für zwei würdigere Bettgestelle mit Matratzen und einen riesigen Eichentisch ohne Stühle.

Sie brachte Omama (hier Tante Ellynor genannt) in der Försterei in einem kleinen Stübchen unter, bei einem gräßlich alten Förster, der ihr aber nicht an den Kragen konnte, weil seine Arbeitgeber, die Selmayrs das so wollten. Noch herrschten hier patriarchalische Verhältnisse, was Omama's Aufenthalt in dieser Försterei aber auch nicht gerade erleichterte.

Der Förster, klein und verwachsen, war ein schrecklicher Despot.

Nachdem Vater und Mutter je ein Bett hatten, sorgten die Söhne für Sitzgelegenheiten um den Eichentisch. Eines Tages brachten sie aus dem den Zwillingshof umgebenden Revieren, nichts ahnend, daß sie ausschließlich ihren Verwandten gehörten, die aus Brettern geschlagenen Hocker aus den Hochsitzen, von denen sie nun nur noch acht benötigten, denn Oma war ja untergebracht. Wer wohl ging jetzt noch auf die Jagd? Männer gab es nicht mehr!

Das Dilemma des Zwillingshofes war jedoch seine Abgelegenheit. Hallbergmoos, der Ort wo sie sich polizeilich anmelden mußten, um Lebensmittelmarken zu erhalten, lag 8 Kilometer entfernt. Ebenso weit war es zu den Lebensmittelläden. Freising, wo man Bezugscheine für Schuhe oder gar Kleidung bekommen konnte, erreichte man erst nach einem Fußmarsch von 12 Kilometern. Und Ilse lief und bat und organisierte und machte ihnen im Zwillingshof ein kleines Zuhause.

Nach einem Jahr zogen sie in die Brandau zu einem Moosbauern. Dort bei der gütigen Familie Schmalhofer lebten die Eltern acht Jahre. Papa fuhr per Anhalter nach München und organisierte sich die mindeste Ausstattung für einen Silberschmied, bei einem Galvaniseur Herrn Gasser, in der Herzog Spitalgasse. Die Buben brachten ihm die Hülsen abgeschossener Kartuschen,

die in den Auen zu finden waren. Sie waren aus Messing. Papa sägte die Böden der Geschoß-Hülsen ab und schnitt sie der Länge nach auf. Im Ofenloch der kleinen Küche wurden sie geglüht. Er hämmerte, sägte und ziselierte und lötete Dirndlknöpfe. Schließlich waren sie in Bayern. Bei Sportbock in München wurden sie verkauft.
Die Kinder verstreuten sich in alle Winde.
Aber der Kontakt zu den Eltern riß niemals ab. In der Brandau in dem einzigen Raum, in dem sie acht Jahre lebten, litten, froren, arbeiteten, tanzten und Feste feierten, festigte sich ihr Zusammengehörigkeitsgefühl in Harmonie für ein weiteres Leben.
Damals war ein Spiel in Mode gekommen, man nannte es das Reporterspiel. Ein von allen gewählter Reporter stellte mehr oder weniger indiskrete Fragen, die der Befragte mehr oder weniger geschickt beantworten mußte , nur ein bestimmtes Wort durfte nicht benutzt werden
Unter vielen, vielen Fragen, die Ernst einmal Mutti stellte waren diese:

„Welches war das traurigste Erlebnis in Ihrem Leben?"
„ Der Verlust unserer Heimat."
„Welches war das schönste Erlebnis Ihres Lebens?"
„Daß alle noch am Leben sind!"
„Welches war das ereignisreichste Erlebnis Ihres Lebens?"

„DIE FLUCHT"

Treck

Der Herbstwind ist mein Weggesell
Auf nächtlich weiter Reise.
Es leuchtet mir kein Fenster Hell,
Der Wagen knirscht im Gleise.

Mein alter Gaul stampft müd' und schwer
Mit meiner letzten Habe.
Wir wissen nicht wohin, woher.
Wir tragen die Heimat zu Grabe.

Wir ließen Felder, Hof und Herd
Zurück in weiter Ferne.
Ein alter Mann, ein altes Pferd
Und über uns die Sterne.

Die blicken jetzt wohl auf mein Haus,
Auf meiner Väter Erbe.
Mich trieb man in die Welt hinaus,
Das Leben schmeckt so herbe.

Heut lehne ich mein graues Haupt
An meines Pferdes Mähne.
Mein Gott, wer hätt' das je geglaubt
und leise rinnt die Träne.

E.W. Strach

Nachwort

„Die Schlösser unserer Mutter"

Im Jahre 1952 erhielt Vater Falk endlich wieder seine Offizierspension, was seine Frau Ilse sofort veranlaßte, eine neue Bleibe zu suchen. Sie zogen wieder, denn von alten Träumen kommt man nicht los, in ein Schloß von einem Baron Gebsattel in Hofhegnenberg bei Fürstenfeldbruck. Sie bewohnten die untere Etage und waren dort sehr glücklich. Fünf Jahre später zogen sie nach Burgsinn, wo Wolf einen Pachthof übernehmen konnte.

Vater Falk verbrachte seinen Lebensabend mit seinem Hobby der Goldschmiede und starb in Burgsinn mit 86 Jahren an Herzinfarkt mit dem Beistand seines Sohnes Ernst und dessen Frau.

Mutter Ilse zog nach Beendigung des Pachtvertrages in eine Burg aus der Zeit „Karls des Großen" nach Thüngen. Dort versammelte sich die Familie regelmäßig an Festtagen. Auch Omama Ellynor war ein immer wieder kehrender lieber Gast. Sie lebte einsam in Halbergmoos und starb mit 91 Jahren in Thüngen in Ilses Armen.
Als Ilse am 24. 3. 1987 ihr ereignisreiches, von tiefer Frömmigkeit geprägtes Leben mit 86 Jahren beendete, standen alle ihre Kinder um ihr Sterbebett. Das letzte, was sie Eliane diktierte, waren die Namen der Einwohner von Nährschütz. Bald darauf konnte Eliane die Chronik des Dorfes „Nährschütz altes Zaudendorf" veröffentlichen.

Eliane studierte in Augsburg. Sie mietete, es herrschte die schlimmste Wohnungsnot, ein winziges höchst bescheidenes Dachstübchen, das sie später in ihrem Roman „Ein Spiel vom lieben Gott erdacht", zur Erinnerung an jene Zeit verewigte. Dann heiratete sie einen Münchner Rechtsanwalt. Sie bekamen drei Kinder, die alle zur Zufriedenheit ihrer Eltern die Chancen der neuen Zeit nutzten.

Wolf arbeitete hart als Knecht bei bayrischen Bauern, auch kurz in einer Tonförderungsgrube. Dann endlich genehmigte das Lastenausgleichsamt ihm einen Kredit, mit dem er seinen Wunsch nach relativer Unabhängigkeit erfüllen konnte, das Gut eines Baron Thüngen in Burgsinn in Unterfranken zu pachten. Deshalb zogen die Eltern nach Thüngen. Der Ort hat ein mittelalterliches Schloß und ein Wasserschloss. Sie wohnten in einer hübschen kleinen Villa, neben dem selben. Fünf Jahre später, nachdem Wolf, Angela und eine Baronin Thüngen den Hof mit eiserner Zielstrebigkeit wieder voll ertragreich gemacht hatten, verkaufte der Baron plötzlich das Gut und Wolf wurde mit einer kleinen Abfindung abgespeist. Nun erwarb er ein Bahnwärterhaus und wurde Verwalter auf einem anderen Gut. Später nach dem Tod seines besten

Freundes, eines Grafen Eltz, heiratete er dessen Witwe, Dorothea geb. v. Scheibler, die schon vier Kinder hatte. Als der Älteste aus der Eltz- Ehe 21 Jahre alt war, übernahm er sein Erbe. Daraufhin wanderte Wolf mit seiner Frau und zwei eigenen Kindern 1988 nach Kanada aus. Er erwarb eine große Farm, errichtete ein Farmhaus aus Zedernholz, legte einen parkartigen Garten an und züchtete Rinder, Pferde und Geflügel. Auch seine Kinder gediehen zur Freude der Eltern und wurden erfolgreiche Kanadier.

Ernst war erst Forstbeamter, dann Empfangschef der Lufthansa in München, dann Prokurist bei Metzeler und später arbeitete er für einen Verlag in München. Er heiratete Heidemarie Spieß, Stewardess der Lufthansa. Sie haben zwei erfolgreiche Kinder. Ernst betonte stets, dass er in seinem Leben nie arbeitslos war. Er blieb immer das Familienoberhaupt, hielt sehr viel auf Tradition und sorgte stets für den Zusammenhalt der Geschwister.

Hans bekam ein Stipendium bei den Regensburger Domspatzen und machte dort sein Abitur. Dann ging er zum Bundesgrenzschutz und wurde nach deren Gründung in die Deutsche Bundeswehr übernommen. Er heiratete Monica von Hobe aus Angeln in Schleswig Holstein. Sie zogen (das Schicksal aller Offiziere) zum Leidwesen seiner Familie kreuz und quer durch die Republik und er auf einer bemerkenswerten Karriereleiter nach oben. Zu gegebener Zeit wurde er ehrenvoll als ranghoher Oberst und als Kommandeur der Heeres- Flugabwehrschule in Rendsburg in den Ruhestand verabschiedet. Dort lebt er mit seiner Frau noch heute. Sie haben drei Söhne, die es auch alle zu etwas gebracht haben.

Angela hat ab ihrem 17ten Lebensjahr hart gearbeitet. und als Chef-Sekretärin später lange eine verantwortungsvolle Position in einer Brauerei bekleidet. Vor allem aber hat sie den Eltern und später der Mutter beigestanden, sie bis ins Sterben hinein liebevoll begleitet. Später folgte sie ihrem Bruder Wolf nach Kanada, kaufte sich in die Farm ein, und bestimmt dort mit nimmermüder Schaffenskraft maßgeblich den Erfolg und die Geschicke derselben, weil Wolf´s Frau Dorothea außerdem noch eine große Gärtnerei betreibt.

Fritzchen wurde seiner Krankheit gerecht, in einem Behindertenheim in Werneck untergebracht, wo alle, besonders Mutter und Angela und später Hans ihn regelmäßig besuchten. Er starb mit 56 Jahren.

Die einst prächtigen schlesischen Schlösser und Gutshäuser, von denen dieses Buch erzählt, aber verfielen fast ausnahmslos, wurden demontiert und geschleift oder stehen noch heute als schändliche Ruinen, mit vernagelten Türen und hohlen Fenstern, in verkommenen Parkanlagen, vergessen und mißachtet, oder gar als Getreidespeicher mißbraucht, in jedem Dorf der fernen schlesischen Heimat.

Wolf v. Hobe

Schloß Nährschütz - Zustand im Jahre 2003

Lebenslauf der Autorin

Eliane Frfr. von Falkenhausen
geb. 27. 08. 1928
in Börnchen, Kreis Bolkenhain, Schlesien
als Älteste von sechs Geschwistern.

Glückliche frühe Kindheit in Schlesien
3 Jahre Volksschule
4 Jahre Oberschule an der Privatschule in Köben / a. d. Oder
2 Jahre König Wilhelm Oberschule in Breslau, Mittlere Reife
Januar 1945 Verlust der Heimat und des Besitzes, Flucht und Vertreibung
9 Monate Treck über die Tschechei nach Bayern
ab Oktober 1945 tätig als Nurse in verschiedenen deutschen und amerikanischen Familien.

1953 Stipendium der Fuggerstiftung Augsburg
Studium an der pädagogischen Hochschule Augsburg-Göppingen.
Nach Abschluß des Studiums
1956 Heirat mit Rechtsanwalt Dr. W. Kern. Auszeit zwecks Kindererziehung von 3 Kindern.
1970 Neueinstieg in den Beruf als Kindergärtnerin.
1971 - 92 Leiterin eines Kindergartens der Stadt München.
ab 1992 nach der Pensionierung schriftstellerisch tätig.

Veröffentlichungen:

Nährschütz – ein altes Zaudendorf
(Goldammer Verlag)
Reisebeschreibungen, Artikel, Gedichte, Kurzgeschichten in verschiedenen Zeitschriften.

Bisher noch unveröffentlichte Werke:
DAS ENDE DES LEBENS FRÖHLICHKEIT

Polnisch/schlesische Geschichte unter Boleslaw Chrobry, 10-12 Jhd.

„SILESIA"
Als Fortsetzung oder 2.Teil gedacht zu vorherigem Roman

Die Geschichte Schlesiens im 12. – 13. Jhd, eingebettet in die Geschicht der Mongolen in Europa.

EIN SPIEL VOM LIEBEN GOTT ERDACHT

Tiefgehender gesellschaftskritischer Roman aus der deutschen Nachkriegszeit.
Der Aufschwung Bayerns. Mit dem Spiel ist die Liebe gemeint

DER NARR, DER MAGIER UND DER SEHER

Ein psychologischer, höchst gesellschaftskritischer Roman,
der in England spielt

DES SCHICKSALS SCHWERE BÜRDE

Ein Gesellschaftsroman im Nachkriegs-Deutschland

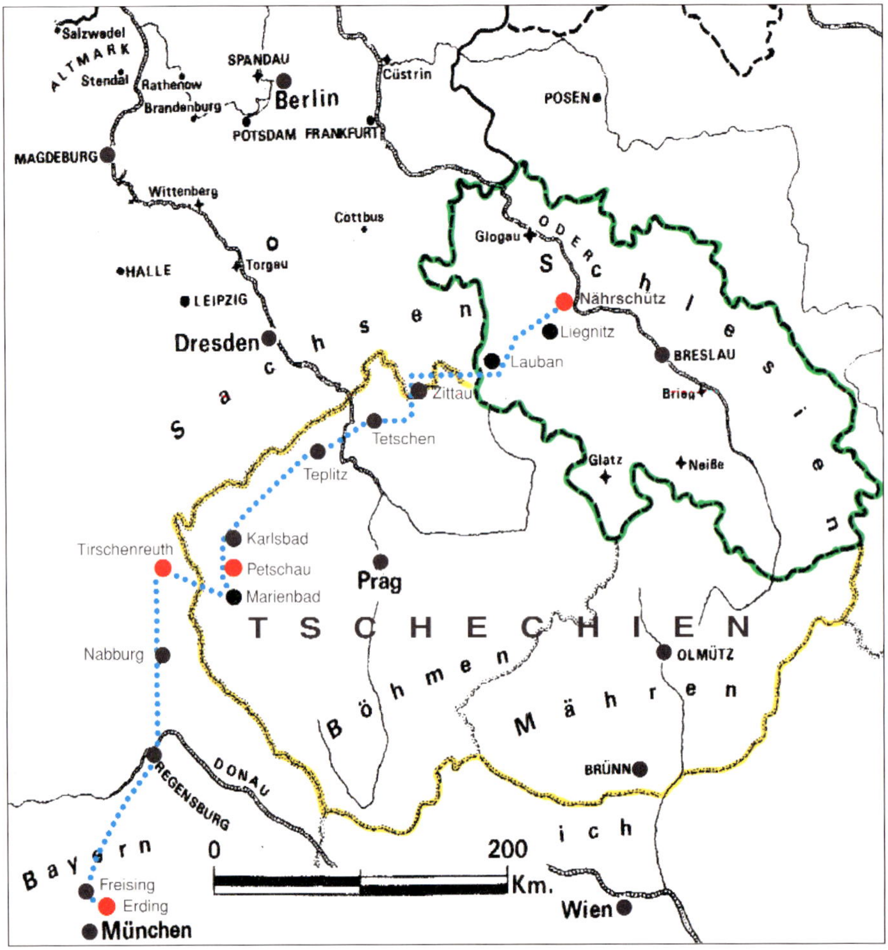
Salzwedel
ALTMARK
Stendal
Rathenow
Brandenburg
SPANDAU
Berlin
POTSDAM
FRANKFURT
Cüstrin
POSEN
MAGDEBURG
Wittenberg
Cottbus
Glogau
ODER
HALLE
Torgau
LEIPZIG
Dresden
Sachsen
Schlesien
Nährschütz
Liegnitz
Lauban
BRESLAU
Brieg
Zittau
Tetschen
Teplitz
Glatz
Neiße
Karlsbad
Petschau
Marienbad
Tirschenreuth
Prag
TSCHECHIEN
Nabburg
OLMÜTZ
Böhmen
Mähren
REGENSBURG
DONAU
BRÜNN
Bayern
0
200
Km.
Freising
Erding
München
Wien

Treckroute / Zeitplan

26. Januar 1945	gegen 4⁰⁰ h **Aufbruch von NÄHRSCHÜTZ** bei -26° C
27. Januar	1. Nacht in Sabitz im Schloß der Baronin Recke, heftiger Schneefall
31. Januar	Kraibau, Kreis Goldberg / Hainau
	Thiemendorf, Kreis Lauban Stop durch von Trecks verstopfte Straßen
13. Februar	Berna-Kupper
15. Februar	Wintung bei Friedland
18. Februar	Obersdorf bei Zittau
20. Februar	Obergrund bei Zittau, Einreise in die Tschechei
22. Februar	Kurort Johnsdorf
23. Februar	Kunerdorf
26. Februar	Kangenau, Tschokau
1. März	Tetschen-Bodenbach
2. März	Nestersitz
3. März	Aussig, Wiklitz bei Kabitz
5. März	Teplitz Schönau
6. März	Languguest, Kreis Bilin Sehr langer Aufenthalt! Hier wurde der Nährschützer Haupt-Treck zurückgeschickt!
1. April	Saatz, Podesan, Theussing
Ostersamstag	Ankunft in Petschau bei Karlsbad: Station in der Försterei Grünberg Zusammentreffen mit dem KZ-Transport Vater wieder gefunden, Wolf beinahe verloren. Hier Aufenthalt bis die Amerikaner kamen und uns vertrieben
13. April	Grün bei Petschau. Unterkunft in Scheune. Abzug der Amerikaner Erneuter Aufbruch nach Königswart, Glatzen und weiter zur Tschechischen Grenze
Unterwegs	von den Tschechen ausgeplündert
Ohne weitere Daten:	Tirschenreuth, hier wurde Vater verhaftet
	Weiden, Nabburg
	Regensburg
	Moosburg
	Freising
Ziel	**ERCHING** auf dem Zwillingshof